Aeckerlein · Die Ernährung des Vogels

Wolfgang Aeckerlein

Die Ernährung des Vogels

Grundlagen und Praxis

2., erweiterte und verbesserte Auflage
17 Abbildungen
2 Tabellen

E.U.
VERLAG
EUGEN
ULMER

Fotos auf dem Einband:
(links oben) Smaragdkehl-Glanzschwänzchen, Foto H. Folger
(rechts oben) Kleiner Niltava mit Erdläufer, Foto R. Lenz
(links unten) Blaukronen-Amazonen, Foto W. de Grahl
(rechts unten) Tannenhäher, Foto H. Reinhard

Zeichnungen: Wolfgang Klinkhammer

Die Deutsche Bibliothek – CIP-Einheitsaufnahme

Aeckerlein, Wolfgang:
Die Ernährung des Vogels: Grundlagen und Praxis;
2 Tabellen/Wolfgang Aeckerlein.
– 2., erw. und verb. Aufl. – Stuttgart: Ulmer 1993
ISBN 3-8001-7277-1

Wollgrasweg 41, 70599 Stuttgart (Hohenheim)
Printed in Germany
Einbandgestaltung: A. Krugmann, Freiberg (Neckar)
Gesamtherstellung: Graphischer
Großbetrieb Friedrich Pustet, Regensburg

Vorwort

Durch intensive Forschungsarbeit auf dem Sektor der Geflügelfütterung ist heute eine effektive Ernährung der einzelnen Nutzgeflügelarten gewährleistet. Im Gegensatz hierzu ist unser Wissen um die Nahrungsansprüche der Ziervögel noch recht lückenhaft. Daraus resultieren Fütterungsfehler, in deren Gefolge Erkrankungen der Verdauungsorgane zu beobachten sind oder gar Todesfälle auftreten.

Ziel der vorliegenden Veröffentlichung ist es, Grundlagenerkenntnisse zu vermitteln, um die Vogelernährung zu verbessern. In diesem Bemühen kann selbstverständlich nicht auf die jeweils spezifischen Bedarfsansprüche der verschiedenen Vogelarten eingegangen werden. Jedoch soll der Vogelpfleger in die Lage versetzt werden, besser als zuvor biologische Gesetzmäßigkeiten und Zusammenhänge zu verstehen, um daraus praktische Maßnahmen für die tägliche Fütterung des Vogels ableiten zu können.

Dem an speziellen Themen interessierten Leser hilft eine gezielte Auswahl weiterführender Literatur, auf die die Zahlen in Klammern verweisen.

An dem Zustandekommen des vorliegenden Buches hat die verständnisvolle Unterstützung durch meine liebe Frau Elise-Lotte erheblichen Anteil. Wertvolle Hilfe leisteten mit der kritischen Durchsicht des Manuskriptes die Herren Dr. E. Lampadius, Dr. K. Pöll und Professor Dr. E. Schinke. Herr D. Prestel unterstützte mich durch die Bereitstellung umfangreicher Literatur und durch seine Sachkenntnis, insbesondere auf dem Gebiet der Ernährung der Nektarvögel und Kolibris. In Herrn W. Klinkhammer fand ich einen Zeichner, der rasch das Wesentliche erkannte und darstellte. Ihnen allen gilt mein Dank. Schließlich gilt dieser bereits heute denen, die ihre eventuelle Kritik so ansetzen, daß ein Beitrag zu meiner Absicht – die Vogelpflege zu verbessern – geleistet wird.

Hürth, im Sommer 1986
Wolfgang Aeckerlein

Vorwort zur 2. Auflage

Das lebhafte Interesse, welches diesem Buch seit seinem Erscheinen entgegengebracht worden ist, hat gezeigt, daß die Vogelhalter und -züchter die Darstellung des Themas – Die Ernährung des Vogels – angenommen haben. Die vorliegende zweite Auflage wurde um das Kapitel der ernährungsbedingten Gesundheitsstörungen erweitert; also um ein Gebiet mit dem sich die Vogelhalter ständig auseinandersetzen müssen!

Dem Verlag Eugen Ulmer danke ich für das außergewöhnliche Verständnis der Materie und für die gute Ausstattung dieser zweiten Auflage.

Hürth, im Sommer 1993
Wolfgang Aeckerlein

Inhaltsverzeichnis

Anatomische und physiologische Grundlagen

Eine optimale Fütterung des Vogels erfordert gewisse Kenntnisse über den Bau und die Funktion der Organe und Körperteile, die im Dienst des Nahrungserwerbs und der Verdauung stehen. Denn allein auf dieser Grundlage können biologische Reaktionen gedeutet und Gesetzmäßigkeiten erkannt werden. Zudem eröffnet die formale Betrachtung der Organe und Körperteile die Möglichkeit, den Organismus bestimmten Lebensräumen und damit Futtergewohnheiten zuzuordnen. Auch spielt die Körpergröße bzw. das Körpergewicht bei der ökologischen Differenzierung der Arten in der Weise eine Rolle, daß spezifische Beziehungen zwischen Beute und Beutegreifer bestehen; denn größere Vögel nehmen ganz allgemein auch größere Nahrung auf (11). Bereits diese wenigen Fakten zeigen, daß die theoretische Auseinandersetzung mit der Anatomie (Lehre von der Form und dem Bau des Körpers) und Physiologie (Lehre von den Lebensvorgängen) für eine sachgemäße Vogelhaltung und -fütterung von mitentscheidender Bedeutung ist.

Schnabel

Die Schnäbel der Vögel sind eine Hornbildung der Haut, die sich im Laufe der Entwicklungsgeschichte, in Anpassung an eine bevorzugte Nahrung, spezialisiert haben und dadurch eine große Formenvielfalt zeigen.

Der Schnabel übernimmt, neben der Ergreifung von Nahrung, viele Aufgaben und wird nach spezifischer Einsatzmöglichkeit in den Funktionskreisen Graben, Brechen, Schlagen, Nestbau, Klettern, Jungen- und Partnerfütterung, Gefiederpflege, Verständigung (Drohen, Sperren), Lauterzeugung (z. B. Klappern des Storches), zum Angriff und zur Verteidigung eingesetzt. Hinzu kommt, daß z. B. Papageien dank ihres „Intelligenzgrades" fähig sind, den Schnabel in mannigfacher Weise situationsgerecht und wirkungsvoll (z. B. Öffnen einer Käfigtür) zu benutzen (96).

Wegen der Wechselbeziehung zwischen Schnabelform einerseits und Art der Nahrung andererseits, läßt die aufmerksame Betrachtung des Schnabels gewisse Rückschlüsse auf das Nahrungsspektrum zu. Gleichzeitig ergeben sich Hinweise darauf, wie die Beute gewonnen bzw. bearbeitet wird.

Für Körnerfresser sind die harten, konisch zulaufenden Schnäbel der Finken (Abb. 1a) typisch. Dabei muß berücksichtigt werden, daß sich, trotz dieses Schnabelgrundtypes, alle Finkenarten durch Größen- und Formunterschiede ihrer Schnäbel voneinander abgrenzen lassen. Hierin liegt auch die Erklärung für die Bevorzugung ganz bestimmter Futterpflanzen mit jeweils unterschiedlichen Samenständen.

Einen schmalen pinzettenartigen Schnabel (Abb. 1b) zum Aufpicken von tierischen Organismen besitzen die meisten Insektenfresser.

Auffallend breit ist der Schnabel von einigen Gefiederten (Abb. 1c), die im Flug Insekten erhaschen.

Pflanzenfressende Vögel (Huhn, Gans, Strauß) besitzen scharfkantige Schnabelränder zum Herauszupfen, Abzwicken und Schneiden.

Auf Nektar spezialisierte Vögel verfügen in der Regel über einen dünnen röhrenförmigen Schnabel, welcher in Anpassung an bestimmte Blüten sehr extreme Formen zeigen kann.

Lange und spitze Schnäbel haben die Fischfresser. Zusätzlich vorhandene Hornbildungen am Schnabelrand, in Form von Haken und Zähnen (Abb. 1d), ermöglichen es diesen Vö-

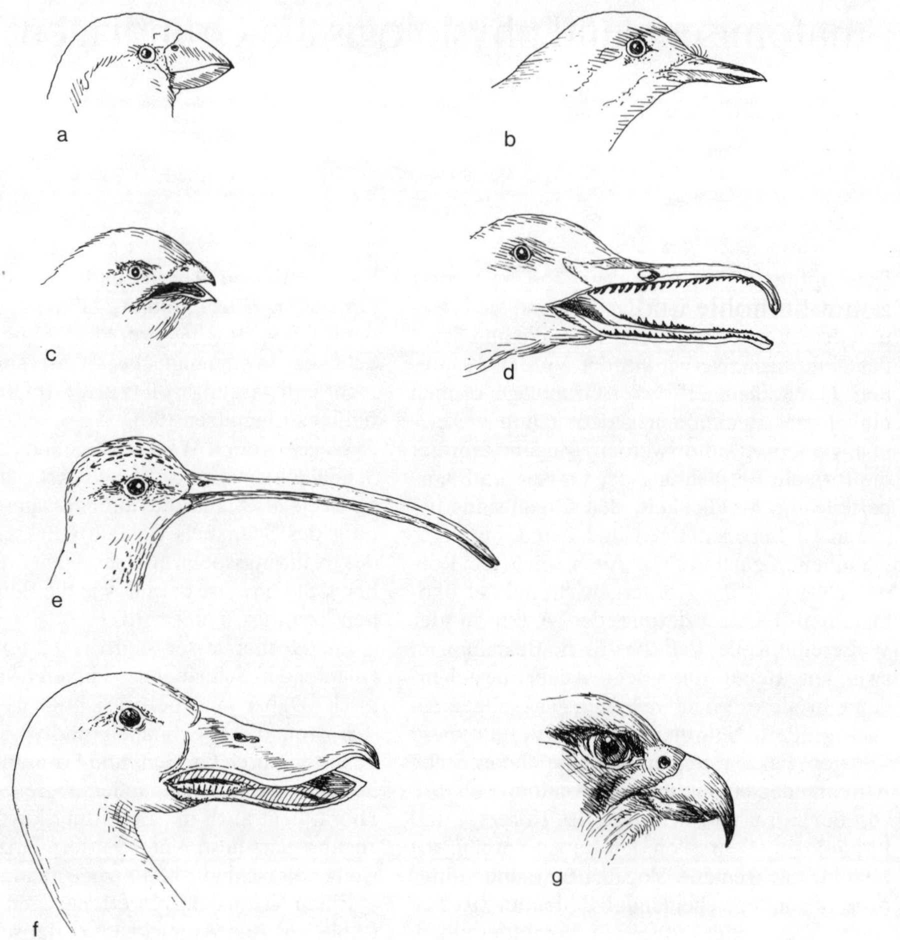

Abb. 1. Schnabelformen: a) Körnerfresser, b) Insektenfresser, c) Fluginsekten fangender Vogel, d) Fischfresser, e) Sumpfbewohner, f) Schnabel zum „Sieben", g) Greifvogel.

geln überdies, die schlüpfrige Beute festzuhalten.

Lange Schnäbel besitzen auch die Limikolen, mit denen sie weiche Böden nach Nahrung durchsuchen. Dabei dient der Schnabel, dessen Spitze mit vielen Nervenenden durchzogen ist, beim Aufspüren von Kleinlebewesen als Sonde.

Erleichtert wird das Einstechen in den Boden dadurch, daß die Spitze des Oberschnabels (Abb. 1e) die des Unterschnabels leicht überdeckt.

Für den Nahrungserwerb im Wasser haben Flamingo, Gans und Ente an den Schnabelrändern (Abb. 1f) weichhäutige Lamellen, mit deren Hilfe die Futterbestandteile herausgesiebt werden.

Die Greifvögel benutzen einen nach unten gebogenen Hakenschnabel (Abb. 1g) zum Zerkleinern der Beute. Die Mitglieder der Papageienfamilie können mit ihren Schnäbeln Grassamen ernten, Nüsse knacken und Früchte öffnen.

Weitere Anpassungen des Schnabels sind sekundär und haben mit der Ernährungsweise nichts zu tun. Gedacht sei beispielsweise an die auffällige Färbung vieler Schnäbel, die jedoch nur für die Schaustellung und Arterkennung Bedeutung hat. Ebenso einzuordnen ist die nur während der Brutzeit getragene Hülle über dem Schnabel des Papageientauchers.

Schnabelhöhle und Zunge

Die Schnabelhöhle wird durch Teile von Ober- und Unterschnabel, das Schnabelhöhlendach und den Schnabelhöhlenboden begrenzt. Gemeinsam mit der Zunge bildet sie eine funktionelle Einheit, welche in Anpassung an eine bevorzugte Nahrung eine hohe Differenzierung und damit Formenvielfalt aufweist.

Die Gestalt der Zunge variiert mit der Form des Schnabels. Im Extremfall ist sie, wie bei den Nektarvögeln und Kolibris, ein langgestreckter, hochentwickelter Leckapparat.

Hühnern dient die Zunge lediglich als „Förderband" zum Hin- und Herbewegen von Sämereien. Die Zunge ist in diesem Fall nicht vorstreckbar und genau in den Schnabel eingepaßt.

Die Zunge von Gans und Ente besitzt an den Seitenrändern Papillen, welche zusammen mit den Hornblättchen des Schnabelrandes einen reusenähnlichen Seihapparat – ein „Rüttelsieb" (171) – zum Filtern von Plankton bilden.

Als besonderes Merkmal weisen die Loris eine bürstenartige Zungenspitze auf, mit welcher sie den verschiedenen Blüten Pollen entnehmen.

Diese Betrachtungen lassen erkennen, daß die Zunge bei der Nahrungsaufnahme entscheidend mitwirkt. Auch hier ergeben sich deshalb aus anatomischen Besonderheiten, ebenso wie beim Schnabel, wertvolle Hinweise auf ein bestimmtes Nahrungsspektrum.

In Abhängigkeit vom Feuchtigkeitsgrad der bevorzugten Nahrung befinden sich im Schnabel- und Rachenbereich sowie auf der Zunge Speicheldrüsen in verschiedener Größe und Zahl.

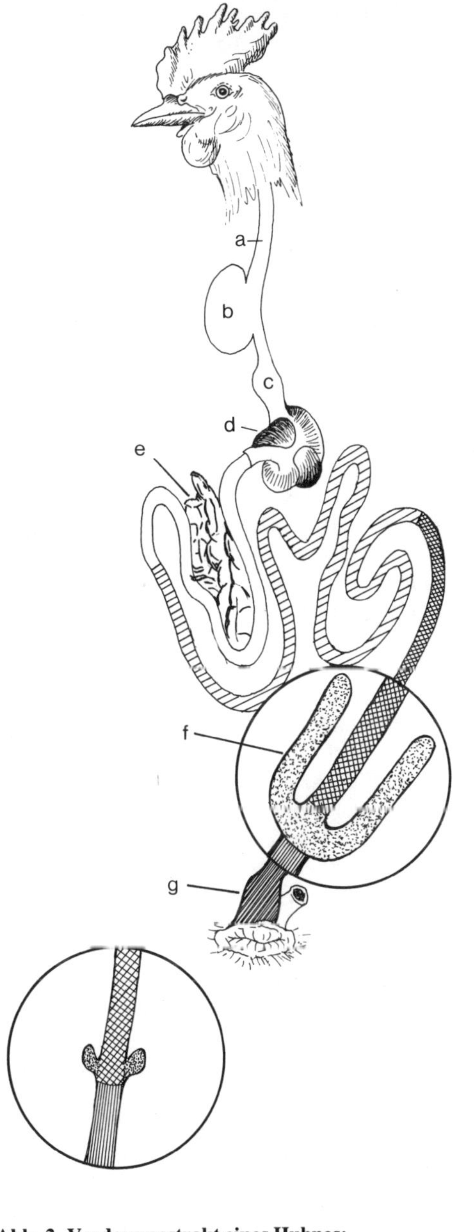

Abb. 2. Verdauungstrakt eines Huhnes:
a) Speiseröhre, b) Kropf, c) Drüsenmagen, d) Muskelmagen, e) Bauchspeicheldrüse, f) Blinddärme (im Ausschnitt die sehr kleinen und funktionslosen Blinddärme bei Greifvögeln, Prachtfinken und Tauben), g) Enddarm.

Geschmacksknospen sind in der Schnabelhöhle der Vögel, im Gegensatz zur Mundhöhle bei Säugetieren, nur in geringer Anzahl ausgebildet.

Speiseröhre und Kropf

Über die stark erweiterungsfähige Speiseröhre (Abb. 2a) wird die Nahrung zum Magen befördert. In entgegengesetzter Richtung werden das Futter für die Nestlinge und unverdauliche Nahrungsbestandteile als Speibälle (Gewölle) ausgeschieden.

Wegen des geringen Fassungsvermögens von Drüsen- und Muskelmagen haben viele Vögel, insbesondere die Körnerfresser, einen voluminösen Kropf (Abb. 2b) zur Speicherung großer Nahrungsmengen. Gebildet wird dieser durch eine Ausbuchtung der unteren Wand der Speiseröhre vor dem Eingang in den Brustraum. Die Gestalt des Kropfes variiert. Beim Huhn ist er einseitig ausgebildet bzw. unpaar, bei der Taube in zwei große Säcke geteilt (210). Bei den Entenvögeln ist der Kropf lediglich eine schlauchförmige Erweiterung der Speiseröhre. Einigen Vögeln (z. B. der Waldschnepfe) fehlt ein Kropf, dessen Aufgaben übernimmt dann die stark dehnbare Speiseröhre, welche sich vorübergehend erweitert und über kurze Zeit die aufgenommene Kost bevorratet (20).

Neben seiner Fähigkeit Nahrung zu speichern, reguliert der Kropf auch die Füllung des nachfolgenden Verdauungstraktes. Dabei ist allerdings zu berücksichtigen, daß es von Art zu Art gravierende Unterschiede gibt.

Beispielsweise wird der leere Magen mancher Arten (z. B. der Hühnervögel) zuerst gefüllt, während die Nahrung bei Papageien zunächst immer im Kropf verbleibt (167).

Die Verweildauer des Futters im Kropf ist von dem Füllungsgrad des nachgeordneten Verdauungstraktes und von der Konsistenz der Nahrung abhängig. Dabei gilt allgemein, daß das Futter um so schneller in den Magen gelangt, je weicher es ist.

Bei Tauben, Finken- und Hühnervögeln u. a. können kleinere einzelne Nahrungspartikel und Wasser über die sogenannte Kropfstraße mitunter auch direkt in den Drüsenmagen gleiten.

Eine weitere Aufgabe übernimmt der Kropf, indem er das Futter durch Wasser und Sekrete der Speichel- und Speiseröhrendrüsen erweicht und so für die weitere Verdauung vorbereitet. Bei vielen Gefiederten ist weiterhin anzunehmen, daß im Kropf bereits eine Vorverdauung durch Eintritt von Mageninhalt bzw. Magensaft stattfindet. Zudem besitzt das Kropfmilieu günstige Voraussetzungen für die Wirkung der pflanzeneigenen Fermente (Amylasen) und bestimmter Bakterien, die den Kohlenhydratabbau einleiten. Eigene Verdauungsenzyme besitzt der Kropf jedoch nicht.

Eine besondere Funktion übernimmt der Kropf bei der Taube, indem hier die als Kropfmilch bezeichnete, aus Kropfschleimhaut bestehende weiß-gelbliche Masse, die als Nestlingsnahrung dient, gebildet wird.

Schließlich besitzt der Kropf Bedeutung für die Fütterung der Jungen, indem er als Speisekammer fungiert, aus der die Nestlinge z. B. vieler Greifvögel, Störche, Papageien und Finkenvögel gefüttert werden.

Magen

Der Vogelmagen gliedert sich anatomisch und funktionell in den Drüsen- (Abb. 3a) und den Kau- oder Muskelmagen (Abb. 3b). Funktionell leitet ersterer mit Hilfe von Fermenten und Salzsäure die chemische Aufbereitung der Nahrung ein, während letzterer allgemein die mechanische Futterzerkleinerung übernimmt.

Der Drüsenmagen zeigt in seinen Dimensionen und mikroskopischen Strukturen auffällige Anpassungsmerkmale, die in direkter Beziehung zur Nahrungsspezialisation stehen. So ist er besonders erweiterungsfähig und chemisch aktiv (auch Gräten werden verdaut) bei Vögeln (Kormoran, Pelikan), welche große Mengen von Futter auf einmal verschlingen. Demgegenüber ist der Drüsenmagen bei Körnerfressern klein und nur wenig dehnbar.

Eine weitere Funktion übernimmt der Drüsenmagen bei kropflosen Gefiederten (z. B. bei

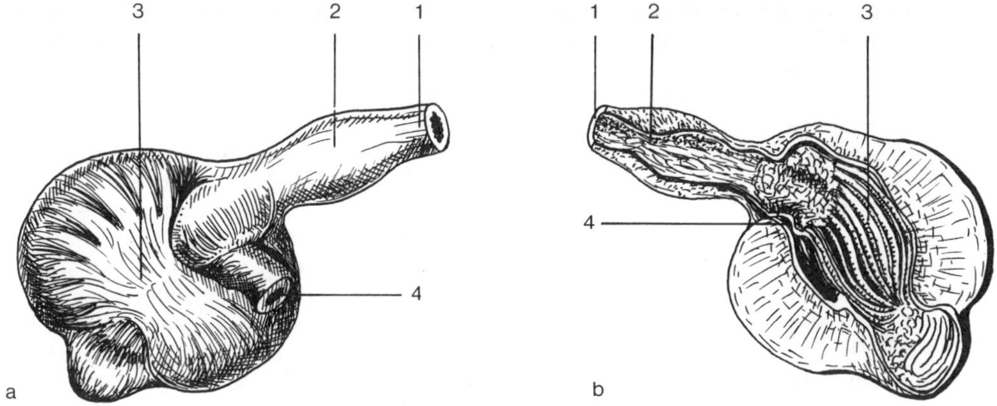

Abb. 3. Drüsen- und Muskelmagen eines Huhnes:
a) rechte Seitenansicht, b) Längsschnitt durch die rechte Magenhälfte. 1) Speiseröhre, 2) Drüsenmagen, 3) Muskelmagen, 4) Zwölffingerdarm. Nach Schummer (1973) aus Scholtyssek/Doll, Nutz- und Ziergeflügel.

der Möwe), indem er vorverdaute Nahrung für die Jungtiere auswürgt.

Auch der Muskelmagen zeigt in vielen Merkmalen einen hohen Anpassungsgrad an die bevorzugten Nahrungsobjekte. Bei Gefiederten, die sich von konzentriertem und leicht verdaulichem Futter (Fleisch, Fisch, Früchten, Nektar) ernähren, hat der Muskelmagen seine mechanische Funktion verloren. In diesen Fällen ist er deshalb zu einem muskelarmen, dehnbaren Sack zurückgebildet. Dagegen besitzen Körner-, Pflanzen- und einige Allesfresser einen gut ausgebildeten Muskelmagen, der das Futter durch rhythmische Kontraktion und mit Hilfe der von diesen Vögeln aufgenommenen Steinchen zerkleinert. Fehlen die als „Zahnersatz" dienenden Steinchen, so kann dies zu Verdauungsstörungen führen.

Zum Schutz vor mechanischen Schäden wird der Muskelmagen von einer Reibeplatte (Koilinschicht) ausgekleidet, die das Produkt eines kontinuierlich gebildeten und erstarrenden Sekretes ist.

Durch die Arbeit des Muskelmagens wird das Futter nicht nur zerkleinert, sondern auch mit den Verdauungssäften des Drüsenmagens intensiv vermischt und damit die eigentliche Verdauung eingeleitet.

Neben der Aufgabe Nahrung zu zerkleinern, dient der Muskelmagen auch als Filter für unverdauliche Substanzen. Chitinpanzer, Haare, Federn, Knochen etc. werden zu Speiballen geformt und über den Schnabel ausgeworfen (z. B. bei Eulen, Greifen, Nachtschwalben und Drosseln). Die Speiballen- oder Gewöllbildung ist ein wichtiger Teil des Verdauungsvorganges! Die alleinige Verfütterung von schierem Fleisch, beispielsweise an Greifvögel, führt deshalb zu schwerwiegenden Verdauungsstörungen.

Darm

Der Darm ist ein schlauchförmiges Hohlorgan. Dessen äußerste Schicht bildet das Bauchfell, die Serosa. Hier verlaufen die zu- und abführenden Gefäße und Nerven zur Versorgung des Darmes. Die mittlere Schicht der Darmwand besteht aus glatter Muskulatur, welche in zwei Lagen (innere Kreismuskulatur, äußere Längsmuskulatur) angeordnet ist. Sie bewegt den Darminhalt durch wellenförmige Kontraktionen in Richtung Kloake. Die innerste Schicht des Darmrohres besteht aus Schleimhaut, die vor allem im Dienste der eigentlichen Verdauung steht. In ihr sind zum einen Drüsen eingelagert, welche Darmsaft produzieren, zum anderen bildet die Schleimhaut Zotten und vergrößert damit die Oberfläche des Darminneren.

Die Zotten sind durchzogen von einem Lymphsystem. Zusätzlich existieren Nähr- und Sauerstoff zuführende Arterien und Kohlensäure abführende Venen. Durch das Lymphsystem werden die resorbierten Fette dem Körper zugeführt, durch die Venen die Kohlenhydrate und Eiweiße. Letztlich sind in die Zotten Muskeln (dienen der Bewegung), Nerven (zur Steuerung verschiedenster Vorgänge) und Lymphozyten (als Vertreter des Abwehrsystems) eingelagert (94).

Mitteldarm

Der Mittel- oder Dünndarm stellt den längsten Abschnitt des Verdauungskanals und den Hauptort der chemischen Verdauung dar. Er reicht vom Muskelmagenausgang bis zur Mündungsstelle der Blinddärme.

Die Länge des Mitteldarmes steht in enger Verbindung mit der Ernährung des Vogels. In der Regel gilt, daß die von konzentrierter Nahrung (Fleisch, Fisch) lebenden Vögel einen kürzeren Dünndarm als die von pflanzlicher Kost sich ernährenden Arten besitzen. Darüber hinaus variieren die Proportionen des Darmes innerhalb einer Vogelgattung in Abhängigkeit von der Ernährungsspezialisation. So besitzen fruchtfressende Papageiamadinen einen kürzeren Dünndarm als die von Gramineensamen lebenden Vertreter.

Die grobsinnlich wahrnehmbaren Differenzierungen nehmen im mikroskopischen Bereich ihren Fortgang. So wurde ebenfalls bei Papageiamadinen festgestellt, daß die extremsten Nahrungsspezialisten die auffälligsten Darmschleimhautstrukturen ausgebildet haben, während die sich eher vielseitig ernährenden Formen einfachere Muster zeigen (245).

Anatomisch wird der Dünndarm in den Zwölffinger- (Duodenum), Leer- (Jejunum) und Hüftdarm (Ileum) unterteilt; jedoch sind die einzelnen Abschnitte, im Gegensatz zu denen beim Säugetier, weniger deutlich voneinander abgegrenzt und damit zu unterscheiden. Teils, wie z. B. bei den Prachtfinken, läßt sich der Dünndarm rein äußerlich überhaupt nicht gliedern. Auch läßt sich eine gesonderte Behandlung der Zwölffingerdarmschleife nicht rechtfertigen, da sich die Duodenalschleimhaut im Inneren über das Ende der Schlinge hinaus erstreckt (245).

Der Zwölffingerdarm schließt sich dem Muskelmagen an und bildet eine U-förmige Schlinge, zwischen deren parallel verlaufenden Schenkeln sich die Bauchspeicheldrüse (Pankreas) befindet. Diese ist relativ groß bei Körnerfressern, kleiner bei Vögeln, die sich von Fleisch und Insekten ernähren.

Der in der Bauchspeicheldrüse gebildete Verdauungssaft, ebenso wie die Galle der Leber, werden über Ausführungskanäle am Duodenalende in den Darmhohlraum abgegeben.

Der Pankreassaft enthält eiweiß-, kohlenhydrat- und fettspaltende Enzyme, die Galle einen Emulgator, welcher die Fette in eine Emulsion überführt und so die Angriffsfläche für die entsprechenden Verdauungssäfte vergrößert. Damit beginnt die eigentliche Verdauung der Nahrungsobjekte.

Im übrigen ist es interessant zu wissen, daß der Gallensaft vor seiner Überleitung in das Darmrohr teilweise in einer Gallenblase gesammelt wird. Groß ist diese bei Gefiederten, die sich von Fleisch und Fisch ernähren, während sie bei Arten wie Kolibris, Papageien, Tauben, Strauß und Nandus fehlt.

Blinddärme

Die Blinddärme oder Caeca sind beim Vogel in der Regel paarig angelegt. Sie fehlen den Papageien und Spechten oder sind bei den Greifvögeln, Prachtfinken und Tauben (Abb. 2 – Ausschnitt) sehr klein und funktionslos. In den Blinddärmen erfolgt ein weiterer enzymatischer Abbau der Nahrung sowie die teilweise Aufschlüsselung der Rohfaser in verwertbare Bestandteile durch die Tätigkeit der dort angesiedelten Bakterien. Da aber stets nur ein kleiner Teil der Nahrung in die relativ kleinen Blinddärme eintritt, ist die Fähigkeit zur Rohfaserverdauung bei den Gefiederten grundsätzlich gering. Untersuchungen an Hühnern (Blinddarmlänge etwa 20 cm) haben ergeben, daß diese in der Lage sind, den Rohfaseranteil des Weizens nur zu 7 % und den des Hafers zu 9 % aufzuschlüsseln und damit für den Stoffwechsel nutzbar zu machen (173). Günstiger sind die Verdauungsleistungen bei Strauß, Nandu und Rauhfußhühnern, die über sehr gut ausgebildete Caeca verfügen.

Bei Auer-, Birk- und Haselhuhn wird vermutet, daß die Blinddärme nur bei kalter Witterung voll arbeiten (2) und so den Tieren das Überleben mit rohfaserreicher Nahrung (Knospen, junge Triebe) unter winterlichen Bedingungen ermöglichen.

Durch die Aktivität der Bakterien besitzt der Blinddarminhalt einen relativ hohen Vitamin-B-Anteil. Dies führte dazu, den Blinddärmen eine Bedeutung in der Vitamin-B-Versorgung beizumessen. Neuere Untersuchungen an Hühnern, denen das paarige Hohlorgan operativ entfernt wurde, haben jedoch ergeben, daß diese These, zumindest für das Huhn, nicht aufrechterhalten werden kann (93, 122).

Die Entleerung der Blinddärme erfolgt nur alle 24 bis 48 Stunden, so daß auf eine Blinddarmentleerung ein vielfaches von Entleerungen des Restdarmes kommt. Der Blinddarmkot kann von den übrigen Ausscheidungen optisch unterschieden werden. Beim Huhn z. B. besitzt er eine flüssigere Konsistenz und zudem einen üblen Geruch.

Enddarm

Der Enddarm beginnt an der Einmündung der beiden Caeca. Er ist ein kurzes, ungegliedertes Darmrohr, welches in die Kloake einmündet.

Im Enddarm werden die als Schlacke verbliebenen Restfutterbestandteile gesammelt, durch Wasserentzug eingetrocknet und in unterschiedlichen Abständen über die Kloake entleert.

Hintergliedmaßen

Die Hintergliedmaßen der Vögel (Abb. 4) sind, je nachdem wo und wie sie Nahrung suchen, sehr unterschiedlich ausgebildet. Es handelt sich jeweils um sinnvolle Anpassungen, die gewisse Rückschlüsse auf die Lebensgewohnheiten und damit notwendige Haltung und Fütterung zulassen.

Bei kurzbeinigen Vögeln ist der Schluß zulässig, daß die Hintergliedmaßen sehr wenig, die Flügel dagegen vorrangig für die Fortbewegung benutzt werden. Dementsprechend wird dem Nahrungserwerb fliegend nachgegangen. Als Nahrung kommen bei ihnen (Schwalbe, Mauersegler) nur Fluginsekten oder Nektar und Insekten (Kolibris) in Betracht. Im Gegensatz dazu weisen lange und starke Beine, bei eventuell gleichzeitiger Reduzierung der Zehenanzahl auf einen Laufvogel hin. Dessen Nahrungsspektrum wird aus jungem Grün und Organismen bestehen, die auf oder im Boden erworben werden. Schwimmhäute und Lappen an den Zehen, sowie weitere Differenzierungen, weisen auf ein Leben im bzw. am Wasser hin. Hier werden Fische gefangen (Pinguin, Tölpel, Kormoran), Kleinlebewesen sowie Plankton filtriert (Flamingo, Gründelenten) und der Schlamm auf Nahrungsobjekte durchsucht (Strand- und Wasserläufer).

Mit den Fängen (Greiffüßen) erwerben Greifvögel ihre Beute. Bei ihnen finden wir deshalb gut ausgebildete Krallen/Klauen, mit denen die Beute ergriffen oder gar getötet wird. Da die Griffweite der Hände (Füße des Greifvogels) die Beuteleistung des Trägers bestimmen, erhalten wir durch die differenzierte Betrachtung außer Hinweisen auf die Grundnahrung auch Einblick in die mögliche Beutegröße. Als Beispiel sei die Wiesenweihe erwähnt, die mit einer Griffweite von 5 cm nur Kleinsäuger, Jungvögel, kleine Vogelarten und nebenbei Insekten sowie Amphibien erbeuten kann (45). Letztlich darf nicht übersehen werden, daß Vögel ihre Nahrung allgemein dort suchen, wo sie sich überwiegend aufhalten. Deshalb geben anatomische Betrachtungen über die Fußform auch Auskunft, wo das Futter gesucht wird. Dementsprechend sollten dort, im Interesse einer artgerechten Fütterung, auch die Futtergefäße plaziert sein.

Gefiederfärbung

Die unterschiedlichen Gefiederfärbungen der Vögel sind sehr eindrucksvolle und auffällige

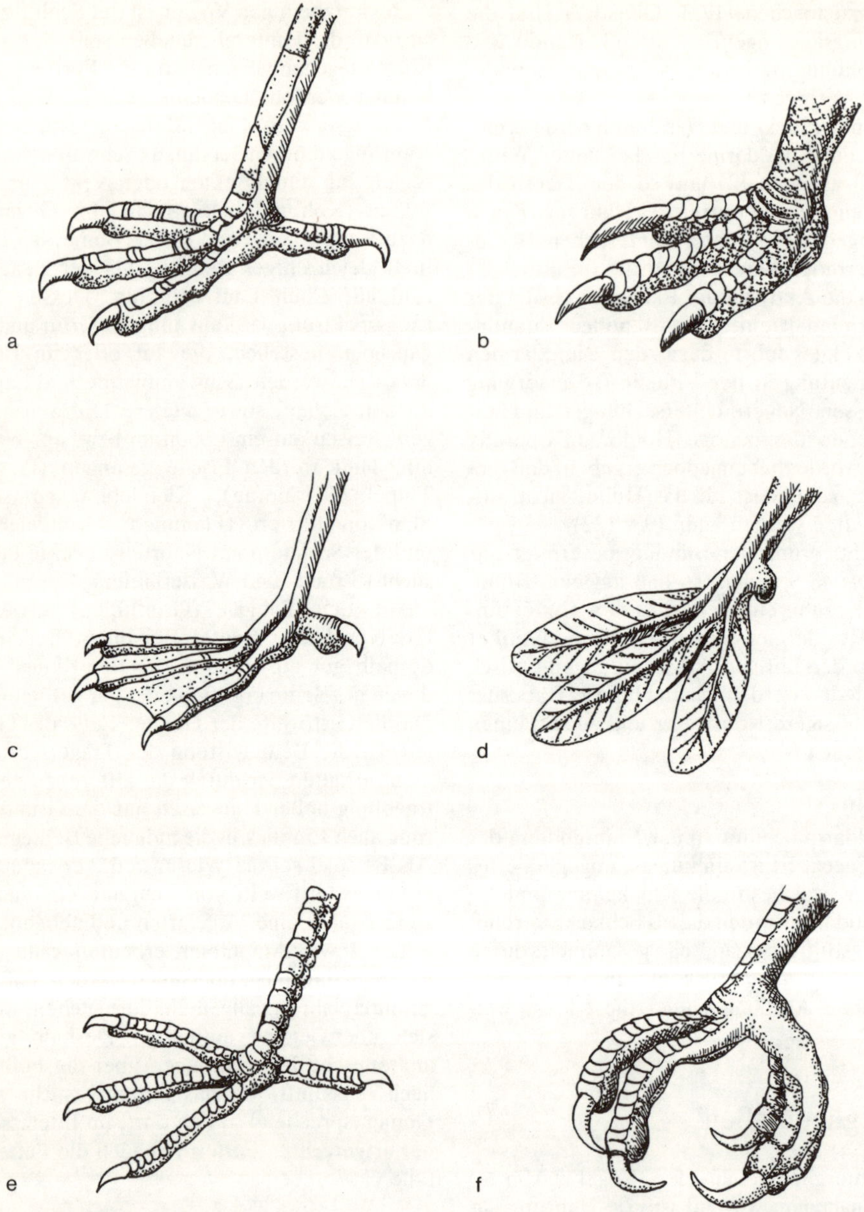

Abb. 4. Verschiedene Formen von Vogelfüßen:
a) unspezialisierter Schreit- und Sitzfuß eines Singvogels, b) Schreitfuß mit Ausfall der Hinterzehe und mit Wehrkralle des Kasuars, c) Fuß mit Schwimmhäuten zwischen drei Zehen (Gänse, Möwen), d) Fuß mit Schwimmlappen (Lappentaucher), e) Sitzfuß eines Reihers, f) Greiffuß mit Wendezehe beim Fischadler. Nach Ziswiler, Die Wirbeltiere.

Ergebnisse evolutiver Wandlungen, die sich während der Geschichte der Vögel in Anpassung an ganz bestimmte Lebensweisen vollzogen haben. Auch diese Einpassung in die Umwelt gibt daher Hinweise, in welchem Biotop natürlicherweise nach Nahrung gesucht wird.

„So leben im Laubwald hauptsächlich grünliche und bräunliche, im Kiefernwald grau gefärbte, bläulich getönte oder stellenweise rötlich gezeichnete, im Fichtenwald düstere oder schwärzliche, in der Parklandschaft gelb- oder rotbunte, im Schilfrohr einfarbig oder gestreift gelblichbräunliche, in der Steppe graugestreifte, in Halb- oder Vollwüste mehr einfarbig rötlichgelb getönte, auf kahlem Geröllboden schlagschattenartiggefleckte oder gar schwarzbeschürzte, an Felswänden schieferfarbene oder rötliche, in flachen buchtenreichen Gewässern buntgemusterte, auf großen einförmigen Wasserflächen schwarzweiß gefleckte und am Meere dazu möwenblaue und weiße Vogelarten" (21).

Sinne des Vogels

Der Vogel nimmt über 5 Sinnesorgane (Gesichts-, Gehör-, Geschmacks-, Geruchs- und Tastsinn) Kontakt mit der Umwelt auf. Von ihnen besitzen der Gesichts- und Tastsinn für die Nahrungswahl hervorgehobene Bedeutung.

Die meisten Vögel machen ihre Beute mit Hilfe des Gesichtssinnes aus. Optisch jagen vor allem Greife ihre Beute. Hilfreich ist ihnen ein hochentwickeltes Auge, welches bis zu 150 aufeinanderfolgnde Bilder pro Sekunde voneinander zu trennen und einzeln wahrzunehmen vermag. Dadurch kann ein Greif z. B. auch im Herabstoßen mit hoher Geschwindigkeit immer noch angemessen reagieren, während ein optisch nicht so gut ausgerüsteter Organismus am Boden zerschellen würde.

Neben dem Gesichtssinn ist für die Futterwahl der Tastsinn am wichtigsten. Reich an Tastkörpern sind die Schnabelspitze, die Schnabelhöhle und die Zunge. Über den Tastsinn wird die Nahrung nach ihren taktilen Eigenschaften, das heißt nach Größe, Form, Oberflächenbeschaffenheit, Struktur und Konsistenz überprüft.

Die „ideale" Form der Nahrung hängt von der Schnabelgröße, dessen Struktur und der Schlundweite ab. Hühner bevorzugen nach diesen Kriterien eindeutig den Weizen. Die Futterwahl nach Form und Größe der Samen bestätigen auch Feigensamenspezialisten (z. B. *Erythrura papuana*), indem sie rasch auf feigensamenähnliche Samensorten (Mohair- und Senegalhirse) umzustellen sind, die ihnen in Freiheit nicht zur Verfügung stehen. Besonders deutlich wird das Auswählen von Futter nach dem Tastgefühl bei Grünfutterpflanzen. Dickblättrige, zarte Pflanzen werden gern angenommen, derbe, zähe und behaarte Pflanzen dagegen verschmäht.

Viele Vögel können, durch Tastkörperchen im Schnabelbereich und der Zunge, geringste Erschütterungen wahrnehmen. Auf diese Weise werden dem Auge verborgene Futtertiere aufgespürt (z. B. beim Specht) und ans Tageslicht befördert. Außerdem sind, wegen dieser besonderen Sinnesleistung, einige Vögel, wie z. B. viele Limikolen, bei der Nahrungssuche und -aufnahme nicht unbedingt auf das Tageslicht angewiesen.

Der Gehörsinn ist beim Vogel sehr gut ausgebildet und besitzt mitunter auch Bedeutung für die Futtersuche. Nachweislich hören zumindest Kiebitz und Goldregenpfeifer die sich im Erdreich bewegenden Würmer. Ebenso nutzen Kornweihen und einige Eulen akustische Signale ihrer Beutetiere, um diese zu fangen. Hierbei helfen ihnen hervorgehobene Federanordnungen im Kopfbereich, die als bewegliche Schalltrichter dienen.

Der Geschmacksinn spielt bei der Nahrungswahl eine untergeordnete Rolle, weil Vögel ihre Nahrung nicht kauen, sondern schnell abschlucken und damit eine Prüfung des Geschmacks nur begrenzt möglich ist. Graduelle Unterschiede im Geschmacksempfinden der Vögel gibt es insoweit, als auf Geschmacksveränderungen des Wassers empfindlicher reagiert wird.

Daß der Geschmackssinn zweitrangig ist, beweisen Hühner, indem sie künstlich hergestell-

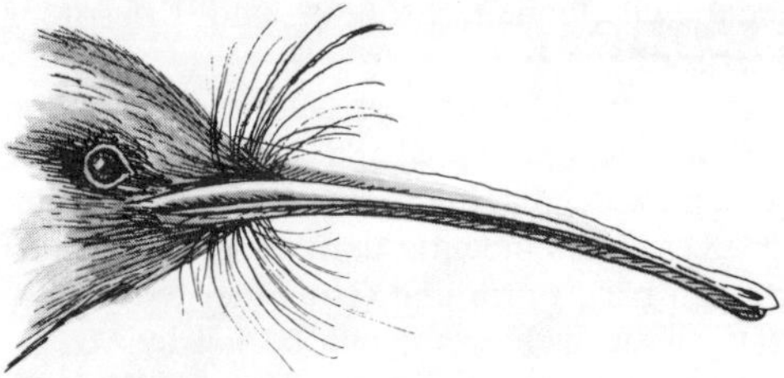

Abb. 5. Schnabel des Kiwis.
Als anatomische Sonderheit, die auf die Bedeutung des Geruchssinnes bei der Nahrungssuche hinweist, hat der Kiwi Nasenlöcher nahe der Schnabelspitze.

ten ,,Weizen" aus Roggenmehl dem aus Weizenmehl hergestellten ,,Roggen" vorziehen. Dadurch wird die natürliche Beliebtheitsskala vom Weizen über Mais, Gerste, Roggen zum Hafer eingehalten und bewiesen, daß der Gesichts- und Tastsinn bei der Futterwahl vorrangig sind (53).

Ein relativ feines Geschmacksempfinden besitzen Loris, Entenvögel und Stare. In dieser Weise überraschen auch einige Kolibris (z. B. *Amazilia tzacatl*), die eine 12%ige Saccharoselösung von einer 10%igen unterscheiden können (200).

Weniger entwickelt ist der Geschmackssinn von Hühnern und Tauben. Letztere unterscheiden jedoch nachweislich die unserem Empfinden entsprechenden Qualitäten bitter, salzig, sauer und süß, wobei gegen sauer die größte Abneigung besteht.

Die untergeordnete Bedeutung des Geschmacksempfindens ermöglicht bei vielen Vögeln die Verabreichung von Medikamenten über das Futter ohne wesentliche Einschränkung der Nahrungsaufnahme.

Der Geruchssinn hat für den Vogel wohl die geringste Bedeutung. Allerdings darf nicht übersehen werden, daß der Kiwi (Abb. 5), Entenvögel und einige Neuweltgeier (126) mittels des Geruchssinnes Nahrung aufspüren.

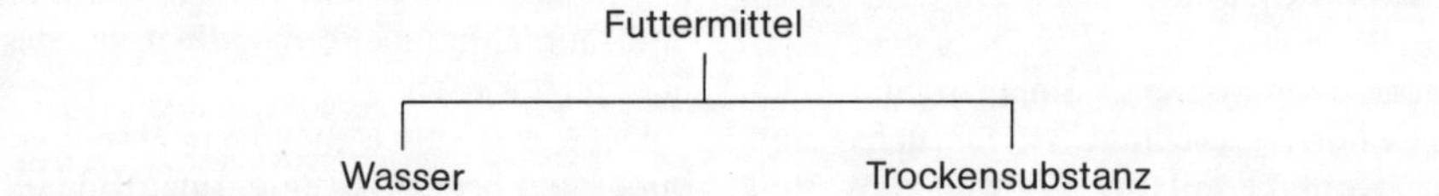

Abb. 6. Bestandteile des Futters. Nach Fangauf/Mackrott/Vogt, Geflügelfütterung.

Die Bestandteile der Futterstoffe, deren Bedeutung, Verdauung und Resorption

Alle Nahrungsobjekte, gleich ob tierischen oder pflanzlichen Ursprungs, lassen sich durch analytische Methoden in verschiedene Stoffgruppen (Abb. 6) zerlegen.

Die gröbste Aufschlüsselung ist die in Wasser und Trockensubstanz. Letztere läßt sich weiter in organische und anorganische Stoffe unterteilen. Der Unterschied zwischen beiden besteht darin, daß die organischen Stoffe vollkommen verbrennen, während die anorganischen Stoffe bei der Verbrennung Asche hinterlassen.

Die organische Substanz setzt sich aus den organischen Wirkstoffen (Vitamine, Hormone, Fermente) und Rohnährstoffen (Eiweiß, Fett, Kohlenhydrate) zusammen. Die anorganische Substanz sind die Mineralstoffe (Sand, Mengen- und Spurenelemente). Alle Nahrungsobjekte lassen sich somit auf wenige Stoffgruppen zurückführen (s. Tab. S. 112). Sie unterscheiden sich lediglich durch den unterschiedlichen Gehalt an diesen Stoffgruppen. Hierauf beruht die Tatsache, daß die verschiedenen Futterstoffe unterschiedliche Wirkungen auf den Organismus ausüben. Es gilt, diese Zusammenhänge zu kennen, da ohne dieses Wissen eine optimale Fütterung undenkbar ist!

Organische Bestandteile

Rohprotein

Protein ist die wissenschaftliche Bezeichnung für Eiweiß. Dessen besonderes Kennzeichen ist der Stickstoffgehalt. Da sein Anteil im Protein grundsätzlich annähernd 16 % beträgt, kann nach Bestimmung des N-Gehaltes der Futtermittel durch Multiplikation mit dem Faktor 6,25 (100:16) der Gehalt an Protein errechnet werden. Weil bei der vorstehenden Rechnung, neben den eigentlichen Eiweißstoffen (dem Reinprotein oder echten Eiweißstoffen), auch stickstoffhaltige Verbindungen nichteiweißartiger Natur, sogenannte Amide, erfaßt werden, spricht man das Resultat besser als Rohprotein an.

Die Amide kann der Vogel als Nährstoff nicht verwerten. Ihr Anteil ist in der Regel bei den Nahrungsobjekten tierischer Herkunft gering, bei denen pflanzlicher Herkunft größer.

Das Eiweiß nimmt eine besondere Stellung ein, da kein anderer Nährstoff seine Funktion übernehmen kann. Der Vogel ist deshalb, wie jeder tierische Organismus, auf die Zufuhr von Eiweiß angewiesen! Hierin besteht ein fundamentaler Unterschied zu den Kohlenhydraten und Fetten, die gegeneinander ausgetauscht werden können. Das heißt, der Körper ist in der Lage, aus Kohlenhydraten Fett aufzubauen und umgekehrt Fett in Kohlenhydrate zu verwandeln.

Der Vogel besteht zu etwa 20 % des Körpergewichtes aus Eiweißstoffen, welche aus stickstoffhaltigen Verbindungen, den Aminosäuren, aufgebaut sind.

Im Organismus gibt es etwa 20 verschiedene Aminosäuren, die in unterschiedlicher Reihenfolge und Häufigkeit aneinandergereiht eine Vielzahl von verschiedenen Eiweißkörpern ergeben. Diese befinden sich in jeder Zelle, und praktisch jede Lebensäußerung ist an deren Vorhandensein und Mitwirkung gebunden.

Wie alle Bestandteile des Körpers unterliegen auch die Eiweißsubstanzen einem ständigen Auf- und Abbau sowie einem damit verbundenen Verlust, der eine fortlaufende Eiweißzufuhr notwendig macht. Dabei ist zu berücksichtigen, daß der Wert der verschiedenen im Vogelfutter enthaltenen Eiweißkörper insgesamt sehr unterschiedlich ist. Hierfür verantwortlich zeichnen die Eiweißbausteine – die Aminosäuren. Einige von ihnen, beim Vogel sind es wahrscheinlich 10, können vom Organismus nicht synthetisiert werden. Diese Aminosäuren müssen deshalb mit der Nahrung zugeführt werden! Im Hinblick auf ihre Lebensnotwendigkeit werden sie als unentbehrlich oder essentiell bezeichnet. Der Mangel oder das Fehlen nur einer unentbehrlichen Aminosäure bewirkt, daß die Proteinsynthese, entsprechend dem Niveau ihres Angebotes, gedrosselt oder ganz eingestellt wird. Anders formuliert gilt, daß der Eiweißstoffwechsel durch die essentielle Aminosäure bestimmt wird, an welcher ein Mangel besteht.

Die für den Vogel essentiellen Aminosäuren sind Arginin, Histidin, Isoleuzin, Leuzin, Lysin, Methionin, Phenylalanin, Threonin, Tryptophan und Valin.

Die weiteren Aminosäuren kann der Organismus durch Umbildung (Transaminierung) selbst aufbauen. Der Organismus ist daher von deren Zufuhr mit dem Futter unabhängig. Diese Aminosäuren tragen deshalb die Bezeichnung entbehrlich oder nicht essentiell.

Durch die Existenz der unentbehrlichen Aminosäuren ist die Eiweißversorgung nicht nur ein quantitatives, sondern auch ein qualitatives Problem. Es ist deshalb nicht damit getan, dem Vogel irgendein Eiweiß anzubieten. Vielmehr ist darauf zu achten, daß dem Gefiederten ausreichend essentielle Aminosäuren mit dem Futter zugeführt werden. Hiervon ist der Vogel besonders abhängig, da in seinem Verdauungskanal kaum Eiweißverbindungen oder Eiweißvorstufen bakteriell gebildet werden!

Einen hohen Gehalt an essentiellen Aminosäuren und damit einen guten Futterwert hat grundsätzlich das tierische Eiweiß! Demgegenüber steht das Protein pflanzlicher Herkunft zurück!

Als Maßstab für die unterschiedliche Verwertung des pflanzlichen bzw. tierischen Eiweißes im Organismus kann die sogenannte biologische Wertigkeit herangezogen werden. Sie besagt, wieviel Gramm Körpereiweiß durch 100 g des betreffenden Nahrungseiweißes ersetzt werden können, und wird in Prozent ausgedrückt. Sie liefert damit eine Möglichkeit, Proteine nach ihrem Wert einzustufen.

Zur Deckung des ständigen Eiweißbedarfes nutzen die Vögel Eiweißkörper tierischen und/oder pflanzlichen Ursprungs. Unabhängig von dem ständigen Bedarf besteht ein erhöhter Proteinanspruch beim wachsenden Organismus, während der Mauser und zur Zeit der Eibildung. Brieftauben haben zudem einen erhöhten Eiweißbedarf während der Reisezeit, da bei kräftezehrenden Flügen, nach Erschöpfung der Glykogen- und Fettreserven, auch das Körpereiweiß zur Energiegewinnung herangezogen wird. Zur Deckung dieses erhöhten Bedarfes wenden sich die sonst von überwiegend pflanzlichen Nahrungsobjekten lebenden Vögel auch dem tierischen Eiweiß zu, weil dieses – wie bereits erwähnt – einen höheren Gehalt an essentiellen Aminosäuren aufweist und damit biologisch wertvoller ist. Mit ausschließlich pflanzlichem Eiweiß sind dagegen diese besonderen Leistungen nur von wenigen Vögeln zu vollbringen, weil insbesondere die essentiellen Aminosäuren Lysin und Methionin in pflanzlichen Nahrungsobjekten nur unzureichend enthalten sind.

Aus den dargelegten Zusammenhängen läßt sich die Forderung ableiten, daß auch Körnerfressern und von anderen pflanzlichen Nahrungsobjekten lebenden Vögeln zumindest während des Wachstums, der Mauser und der Eibildung tierisches Eiweiß anzubieten ist, da ein Bedürfnis nach Eiweißstoffen hoher Qualität in diesen Zeiten besteht! Nachteile sind hieraus nicht zu erwarten, da der Vogel erfahrungsgemäß den vorhandenen Bedarf an Aminosäuren über die Auswahl der verschiedenen Nahrungsobjekte selbständig reguliert.

Einschränkend sei jedoch darauf hingewiesen, daß z. B. Wellensittiche bei zu reichlicher tierischer Kost dazu neigen, Aggressivität gegen die Brut zu zeigen, und australische Sittiche bereits gelegte Eier nicht bebrüten.

Eine weitere Forderung ist die nach einem vielfältigen Angebot der Nahrungsobjekte. Auch hier liegt die Erklärung bei den unentbehrlichen Aminosäuren. So zeichnet sich z. B. das Leguminosenprotein (Erbsen, Lupine) durch einen niedrigen Methionin- und einen relativ günstigen Lysingehalt aus, während bei Getreideprotein das Lysin begrenzt ist, dagegen der Methioningehalt günstig liegt. Durch die Mischung von beiden Futtermitteln kommt es zu einer gegenseitigen Ergänzung, welche eine ausreichende Versorgung mit den Aminosäuren Lysin und Methionin erwarten läßt. Durch eine vielseitige Fütterung ergänzen sich also die positiven Eigenschaften, während die negativen in ihrer Wirkung zurücktreten. Deshalb bietet eine abwechslungsreiche Kost, also eine Fütterung mit Proteinen verschiedener Herkunft, am ehesten die Gewähr, daß dem Vogel alle benötigten Aminosäuren in genügender Menge zugeführt werden.

Die mit der Nahrung aufgenommenen Proteine werden ab dem Drüsenmagen durch die Einwirkung der dort sezernierten Salzsäure, Pepsin und Chymosin gespalten. Eigentliche Stätte der Verdauung ist jedoch der Mitteldarm. Hier werden unter dem Einfluß weiterer Fermente (Trypsin, Chymotrypsin, Karboxypeptidase und Enterokinase) des Darmsaftes und der Bauchspeicheldrüse die Eiweißverbindungen bis zu den Aminosäuren abgebaut.

Die Eiweißspaltprodukte werden im Mitteldarm resorbiert und über den Blutstrom zu den verschiedenen Körpergeweben befördert. Hier werden sie zum Aufbau oder Ersatz von Körpergewebe benutzt oder zur Bildung von Hormonen und Fermenten herangezogen. Überschüssige Aminosäuren werden zu einfacheren Verbindungen abgebaut und dienen zur Energiegewinnung.

Der Abbau des Proteinstickstoffs erfolgt beim Vogel über die Purinbasen zu Harnsäure (166), welche die weiche, weiße Spitze der Kotballen bildet. Durch die sichtbare Harnsäure kann der erfahrene Beobachter den verzehrten Anteil von Proteinen in der Gesamtration schätzen, da mit steigendem Eiweißgehalt der Anteil der Harnsäure in der Vogellosung zunimmt.

Trotz des komplizierten Verdauungsvorganges enthält der Kot des Vogels unter vielen anderen Bestandteilen stets auch Protein. Das heißt, daß der Vogel nicht in der Lage ist, alle im Futter enthaltenen Eiweißstoffe vollständig zu verdauen bzw. zu resorbieren.

Über die Verdaulichkeit der unterschiedlichen Futterproteine bei verschiedenen Vogelarten liegen kaum Ergebnisse vor. Eine wesentliche Voraussetzung für die bedarfsgerechte Ernährung (Eiweißversorgung) des Vogels fehlt damit.

Bekannt sind die Unverdaulichkeit von Chitin (Bestandteil vieler Insekten, von Garnelen usw.) und die geringe Verdaulichkeit von Keratin (Bestandteil der Feder, des Horns usw.). Produkte, die diese Anteile enthalten, wie Küstenfischmehl und Tiermehl, sind deshalb mit dem Rohproteingehalt allein nicht ausreichend beschrieben!

Kohlenhydrate

Bei der Futtermittelanalyse werden die Kohlenhydrate als stickstofffreie Extraktstoffe (NFE) und als Rohfaser erfaßt. Wegen der grundsätzlichen Bedeutung sei vorab erwähnt, daß die Kohlenhydrate relativ leicht verdaulich sind, die Rohfaser dagegen nur schwer oder gar nicht vom Vogel verwertet werden kann!

Die Kohlenhydrate sind aus den Elementen Kohlenstoff, Wasserstoff und Sauerstoff zusammengesetzt. Sie sind Hauptbestandteil der Pflanzen und der am weitesten verbreitete organische Nährstoff.

Dem tierischen Organismus dienen die Kohlenhydrate in erster Linie zur Deckung des laufenden Energiebedarfs. Nach ihrem chemischen Aufbau werden Monosaccharide (Einfachzucker), Oligo- oder Disaccharide (zusammengesetzte Zucker) und Polysaccharide (Mehrfachzucker) unterschieden.

Ein bekannter Einfachzucker ist die Fruktose (der Fruchtzucker). Sie findet sich in vielen Früchten und gibt diesen den süßlichen Geschmack. Fruktose und Glukose (Traubenzukker) bilden zusammen die Saccharose, den uns allen bekannten Rüben- oder Rohrzucker. Unter den Disacchariden ist vor allem der Milchzucker (Laktose) zu erwähnen. Er ist regelmäßiger Bestandteil der verschiedenen Muttermilch-Ersatzpräparate. Da der Milchzucker dem Vogel in der freien Natur nicht angeboten wird, ist er auf dessen Verwertung (vielen Gefiederten fehlt offensichtlich das zum Aufschluß notwendige Enzym Laktase!) auch nicht eingerichtet. Als Folge reagieren zumindest Kolibris und uneingewöhnte Loris auf Milchzucker (Muttermilch-Ersatzpräparate!) mit heftigen Entzündungen des Magen-Darm-Traktes, Loris zudem auch mit Erbrechen.

Nach praktischen Erfahrungen vertragen andere Gefiederte, wie z. B. Hühner, Raben und andere größere Vögel mit geringer Spezialisierungstendenz des Darmtraktes Kuhmilch und die darin enthaltene Laktose gut.

Zu den Polysacchariden zählt das pflanzliche Reservekohlenhydrat Stärke, welches besonders reichlich in den Getreidekörnern zu finden ist. In die Gruppe der Polysaccharide fällt weiterhin die Rohfaser. Sie ist kein einheitlicher Stoff, sondern ein Gemisch von organischen Verbindungen (Zellulose, Pentosane, Lignin, Suberin und Cutin), die nach dem Kochen mit verdünnter Säure und Lauge als unlöslicher Rest eines Futtermittels zurückbleiben.

Die Rohfaser hat als Nährstoff für den Vogel allgemein keine Bedeutung, da sie in der Regel unverdaulich ist. Nur Gefiederte mit gut ausgebildeten Blinddärmen können einen Teil der Rohfaser durch bakterielle Zersetzungsprozesse für sich nutzbar machen. Da dies aber jeweils nur für einen kleinen Anteil der Gesamtfutterration gilt, muß darauf geachtet werden, daß der Rohfasergehalt im Futter nicht zu stark ansteigt, da sonst die Verdaulichkeit des Futters sinkt. Für Hühner gilt, daß die durchschnittliche Verdaulichkeit der im Futter enthaltenen organischen Substanz um 2 % zurückgeht, wenn der Rohfasergehalt um 1 % zunimmt.

Da der für den Vogel kaum verdauliche Rohfaserteil auch den Ausnutzungsgrad der übrigen Nährstoffe wesentlich beeinflußt, kann über wechselnde Anteile in der Futterration auf den Energiestoffwechsel des Gefiederten wirkungsvoll Einfluß genommen werden. Unter Berücksichtigung dieser Tatsache erhalten z. B. „fette“/überernährte Tiere eine rohfaserreiche Kost, während „magere“/unterernährte rohfaserarm gefüttert werden. Allerdings darf die energiearme (rohfaserreiche) Kost nicht ad libitum angeboten werden, weil die Vögel in der Lage sind, eine Energiearmut der Nahrung durch Mehrverzehr weitgehend auszugleichen. Zudem erfordert jede restriktive Fütterung eine ständige Beobachtung des Vogels, da dieser durch seinen hohen Stoffwechsel rasch einem Energiedefizit erliegen kann.

Einen hohen Rohfaseranteil besitzen alle alten Pflanzenteile (altes Laub, hochgeschossenes Gras usw.) die deshalb als Nahrung für den Vogel ausscheiden. Einen hohen Rohfaseranteil besitzen auch die Spelzen der Samen; sie werden deshalb von vielen Vögeln durch Bearbeitung des Samenkorns mit dem Schnabel und der Zunge vor dem Abschlucken entfernt. Auf diese Weise wird der Verdauungstrakt weniger mit unverdaulichen Stoffen belastet und die Verdaulichkeit des Futters erhöht.

Obwohl die Rohfaser praktisch nicht als Nährstoff verwertet werden kann, hat sie doch, durch ihre diätetische Wirkung, für viele Vögel große Bedeutung. Diese besteht in ihrem Einfluß auf die Absonderungen der Verdauungsdrüsen und den beschleunigten Transport des Darminhaltes. Weiterhin ist anzunehmen, daß unverdauliche Ballaststoffe dem Vogel ein Gefühl der Sättigung und damit physiologisches Wohlbehagen geben. Wegen der vorerwähnten vielfältigen Wirkungen ist für viele Vögel, z. B. Trappen, Rauhfußhühner und Strauß (28), ein bestimmter Rohfasergehalt im Futter notwendig.

Die im Futter enthaltenen Kohlenhydrate (stickstofffreien Extraktstoffe) werden durch Fermente (Diastase, Polyase, Alpha-Glukosidase, Oligase) zu einfachen Zuckern abgebaut, in dieser Form resorbiert und über die Blutbahn in die Körperzellen transportiert. Hier wird der Zucker entweder sofort zur Wärme- und Energiegewinnung (der Energiegewinn pro Gramm Glukose beträgt 15,1 kJ) herangezogen oder in Glykogen (Reservekohlenhydrat) umgewandelt. Überschüssige Anteile werden in Fett umgebildet und als solches an den entsprechenden Stellen abgelagert. Zu kohlenhydratreiche Kost führt deshalb leicht zur Verfettung, zumal bei Vögeln in Volieren Bewegungsarmut und damit verbundener geringer Energieverbrauch vorherrschen!

Bei der Verbrennung der Kohlenhydrate im Organismus entstehen die Oxydationsprodukte Kohlendioxyd und Wasser, welche ausgeatmet bzw. über den Kot ausgeschieden werden.

An der Steuerung des Kohlenhydratstoffwechsels sind die Bauchspeicheldrüse, der Vorderlappen der Hirnanhangsdrüse, die Nebennierenrinde, das Nierenmark sowie die Schild- und Nebenschildrüse beteiligt.

Rohfett

Die Fette und fettähnlichen Substanzen (Lipoide) bilden gemeinsam das Rohfett. Vertreter dieser Gruppe lassen sich leicht in organischen Lösungsmitteln (Äther, Aceton), aber nicht in Wasser lösen. Mit Hilfe dieser Eigenschaft kann über die Extraktion der Fettanteil in einem Futtermittel oder Organismus bestimmt werden.

Die Fette werden unter der Einwirkung von Luft ranzig. Dabei bilden sich Peroxyde, welche viele Nähr- und Wirkstoffe schnell oxydieren und zerstören. Insbesondere sind es viele Vitamine (E, A, Karotin, D und Biotin), die durch diesen Prozeß vernichtet werden.

Auf diese Eigenart der Fette geht im wesentlichen die Qualitätsminderung fettreicher Futtermittel zurück, wie z. B. die der Sonnenblumenkerne.

Fett liefert pro Gewichtseinheit mehr als die doppelte Kalorienmenge (der Energiegewinn pro Gramm Fett beträgt 39,4 kJ) der Kohlenhydrate. Durch diesen hohen Energiewert spielt es als Energielieferant, Speicher- und Reservestoff eine bedeutende Rolle – zumal Fette nur 6–8 % Wasser enthalten und damit sehr gewichtsgünstig sind.

Das Fett wird nicht gleichmäßig im Vogelkörper abgelagert, sondern an bevorzugten Stellen (Fettdepots) gespeichert. Hier schlummert es als Energiereserve für Zeiten, in denen der Vogel kein oder nur wenig Futter aufnehmen kann, wie z. B. in langen Winternächten bzw. extremen Schlechtwetterperioden.

Aus diesen Erkenntnissen lassen sich auch Hinweise für die Praxis entnehmen. Das Auerwild z. B. ernährt sich während der Vegetationsruhe (Winter) fast ausschließlich von energiearmen Knospen. Um in dieser Zeit nicht in ein Energiedefizit zu geraten, insbesondere bei absinkenden Außentemperaturen, wird nebenbei die als Fett in den Körperdepots gespeicherte Vorratsenergie mobilisiert und bis zum Frühjahr abgebaut. Eine diesen physiologischen Umsatzprozessen zuwiderlaufende Ernährung mit energiereicher Kost in Gefangenschaft zeigt deshalb erhebliche negative Auswirkungen (Stoffwechselstörungen, Fettsucht etc.). Es ist daher von grundlegender Bedeutung, die Fütterung den über das Jahr gegebenen wechselnden Bedürfnissen des Vogels anzupassen!

Weil das Fett die Überlebenschancen eines Vogels in Zeiten eines Futterdefizits erheblich verbessert, hat sich, über den Weg der Auslese während der Entwicklungsgeschichte, bei vielen überwinternden Vögeln ein Jahreskörpergewichtsverlauf entwickelt, der in den Monaten November bis Januar sein Maximum aufweist. Die Amsel z. B. verzeichnet im Herbst einen Gewichtsanstieg um 20 %, wobei dieser fast ausschließlich auf zusätzlich abgelagertem Fett beruht. Dieser Gewichtsanstieg gilt noch verstärkt für Grasmücken.

Weitere endogen, aber auch durch Umweltfaktoren bestimmte extreme Fettablagerungen im Organismus finden sich bei Zugvögeln während der Zugdisposition. Auch hier kommt es infolge Fettablagerungen zu starken Gewichtszunahmen (209). Beim Goldhähnchen beträgt diese immerhin ca. 2 g, so daß ein Goldhähnchen, anstelle von etwa 5 g im Sommer, im Herbst 7 g wiegt (141)!

Aus dem jahreszeitlich/endogen bedingten Fettansatz können sich für Zug- und standorttreue Vögel, die in Käfigen gehalten werden, Gesundheitsstörungen (Stoffwechselerkrankungen) ergeben, weil die energiezehrenden Situationen des Freilebens, und damit die wesentlichen Faktoren eines Fettabbaues, fehlen.

Neben der physiologischen Bedeutung des Fettes als Energielieferant mindert dieses durch seine schlechte Wärmeleitfähigkeit den Energieverlust durch Abstrahlung. Nicht zuletzt deshalb besitzen polare Pinguine neben einem dichten, wasserundurchlässigen Gefieder eine 2–3 cm dicke Fettschicht unter der Haut. In gleicher Weise wirken die reichlich vorhandenen Fette im Unterhautbindegewebe des Wassergeflügels, die die Wärmeableitung über das Medium Wasser gering halten.

Neben ihrer Bedeutung als Energiereserve und Isolationsmaterial dienen die Fette auch als Träger der fettlöslichen Vitamine A, D, E und K. In dieser Funktion, aber auch wegen der essentiellen Fettsäuren (Linolsäure, Linolensäure und Arachidonsäure), kann das Fett von anderen Substanzen nicht ersetzt werden. Deshalb sind gewisse Fettanteile, auch wenn im Energiestoffwechsel Kohlenhydrate und Eiweiße Fette vertreten können, im Futter notwendig! Besondere Bedeutung erhalten die essentiellen Fettsäuren während der Brutzeit; denn deren ausreichender Transfer in das Ei, der nur über ein breites Spektrum Fett enthaltender Nahrungsobjekte zu erwarten ist, muß als eine von vielen Voraussetzungen für eine ungestörte Embryonalentwicklung und hohe Schlupfquote gelten.

Zu den fettähnlichen Substanzen zählen unter anderen die Wachse und Karotinoide. Erstere befinden sich besonders in dem Sekret der Bürzeldrüse, letztere sind die Grundlage der gelben und roten Farben vieler Pflanzen.

Karotinoide, die wegen ihrer Fettlöslichkeit auch die Bezeichnung Lipochrome tragen, müssen vielen Gefiederten auch in Gefangenschaft mit dem Futter zugeführt werden, da sie wichtige Bausteine zum Aufbau natürlicher Gefiederfarben darstellen.

Der direkte Einfluß der Fütterung auf die Gefiederfarbe läßt sich bei in Gefangenschaft gehaltenen Birkenzeisigen, Bluthänflingen, Gimpeln, Kreuzschnäbeln, Flamingos und vielen anderen mehr gut beobachten. Denn diese Tiere zeigen, wenn lipochromreiche Pflanzenteile (Brombeere, Liguster, Holunder, Algen, Mohrrüben etc.) oder tierische Organismen (Krebstierchen etc.) fehlen oder mit der Nahrung nur unzureichend angeboten werden, nach der Mauser häufig ein verblaßtes Gefieder. Dieser auch als Melanisierung bezeichnete Vorgang scheint, neben der Fütterung, auch mit dem Gesamtstoffwechsel in Verbindung zu stehen; denn während bei gleicher Fütterung Birkenzeisige in einer großen Voliere in der Mauser ein Federkleid wie in der Natur erhalten, verblassen Tiere in einer kleinen Voliere deutlich (235). Ausreichende Bewegungsmöglichkeit ist daher, neben einem reichhaltigen Angebot an lipochromhaltigen Futtermitteln, ein weiterer wichtiger Faktor, um ein Verblassen in Volieren gehaltener Vögel zu vermeiden (219).

Anstelle der natürlichen Karotinoide können auch industriell hergestellte Farbstoffe, wie z. B. das Canthaxanthin, eingesetzt werden.

Die Fette werden im Verdauungstrakt durch das Ferment Lipase zu Fettsäuren und Glycerin abgebaut. In dieser Form werden die Fette und fettähnlichen Substanzen über die Lymphe dem Blutkreislauf zugeführt und von dort zu den Gewebszellen transportiert.

Der Abbau des Fettes geschieht über verschiedene Stufen bis zu den Endprodukten Kohlendioxyd und Wasser. Letzteres wird vor allem von den Zugvögeln genutzt, die damit einen Großteil ihres Flüssigkeitsbedarfes dekken können. Auf diese Weise ist eine wesentliche Voraussetzung geschaffen, auch Meere und trockene Landstriche zu überwinden, wo eine Wasseraufnahme nicht möglich ist.

Vitamine

Vitamine sind organische Verbindungen, die der Vogel, bis auf wenige Ausnahmen (Vitamin C), nicht selbst bilden kann. Sie sind nur in äußerst kleinen Mengen erforderlich, aber dennoch für den normalen Ablauf der Lebensvorgänge unbedingt notwendig.

Als Bestandteil von verschiedenen Hormonen und Fermenten übernehmen die Vitamine wichtige Funktionen im Stoffwechsel. Die Folgen eines Mangels sind deshalb im allgemeinen Wachstumsstörungen und geringe Gesamtleistung.

Auf Grund ihrer Lösbarkeit lassen sich die Vitamine in fett- (A, D, E und K) und wasserlösliche (B-Komplex und C) einteilen.

Jedes einzelne Vitamin hat im Organismus eine bestimmte Aufgabe zu erfüllen, die von einem anderen Vitamin nicht in gleicher Weise ausgeübt werden kann. Das Fehlen eines jeden Vitamins hat daher typische Ausfallserscheinungen, sogenannte Avitaminosen, zur Folge. Derartige Mangelsituationen spielen in der Praxis eine untergeordnete Rolle und treten lediglich bei extrem einseitigen Ernährungsverhältnissen auf; teils sind sie nur im Experiment zu erzielen. Vergleichbar selten sind auch die Hypervitaminosen, die als Folge einer zu starken ständigen Vitaminzufuhr auftreten. Man findet sie vor allem bei Vitamin D, seltener bei den Vitaminen A und E.

Gegenüber den A- und Hypervitaminosen sind Hypovitaminosen, als Folge einer ständigen nicht bedarfsgerechten Versorgung, relativ häufig.

Zwischen den Hypo- und Hypervitaminosen liegt der eigentliche Bedarf des Organismus. Dieser ist in der Nutzgeflügelhaltung exakt bestimmt und dementsprechend erfolgt ein Vitaminzusatz zu den verschiedenen Futtermitteln. Dabei werden die Zugaben so bemessen, daß der durchschnittliche Minimalbedarf wesentlich überschritten wird. Auf diese Weise wird sichergestellt, daß der Organismus auch bedarfserhöhende Situationen ohne Ausfallserscheinungen übersteht.

Die optimale Vitaminversorgung ist dem Vogelliebhaber nicht möglich, da weder der Vitamingehalt der Futtermittel, noch der Vitaminbedarf des gehaltenen Vogels bekannt sind. Jedoch existieren auch auf dem Gebiet der Vitaminversorgung des Vogels wertvolle allgemeine Resultate, die in der täglichen Vogelfütterung eingesetzt werden können.

Grundsätzlich gilt, daß Zier- und Stubenvögel einen besonders hohen Bedarf an Vitaminen aufweisen. Insbesondere ist dies für die Vitamine A, D_3 und B_2 anzunehmen. Die Gründe für den hohen Vitaminanspruch liegen zum einen im hohen Stoffwechsel begründet, zum anderen ist der Vogel, durch die schnelle Passage der Nahrungsobjekte durch den Magen-Darm-Kanal, kaum befähigt, Vitamine mikrobiell zu bilden.

Der auf hohem Niveau liegende Vitaminbedarf des Vogels wird durch zahlreiche Faktoren beeinflußt, deren Kenntnis für die praktische Vogelfütterung von Bedeutung ist.

Zunächst ist davon auszugehen, daß es von Tier zu Tier genetisch bedingte Unterschiede im Bedarf an bestimmten Vitaminen gibt. Hieraus resultieren von Vogel zu Vogel differierende Antworten auf eine Mangelsituation. Diese Tatsache erklärt die häufige Beobachtung, daß einige Tiere früher, andere später oder gar nicht mit Ausfallserscheinungen auf ein Defizit reagieren.

Wegen der unmittelbaren Beteiligung der Vitamine am Gesamtstoffwechsel reagiert der Gefiederte auf alle den Stoffwechsel anhebenden Einflüsse mit einer Steigerung des Vitaminbedarfs. In diesem Zusammenhang ist eine Vielzahl von Faktoren zu nennen, die unter dem Begriff „Streß“ (ungünstige Klimafaktoren wie Hitze und Kälte, Transport, Umgewöhnung, Parasitenbefall) zusammengefaßt werden können.

Weiterhin wird der Bedarf an Vitaminen durch besondere Leistungen des Vogels erhöht. Hier sind die Brutzeit, der Federwechsel und das Wachstum zu erwähnen. Letzteres steht unter der Vielzahl bedarfserhöhender Momente an erster Stelle. Vitaminmangelzustände sind deshalb nicht zufällig gerade beim jungen Vogel anzutreffen. In diese Feststellung ist die Tatsache einzubeziehen, daß ein Vitamindefizit bereits beim Elterntier angelegt sein kann, da zwischen dem Vitamingehalt im Ei und im Futter ein unmittelbarer Zusammenhang besteht. Ein unausgeglichenes Vitaminangebot während der Brutzeit stört weiterhin die normale embryonale Entwicklung und erhöht die Sterberate nach dem Schlupf, weil eine angemessene Reservebildung im Küken/Nestling nicht erfolgen konnte.

Schließlich sind Vitaminmangelsituationen bei jeder Art von Krankheitszuständen zu erwarten, die die Aufnahme der Vitamine aus dem Darm behindern. Endoparasiten, als Verursacher einer spezifischen Darmentzündung, nehmen hier einen vorderen Rang ein. Neben der Entstehung eines Vitamindefizites durch äußere Einflüsse, besondere Leistungen und Krankheiten, müssen als weitere Ursache Vitaminverluste der Nahrungsobjekte einkalkuliert werden.

Da viele Vitamine unter der Einwirkung von Licht und Sauerstoff zerfallen, sind es vor allem überlagerte Futtermittel, die den Bedarf des Vogels nicht decken.

Auch die Art der Haltung, die grundsätzlich viele Lebensbereiche des Vogels tangiert, nimmt Einfluß auf den Komplex der Vitamine. So werden z. B. die meisten B-Vitamine durch Mikroorganismen, die sich in der Streu (bei Bodenhaltung der Hühner) befinden, synthetisiert. Fehlt die Möglichkeit, Streupartikel – also Vitamin B – aufzunehmen, ist dementsprechend der B-Komplex-Zusatzbedarf höher. Ähnlich liegen die Verhältnisse bei Vitamin K; auch hier benötigen Käfighühner (Haltung auf Drahtboden – Streu kann nicht aufgenommen werden) einen höheren Anteil im Futter, als weniger intensiv, z. B. auf Streu gehaltene Tiere!

Wegen der vielen Faktoren, die den Vitaminbedarf des Vogels verändern und dem wechselnden, unbekannten Vitamingehalt der Futterstoffe, kann die Sicherung einer vollwertigen Vitaminversorgung durchaus Schwierigkeiten bereiten. Daraus ergibt sich, daß die Spanne vom Auf- oder Nichtauftreten einer Mangelerscheinung sehr groß sein kann und das Ausbleiben vom Mangelsymptomen nicht immer gleichbedeutend mit einer optimalen Versorgung ist. Denn für einen optimalen Ablauf der Lebensvorgänge sind sicherlich höhere Dosierungen notwendig! Zu berücksichtigen ist aber auch, daß mit Vitamingaben über den tatsächlichen Bedarf hinaus keine Steigerung der Leistungsfähigkeit zu erwarten ist und daß einige Vitamine bei ständiger Überdosierung, wie schon erwähnt, einen negativen Effekt auslösen können (44).

Weitere beobachtete Nachteile einer Vitaminüberdosierung sind die übermäßige Anregung des Geschlechtstriebes, in dessen Folge das Nest vorzeitig verlassen und ein neues Gelege begonnen wird, sowie eine gesteigerte Aggressivität (4).

Da dem Vogel sowohl durch eine Vitaminüber-, als auch durch eine Vitaminunterversorgung Nachteile entstehen, ist es notwendig, sich dem Thema der bedarfsgerechten Vitaminversorgung näher zuzuwenden.

Für die Vitaminversorgung des Vogels bieten sich natürliche Vitaminträger und synthetisch hergestellte Produkte an.

Zu den natürlichen Vitaminträgern zählen vor allem junge Pflanzenteile, also Knospen und Keime. Letztere werden in Form des Keimfutters weit verbreitet eingesetzt und sind für Körnerfresser unerläßlich, da mit der ausschließlichen Verfütterung trockener Sämereien der Vitaminbedarf des Vogels nicht gedeckt wird. In diesem Zusammenhang sei erwähnt, daß Körnerfresser in freier Natur nicht nur ausgereifte Samen fressen, sondern auch solche in grünem, halbreifem oder bereits angekeimtem Zustand!

Als weitere natürliche Vitaminträger kommen Wurzeln, verschiedene Beerenarten und Früchte in Betracht. Die Naturprodukte besitzen, neben ihrer Bedeutung als Vitaminquelle, wertvolle diätetische Eigenschaften. Hierfür sind vorrangig die Ballaststoffe verantwortlich, die die Verdauung fördern. Weiterhin ist an die Phytöstrogene (Hormone pflanzlichen Ursprungs) zu denken, die einen anregenden Einfluß auf die Hoden bzw. den Eierstock ausüben.

Einige Vögel, wie z. B. der Wellensittich, reagieren auf ein Überangebot pflanzlicher Vitaminträger mit starken Kotveränderungen, die als äußeres Zeichen einer Verdauungsstörung zu werten sind. Deshalb ist in diesen Fällen die Fütterung von grünen Pflanzenteilen einzuschränken oder abzusetzen (156).

Die wohl wesentlichste Voraussetzung einer optimalen Vitaminversorgung über pflanzliche Vitaminträger ist deren vielseitiger Einsatz, da damit bestehende Unterschiede im Vitamingehalt der einzelnen Nahrungsobjekte am ehesten ausgeglichen werden!

Ein weiterer natürlicher Vitaminträger ist der Lebertran, der aus der Leber von Dorsch, Hai und Thunfisch gewonnen wird. Die Gefahr des Einsatzes von Lebertran liegt in dessen hohem

Ölanteil, der für die Mehrzahl der gehaltenen Vögel, mit Ausnahme der fischfressenden Meeresbewohner, eine fremde Nahrungskomponente darstellt und deshalb schlecht verträglich ist. Weiterhin muß bedacht werden, daß sich der Lebertran unter dem Einfluß von Licht und Sauerstoff zersetzt und giftige, insbesondere das Lebergewebe schädigende Peroxyde freigesetzt werden. Dies geschieht vor allem dann, wenn eine größere Menge Körnerfutter mit dem Tran benetzt und nicht frisch verfüttert wird.

Neben den natürlichen Vitaminträgern werden heute in zoologischen Gärten, anderen wissenschaftlich geleiteten Instituten und von der Mehrzahl der Vogelhalter synthetisch hergestellte Vitamine eingesetzt. In ihrer chemischen Zusammensetzung, Struktur und Wirkung entsprechen sie den „natürlichen" Vitaminen. Insoweit besteht zwischen den „natürlichen" und „synthetischen" Vitaminen kein Unterschied!

Der Vorteil der synthetischen Vitamine liegt darin, daß sie in standardisierter, konzentrierter Form vorliegen und daher exakt dosiert werden können. Zudem sind Präparate auf dem Markt, die speziell auf die Bedürfnisse des Wirtschaftsgeflügels und der Ziervögel ausgerichtet sind. In ihnen stehen die Einzelvitamine in der von den Gefiederten benötigten Relation und wirken so am günstigsten.

Synthetische Vitamine werden in Pulverform, in wäßriger und in öliger Lösung angeboten. Letztere belasten durch ihren Fettgehalt (wie der Lebertran) die Verdauungsorgane und werden deshalb von vielen, vor allem kleinen Vögeln schlecht vertragen! Den wasserlöslichen Präparaten ist deshalb der Vorrang zu geben.

Synthetische Vitamine lassen sich dem Futter beimischen oder im Trinkwasser lösen. Die Verabreichung über das Futter setzt voraus, daß das Vitamin an den Nahrungsobjekten haftet (z. B. am feuchten Keimfutter) oder sich mit diesem dauerhaft vermischen (z. B. mit Eifutter) läßt. Mischungen von trockenem Körnerfutter und pulverförmigen Vitaminen entmischen sich und bringen keine guten Resultate.

Über das Trinkwasser lassen sich alle wasserlöslichen Präparate verabreichen. Um den Vitaminzerfall durch Lichteinwirkung zu verzögern, sollten lichtundurchlässige Kunststoff- oder braun eingefärbte Glastrinkgefäße Verwendung finden.

Eine weitere Möglichkeit der synthetischen Vitamingabe ist bei den Vögeln gegeben, die ihre Nahrung verschlingen. Ihnen können Vitaminkapseln, Dragees etc. im Nahrungsobjekt (z. B. Fisch) versteckt gereicht werden.

Exakte Dosierungen sind auch über die Injektion zu erreichen. Der besondere Wert dieser Darreichungsform besteht einerseits in einem raschen Wirkungseintritt, andererseits können dem Vogel auch dann noch Vitamine zugeführt werden, wenn deren Resorption über den Verdauungskanal (z. B. bei Darmentzündung) nicht gewährleistet ist. Die Injektion bleibt dem fachkundigen Tierarzt vorbehalten, da unsachgemäße Handhabung eine Reihe von Gesundheitsschäden oder gar den Tod nach sich ziehen kann.

Das breite Vorkommen der Vitamine in frischen, dem Vogel entsprechenden Nahrungsobjekten garantiert im allgemeinen eine ausreichende Vitaminversorgung. Allerdings wird dieser in freier Natur übliche Zustand unter den besonderen Bedingungen der Volierenhaltung kaum erreicht. Denn häufig sind die Futtermittel überlagert (Vitaminverlust) oder das Nahrungsangebot ist zu einseitig. In der Vogelhaltung kann deshalb der Einsatz von synthetischen Vitaminen zur Komplettierung eines nicht bedarfsgerechten Gehaltes im Futter und als Sicherheitszusatz unter den Bedingungen von Streßeinwirkung, Krankheit und besonderen Leistungen grundsätzlich empfohlen werden! Die Gefahr einer Überdosierung ist bei Beachtung der Angaben zum jeweiligen Präparat gering, da die meisten Vitamine in einer vielfachen Menge des täglichen Bedarfs ohne Schaden vertragen werden. Allerdings rechtfertigen die synthetischen Vitamine und deren Einsatz keine Nachlässigkeit in der Fütterung eines Vogels, denn niemals kann eine künstliche Vitaminierung eine mangelhafte Fütterung ausgleichen! Erinnert sei an die diätetische Wirkung der Ballaststoffe und die Phytöstrogene natürlicher Vitaminträger.

Wie bereits erwähnt, verursacht der Mangel an jedem und der Überschuß bei einzelnen Vitaminen mehr oder weniger spezifische Krankheitserscheinungen. Exakte Untersuchungen über die einzelnen Vitaminmangelkrankheiten liegen auf dem Gebiet der Geflügelhaltung, insbesondere bei Huhn und Pute vor. Vergleichbare Ergebnisse gibt es für die Ziervögel nicht. Jedoch ist sicher, daß zwischen den Vitaminmangelkrankheiten des Wirtschaftsgeflügels und denen des Ziervogels Ähnlichkeiten bestehen. Insoweit hat die folgende, im wesentlichen auf das Huhn ausgerichtete Beschreibung der Einzelvitamine für die Haltung aller Vögel ihren Wert.

Die fettlöslichen Vitamine

Die Wirkungsweise der fettlöslichen Vitamine A, D, E und K zeigt induktiven Charakter und damit Analogien zu den Hormonen (155).

Die fettlöslichen Vitamine sind stark oxydationsempfindlich, weshalb ihr Gehalt in den Futtermitteln mit zunehmender Lagerung abnimmt.

Vom Organismus können die fettlöslichen Vitamine gut gespeichert werden. Gelegentliche Gaben von synthetischen Präparaten oder Überschüsse in natürlichen Vitaminträgern verhindern deshalb Mangelerscheinungen bei einer kurzfristigen ungenügenden Zufuhr.

Vitamin A

Das eigentliche Vitamin A (Retinol) ist nur in Futtermitteln tierischer Herkunft enthalten; dagegen weisen pflanzliche Nahrungsobjekte nur Provitamine, die sogenannten Karotinoide, auf. Letztere stellen eine Gruppe – im wesentlichen gelb bis gelbrot gefärbter Pflanzenfarbstoffe – dar, die ihren Namen wegen ihres reichen Vorkommens in der Mohrrübe (Karotte) erhalten haben.

Viel Vitamin A enthalten die Leber, der Eidotter und der Lebertran.

Karotinoide befinden sich in allen grünen Pflanzenteilen und vielen Früchten.

Die Provitamine frischer Pflanzenteile werden bei der Lagerung und Trocknung, durch die Einwirkung von Sauerstoff und ultraviolettem Licht rasch vermindert. Als arm an Karotinoiden sind deshalb alle überlagerten Futtermittel anzusehen.

Die Leber des Vogels wandelt die Karotinoide durch das Ferment Karotinase zu Vitamin A um, welches dort zudem in beträchtlichem Umfang gespeichert werden kann. Diese Reserven gewährleisten, daß Mangelsituationen über einen Zeitraum von mehreren Tagen ohne Leistungseinbußen überbrückt werden können. Gelegentliche Gaben, in Form eines Vitaminstoßes, verhindern deshalb sicher eine Vitamin-A-Unterbilanz.

Die Funktionen des Vitamins A sind mannigfaltig und A-Hypovitaminosen beim Vogel häufig (46, 48, 124, 157, 249, 250) anzutreffen.

Im Vordergrund einer A-Mangelsituation stehen Verhornungsprozesse in der Speiseröhre und deren Drüsen sowie in geringerem Umfang in den Tränendrüsen und der Nasenschleimhaut. In hochgradigen Fällen können in diesen Bezirken bereits mit dem bloßen Auge sichtbare Veränderungen in Form weißer Knötchen gefunden werden. Durch die Entartung und Verhornung der oberen Schicht der Schleimhäute entstehen feine Läsionen, durch welche Krankheitserreger eindringen können. Dort finden diese gute Lebensbedingungen, und Entzündungen sind die Folge. Damit besteht ein unmittelbarer Zusammenhang zwischen einem Vitamin-A-Mangel und der Widerstandsfähigkeit des Organismus gegen jede Art von Infektionserregern und Parasiten.

Zu den weiteren charakteristischen Ausfallserscheinungen, die bei Huhn und Küken, aber auch beim Ziervogel bekannt sind, zählen beim wachsenden Organismus Knochenwachstumsstörungen, Augenveränderungen (z. B. halbgeschlossene, wäßrige Augen, Erblinden bei Bienenfressern und Fliegenschnäppern (182)) sowie Störungen in der Koordination der Bewegungen. Schließlich ist die optimale Vitamin-A-Versorgung eine von vielen Voraussetzungen für ungestörte Keimentwicklung, gute Schlupfergebnisse und verlustarme Aufzucht der Küken bzw. Nestlinge.

Für die tägliche Vogelfütterung ist festzustellen, daß Vitamin-A-Mangelzustände beim Vogel häufig sind. Schuld daran trägt primär eine einseitige, an grünen Pflanzenteilen arme Fütterung mit überlagerten Nahrungsobjekten. Ein Vitamin-A-Defizit ist deshalb bei ausschließlicher Verfütterung getrockneter Sämereien stets möglich.

Vitamin-A-Ausfallserscheinungen zeigen weiterhin nur mit schierem Fleisch ernährte Vögel, insbesondere Greife, da zu deren ursprünglicher Nahrung das gesamte Beutetier, also auch dessen Vitamin-A-reiche Leber gehört.

A-Mangelerscheinungen stehen vielfach auch mit der Verfütterung der an sich vitaminarmen Mehlkäferlarven im Zusammenhang. Um diesen Mangelerscheinungen vorzubeugen, empfiehlt sich die Benetzung dieser Tiere mit Vitaminen (201).

Exakte Dosierungsangaben für Vitamin A fehlen allgemein; jedoch ist davon auszugehen, daß der Vogel gelegentliche Gaben in der für das Wirtschaftsgeflügel angegebenen Dosierung und Häufigkeit ohne Schaden verträgt.

Für den Graupapagei mit 450 g Gewicht und einer täglichen Trinkwasseraufnahme von 25 ml werden 4000 I.E. Vitamin A pro Liter Trinkwasser empfohlen (249). (Der Bedarf von Küken/Junghennen beträgt 1500/6000 I.E. Vitamin A je kg Futter).

Von übermäßigen Vitamin-A-Gaben muß abgeraten werden, da eine ständige Vitamin-A-Überdosierung (500 000 I.E./kg Futter), wie sie bei männlichen Leghornküken nachgewiesen wurde (172), Gesundheitsschäden in Form von Wachstumsverzögerung und -stillstand, Rückgang sowie Verweigerung der Futteraufnahme und Hinfälligkeit führt und gar der Tod die Folge sein kann.

Vitamin D

Für den Vogel haben nur die Vitamine D_2 und D_3 Bedeutung. Beide werden als Vorstufen (Ergosterin für D_2, 7-Dehydrocholesterin für D_3) aufgenommen und unter Einwirkung von UV-Licht in die entsprechende D-Form überführt.

Während bei den Säugern beide D-Vitamine gleich stark wirken, hat bei den Gefiederten das Vitamin D_3 einen 20 bis 30 mal höheren Wirkungsgrad als Vitamin D_2. Hierfür verantwortlich ist die geringere Bindungsfähigkeit der Plasmaproteine für D_2, welches deshalb in geringerem Umfang aus dem Darmkanal abgeführt wird (88).

Der Bedarf an Vitamin D_3 liegt bei wachsenden Vögeln zwischen 500 bis 1000 I.E. pro kg Futter (247). Wird dieser Wert langfristig unterschritten, dann ist eine Störung des Calcium-Phosphor-Haushaltes die Regel. Die Folge ist eine unzureichende Verkalkung der Knochen, welche beim wachsenden Vogel die Rachitis und beim erwachsenen Tier die Osteomalazie (Knochenentkalkung) hervorruft. Sowohl beim jungen, als auch erwachsenen Vogel sind vornehmlich die langen Röhrenknochen betroffen, deren Deformierung oder auch nur Schwächung mit vielfältigen Folgen für das Aussehen (Verkrümmung des Brustbeins, der Röhrenknochen, Schwellungen im Gelenkbereich) und die Art der Bewegung des Vogels (Beinschwäche, Bewegungsunlust, Steifbeinigkeit, Hocken auf den Fersengelenken) verbunden ist.

Beim Wassergeflügel treten die Gehstörungen und Verkrümmungen der Beine besonders typisch und frühzeitig auf. Auch werden die Schnäbel auffallend weich, so daß die Nahrungsaufnahme behindert ist (36).

Hohe Anforderungen an den Calciumstoffwechsel stellt die Produktion eines Eies, da innerhalb weniger Stunden für die Schalenbildung erhebliche Mengen Calcium benötigt werden. Da dieser Bedarf nicht mit der während der Eibildung aufgenommenen Nahrung gedeckt werden kann, muß der Vogel auf die im Skelett befindlichen Reserven zurückgreifen. In dieser Situation provoziert ein Mangel an Vitamin D in Verbindung mit einem Mineralstoffdefizit den Zusammenbruch des gesamten Calciumstoffwechsels. Dessen äußeres Zeichen ist das sogenannte „Lähmesyndrom“ (145). Erste Anzeichen sind Mattigkeit, später treten Lähmungen der Beine und mitunter der Flügel hinzu.

Weitere Symptome eines Vitamin-D-Mangels sind eine verminderte Legeleistung und die Produktion dünnschaliger oder Fließeier.

Zur Vermeidung eines Vitamin-D-Mangels empfehlen sich regelmäßige Grünfuttergaben sowie die Verabreichung von Mineralstoffen. Gelegentliche Zusätze synthetischer Vitamine während der Wachstumsphase und der Eibildung sind nützlich. Allerdings muß vor einem „Zuviel" gewarnt werden, da Überdosierungen möglich sind!

Wegen der Bedeutung des Ultraviolett-Anteils des Lichtes für die Umwandlung der Vitamin-D-Vorstufen steigt der Bedarf an synthetischen Vitaminen mit sinkendem Lichteinfall. Zimmervögel (Fensterglas absorbiert UV-Licht) und Nutzgeflügel unter intensiven Haltungsbedingungen (künstliche Beleuchtung ohne UV-Anteil) sind deshalb eher auf zusätzliche D-Gaben angewiesen!

Ein weiteres, den Vitamin-D-Bedarf erhöhendes Moment ist ein Mangel an Calcium und Phosphor oder ein ungünstiges Mengenverhältnis der beiden Mineralien zueinander. Daher ist der Vitaminbedarf bei reiner Getreidefütterung hoch, da hier der Gehalt an Ca niedrig liegt und P im Verhältnis zu Ca reichlich enthalten ist.

Vitamin E

In der Natur findet sich eine Reihe von Stoffen, sogenannte Tocopherole, die eine Vitamin-E-Wirkung haben. Die wirksamste Verbindung, allgemein als Vitamin E bezeichnet, ist das Tocopherol. Wegen seines fördernden Einflusses auf die Funktion der Reproduktionsorgane (es besteht eine enge Verknüpfung zwischen Vitamin E und der Hypophyse), die zunächst bei Ratten beobachtet wurde, erhielt das Vitamin E die Bezeichnung Antisterilitätsvitamin. Wissenschaftliche Untersuchungen ließen jedoch bald erkennen, daß das Vitamin E neben der Wirkung auf die Gonaden auch an vielen Stoffwechselvorgängen beteiligt ist. Die Bezeichnung Antisterilitätsvitamin erweist sich damit als zu einseitig und sollte heute keine Verwendung mehr finden.

Reich an Vitamin E sind alle chlorophyllhaltigen Pflanzenteile, Getreidekeime und Leinsamen.

Der tierische Organismus ist in der Lage, Vitamin E zu speichern (Depots sind: Leber, Lunge, Milz, Fettgewebe und Hypophyse), so daß sich Vitamin-E-Mangelsymptome erst bei länger anhaltender Unterversorgung zeigen.

Vitamin-E-Mangelzustände sind u. a. beschrieben worden beim Paradiesvogel, bei dem zentralnervöse Störungen das Leitsymptom sind (248). Weiterhin bestehen bei diesen Tieren Leberschäden, die durch Korrektur der Fütterung und Vitamin-E-Gaben verhindert werden können (204).

Häufig erkrankt junges Geflügel, vor allem junge Enten. Im Vordergrund stehen Gehirnschäden, die sich durch Kopfverdrehen und Bewegungsstörungen zeigen. Nicht selten finden sich in Verbindung mit diesen Störungen Nekrosen in der Skelett- und Magenmuskulatur, Ödeme in der Unterhaut und Kapillarblutungen.

Nach vorliegenden Beobachtungen aus der Wirtschafts- und Ziergeflügelhaltung werden Vitamin-E-Mangelzustände vor allem durch ungesättigte Fettsäuren (z. B. im Lebertran, insbesondere wenn dieser verdorben ist!) und gleichzeitigem Vitamin-E-Mangel (einseitige Fütterung, überlagerte Futtermittel) in der Nahrung ausgelöst.

Der eigentliche Bedarf für Vitamin E wird für Küken mit 10–20 mg, bei Zuchthennen mit 20 mg je kg Futter angegeben.

Vitamin K

Das Vitamin K wird als K_1 in Pflanzen gefunden und als K_2 von Mikroorganismen gebildet. Weil die mikrobiellen Vorgänge im Vogeldarm jedoch unbedeutend sind, ist der Vogel fast ausschließlich auf die Zufuhr von Vitamin K mit der Nahrung angewiesen.

Das Vitamin K nimmt, über die Bildung verschiedener Gerinnungsfaktoren, Einfluß auf den Blutgerinnungsprozeß. Blutungen im Körpergewebe begründen deshalb stets den Verdacht auf eine K-Unterversorgung. Verantwortlich sind in erster Linie eine Vitamin-K_1-arme Fütterung sowie langfristige Antibiotika- oder Sulfonamidgaben, welche die an sich geringe K_2-Synthese über Darmbakterien völlig unterbinden. Aus diesem Grund sind zusätzliche K-Gaben bei antibiotischen Kuren und der

Verabreichung von Kokzidienbekämpfungsmitteln (Sulfonamiden) stets angeraten!

Weiterhin scheint eine mangelhafte Synthese von Gerinnungsfaktoren bei der Psittakose gegeben (233), welche ebenfalls zusätzliche K-Gaben erfordert. Eine weitere Abhängigkeit von zusätzlichen Vitamin-K-Gaben scheint auch bei Vogelarten (z. B. dem Feigenpapagei) gegeben, die sich überwiegend von Früchten und anderen pflanzlichen Nahrungsobjekten ernähren.

Interessant ist auch die Tatsache, daß Käfighühner einen höheren K-Anteil im Futter benötigen, als weniger intensiv gehaltene Tiere. Die Ursache hierfür liegt in einer eingeschränkten bzw. unmöglichen Aufnahme von K-haltigem Kot (Boden besteht aus einem Gitterrost). An diesem Beispiel kann man wiederum erkennen, daß die Art der Haltung nicht nur auf den Gesundheitszustand und das soziale Gefüge einwirkt, sondern auch auf die Bedürfnisse der Vögel.

Die wasserlöslichen Vitamine

Die wasserlöslichen Vitamine (B-Gruppe und Vitamin C) sind ein wesentlicher Bestandteil der Enzyme oder Fermente, welche als Biokatalysatoren am Kohlenhydrat-, Fett- und Intermediärstoffwechsel beteiligt sind. Deshalb verursacht bereits ein kurzfristiger Mangel vordergründig Leistungsminderungen.

Vom Vogel können die wasserlöslichen Vitamine nur in geringem Umfang gespeichert werden. Es muß daher eine kontinuierliche ausreichende Versorgung gewährleistet sein.

Vitamin B_1

Vitamin B_1 (Thiamin) ist reichlich in der Keimanlage von Getreidekörnern, in Hefe, Nüssen und Hülsenfrüchten enthalten.

Als Fermentbestandteil (Carboxylase) nimmt das Vitamin B_1 eine zentrale Stellung beim Abbau der Kohlenhydrate ein. Aus diesem Grund steigt der Bedarf mit der Gabe von kohlenhydratreichen Futterrationen und mit zunehmender Intensität des Stoffwechsels. Ein Vitamin-B_1-Mangel ist bei vielseitiger Fütterung nicht zu erwarten – bei der Gabe von geschälten Körnern (Getreideprodukten) jedoch möglich. Auf einen Mangel reagiert vor allem die Taube besonders empfindlich.

Weil tote Fische Vitamin-B_1-inaktivierende Thiaminasen enthalten, ist ein B_1-Defizit bei Fischfressern (besonders Pinguinen), die mit totem Fisch oder Fischabfällen gefüttert werden, relativ häufig.

Durch den hohen Energiestoffwechsel während der Zugzeit und dem damit einhergehenden Vitamin-B_1-zehrenden Kohlenhydratabbau sind B_1-Mangelsymptome mitunter auch bei Zugvögeln zu beobachten.

Äußere Anzeichen eines Thiaminmangels sind Bewegungsstörungen, Krämpfe und Lähmungen. Besonders typisch sind der nach rückwärts gebogene Hals und Kopf.

Vitamin B_2

Reich an Vitamin B_2 (Ribo-, Laktoflavin) sind alle tierischen Eiweißfuttermittel, Weizenkeime, Grünfutter und Hefe. Relativ arm an B_2 ist das Getreide und dessen Nachprodukte.

Riboflavin nimmt als essentieller Bestandteil der Atmungsfermente direkten Einfluß auf die Zellatmung. Daher sind Mangelsituationen mit einer Störung des Zellstoffwechsels verbunden.

Bei Hühner- und Putenküken sind Zehenverkrampfungen (Faustbildung) sowie Wachstumsverzögerung charakteristisch.

Vitamin-B_2-unterversorgte Elterntiere erzeugen Bruteier, deren Schlupffähigkeit stark verringert ist. Dennoch geschlüpfte Küken sind lebensschwach und weisen eine hohe Frühsterblichkeit auf.

Der Riboflavin-Bedarf beträgt für Legeküken ca. 3,5 mg, für Zuchthennen 4–5 mg je kg Futter. Entsprechende Zusätze werden bei reiner Getreidefütterung empfohlen.

Vitamin B_6

Vitamin B_6 (Adermin, Pyridoxin) ist in den Nahrungsobjekten weit verbreitet und zumeist reichlich enthalten. Besonders ergiebige Quellen sind Hefe, Getreide und dessen Keime sowie jede Art von Grünfutter.

Adermin übernimmt als Bestandteil einiger Enzyme vielfältige Aufgaben im intermediären

Stoffwechsel. Der Bedarf an B_6 steigt mit dem Eiweißgehalt der Nahrung, aber auch aufgrund des höheren Eiweißansatzes in der Wachstumsperiode. Relativ selten zu beobachtende Defizite an B_6 verursachen Blutarmut und Wachstumsverzögerung. Bei Hühnerküken wird das Federfressen begünstigt. Weiterhin wird die Legetätigkeit vermindert, die Schlupfquote ist mangelhaft. Außerdem bestehen Störungen im zentralen Nervensystem (Krämpfe, Zuckungen) und mitunter Kropferweiterungen (71).

Der Vitamin-B_6-Bedarf beträgt bei Hühnerküken 3–3,5 mg, bei Legehennen 4–4,5 mg je kg Futter.

Pantothensäure

Die Pantothensäure ist in den meisten Futtermitteln ausreichend enthalten. Hohe Werte weisen die Hefe und die Schalen der Getreidekörner auf.

Im Organismus findet sich die Pantothensäure besonders in der Leber, welche für diese chemische Verbindung offensichtlich die Funktion eines Speichers übernimmt.

Die Pantothensäure greift unmittelbar in den Zellstoffwechsel ein. Mangelzustände sind deshalb zunächst mit Wachstumsdepression und allgemeiner Verminderung der Widerstandskraft gegen Infektionen verbunden. Als weitere sichtbare Merkmale kommen Haut- (besonders im Schnabelwinkel und an den Lidrändern) und Befiederungsschäden vor.

Der Bedarf an Pantothensäure liegt bei Küken um die 10 mg je kg Futter.

Nikotinsäure

Die Nikotinsäure (Niazin) ist reichlich in Getreide (außer Mais und Roggen) und Hefe enthalten.

Da das Niazin aus Tryptophan (essentielle Aminosäure) im endogenen Stoffwechsel gebildet werden kann, ist ein Mangel selten.

Ein Niazin-Mangel ist gekennzeichnet durch Wachstumsverzögerung, Störungen in der Federentwicklung und verminderte Legetätigkeit. Weiterhin kann ein Nikotinsäure-/Nicotinamidmangel am Auftreten von Perosis (Fersenkrankheit) beteiligt sein.

Bei 0,15 % Tryptophan in der Ration beträgt der Nikotinsäurebedarf für Küken/Legehennen 30/20–25 mg je kg Futter.

Folsäure

Die Folsäure ist praktisch in allen Futtermitteln vorhanden. Sie ist beteiligt am Eiweißstoffwechsel und am Aufbau der roten Blutkörperchen. Dementsprechend ist bei einem Defizit mit Wachstumsstörungen und Anämie zu rechnen. Weiterhin werden Farbstörungen des Gefieders, mangelhafte Schlupfergebnisse, erhöhte Embryonensterblichkeit, Perosis und Kreuzschnabelbildung beschrieben. Putenküken reagieren auch mit nervösen Störungen, die sich in einer Lähmung der Halsmuskulatur äußern. Der notwendige Folsäure-Anteil je kg Futter liegt für Küken/Zuchthennen bei 0,6 bzw. 0,35 mg.

Biotin

Biotin, auch unter dem Namen Vitamin H bekannt, ist in vielen Nahrungsbestandteilen, besonders in Getreide und Hefe, enthalten. Einen Teil des Biotin-Bedarfes deckt der Gefiederte durch mikrobielle Synthese. Biotinmangelsituationen können deshalb durch den Einsatz von Sulfonamiden und antibiotischen Substanzen provoziert werden.

Als weitere Ursache eines Mangels kommt die Verfütterung von rohem Hühnereiweiß in Betracht. Ursächlich verantwortlich ist das darin enthaltene Avidin, welches die Resorption des Biotin behindert.

Biotinmangel wird bei Hühnern selten, bei Puten häufiger erwähnt. Das Erscheinungsbild ist durch Wachstumshemmung, trockene, schuppige Haut an Ständern und Zehen, Bildung von Borken und Rissen an der Unterseite von Zehen und Ballen sowie am Schnabelwinkel gekennzeichnet.

Vitamin B_{12}

Vitamin B_{12} wird durch zahlreiche Mikroorganismen gebildet, während es in grünen Pflanzen nicht enthalten ist.

Einige Vögel, z. B. der Wellensittich, nehmen Vitamin-B_{12} durch Koprophagie (Kotfressen) auf (146). Besteht diese Möglichkeit nicht,

z. B. bei Drahtbodenhaltung, dann muß dieser Fehlbetrag über das Futter ergänzt werden.

Vitamin B_{12} ist für die normale Blutbildung, das Wachstum und verschiedene Stoffwechselprozesse, insbesondere die des Eiweißes, unentbehrlich. Ferner ist es an der Bildung einzelner Aminosäuren unmittelbar beteiligt, weshalb durch Vitamin B_{12}-Zusätze tierisches Eiweiß zugunsten des pflanzlichen eingespart werden kann.

Als Mangelerscheinungen werden Abfall der Legeleistung, verminderte Schlupffähigkeit, hohe Kükensterblichkeit, Befiederungsschäden und Wachstumsstörungen erwähnt.

Cholin

Cholin findet sich reichlich in Hefe, tierischem Eiweiß und anderen Futterstoffen, die sich allgemein durch einen höheren Gehalt an den einzelnen Fraktionen der Vitamin-B-Gruppe auszeichnen.

Ein Cholin-Mangel bedingt Störungen im Fettstoffwechsel und ist eine wesentliche Voraussetzung von vielen Ursachen für die Entstehung der Perosis.

Vitamin C

Das Vitamin C spielt eine vielfältige Rolle, deren Bedeutung jedoch bis heute nicht in allen Einzelheiten geklärt ist.

Ergiebige Quellen des Vitamins C sind Zitrusfrüchte, Obst und Grünfutter.

Von einer Zufuhr des Vitamins C ist der Vogel allgemein unabhängig, da er in der Lage ist, Ascorbinsäure aus Einfachzuckern in der Leber bzw. Niere zu synthetisieren. Insoweit ist das Vitamin C, vom Definitionsstandpunkt des Vitaminbegriffes her gesehen, beim Vogel nicht unbedingt zu den Vitaminen zu rechnen. Jedoch steht fest, daß die Eigensynthese unter hohen Temperaturen oder anderen Bedingungen, die sich unter dem Begriff ,,Streß" einordnen lassen, gestört sein kann. In diesen Situationen sind daher zusätzliche Gaben von Vitamin C angezeigt.

Zudem liegen beim Huhn Beobachtungen über einen erfolgreichen Einsatz bei verschiedenen Infektionskrankheiten vor.

Anorganische Bestandteile

Wasser

Der Vogel besteht zu etwa 80 % aus Wasser; dieses ist beteiligt an allen Stoffwechselvorgängen, dient als Lösungs- sowie Transportmittel und hat bei der Wärmeregulation Bedeutung. Vielen Gefiederten (z. B. Entenvögeln) dient das Wasser zusätzlich zur Erleichterung des Freßvorganges. Wegen dieser vielfältigen Aufgaben kommt es bei einem Wasserentzug sehr rasch zum Erliegen verschiedener Körperfunktionen. Der Tod durch Verdursten tritt deshalb schneller als der durch Verhungern ein.

Der Vogel verliert unter physiologischen Bedingungen durch Kot- und Harnabsatz ständig Wasser. Beim Huhn werden über diesen Weg täglich 90–100 g/kg Lebendmasse ausgeschieden.

Ein weiterer Wasserverlust ergibt sich über die Atmung, weil die ausgeamtete Luft mehr Wasserdampf als die eingeatmete Luft enthält; dies gilt insbesondere für hohe Außentemperaturen. So benötigt ein Huhn von 2 kg bei –7 °C täglich ca. 200 cm^3 Wasser, bei 38 °C dagegen etwa die dreifache Menge!

Viel Flüssigkeit (das Huhn ca. 40 g pro Ei) verliert der Vogel auch durch die Produktion von Eiern. Der Wasserbedarf steigt deshalb zu dieser Zeit an.

Zum Ausgleich des Wasserverlustes muß der Vogel ständig Flüssigkeit aufnehmen. Dies erfolgt zum einen über die Aufnahme von Wasser (in der kalten Jahreszeit von Schnee), zum anderen über die Nahrung, denn selbst ,,trockene" Sämereien haben einen Wassergehalt von 10 bis 14 %. Allein mit diesem Anteil leben Zebrafinken unter gemäßigten klimatischen Bedingungen viele Monate (213). Andere Vögel (Fleisch-, Fisch- und Fruchtfresser) können durch den hohen Feuchtigkeitsgehalt der Nahrung sogar unabhängig vom Trinkwasser sein.

Bedeutung für eine ausgeglichene Wasserbilanz hat weiterhin das ,,Verbrennungswasser", welches beim Abbau von Fett und Kohlenhydraten entsteht.

Allgemein gilt, daß Tiere, welche in ihrer natürlichen Lebensweise mit dem Wasser verbunden sind, ein hohes Wasserbedürfnis besitzen. Dagegen gehen Vögel aus Trockengebieten mit diesem Element sehr ökonomisch um.

Letztlich sei angemerkt, daß das Wasser, neben seiner ernährungsphysiologischen Bedeutung, eine wichtige Rolle für offensichtlich angeborene Verhaltensweisen spielt, welche insgesamt die Funktionstüchtigkeit des Gefieders zum Ziel haben. Denn fast jeder Vogel liebt das Baden im Wasser!

Andere Vögel, in deren Lebensrhythmus der Schnee einbezogen ist, nehmen gern ein Schneebad. Dies geschieht entweder am Boden (Gimpel, Berg- und Buchfink) oder im dichten Gezweig (Meisen). Einige Eulen (Rauhfuß- und Sperlingskauz) graben sich sogar, bis auf wenige Federn, in den Schnee ein (227).

Mineralstoffe

Unter dem Begriff der Mineralien wird die Summe der anorganischen Substanzen verstanden, welche nach der vollständigen Verbrennung eines Tierkörpers oder Futtermittels als Asche zurückbleibt. Beim Vogel sind dies ca. 5 % des ursprünglichen Körpergewichts.

Die Mineralien umfassen eine Reihe elementarer Stoffe, die in unterschiedlichem Maße am Aufbau des Körpers beteiligt sind. Dementsprechend werden einige von ihnen in größeren, andere nur in geringeren Mengen benötigt. Im Laufe der Zeit hat es sich eingebürgert, die anorganischen Substanzen nach dem Umfang ihres Bedarfes, aber auch ihres Vorkommens im Organismus, in Mengen- und Spurenelemente zu unterteilen.

Die Mineralstoffe sind am Aufbau des Skelettes sowie an verschiedenen Stoffwechsel- und Verdauungsvorgängen beteiligt. Sie sind Bestandteil des Blutes und einer Reihe von Fermenten. Letztlich übernehmen die anorganischen Substanzen über die Regelung des osmotischen Zelldrucks, der für den Austausch von Flüssigkeit zwischen den einzelnen Körperzellen eine bedeutende Rolle spielt, eine weitere Aufgabe.

Der Mineralstoffbedarf ist bei den einzelnen Nutzgeflügelarten bekannt und dementsprechend werden anorganische Substanzen dem Futter hinzugefügt. Diesen exakten Kenntnissen stehen auf dem Gebiet der Ziervogelfütterung nur wenige allgemeine Feststellungen entgegen.

Auffällig sind Beobachtungen an Karmingimpeln (34), welche sich in der kasachischen SSR ab der Ankunft – und besonders zur Brutzeit bis zum Frühsommer – an Stellen einfinden, wo Salz aus dem Boden tritt. Weiterhin findet man diesen Vogel an Stellen, wo Fische gesalzen werden (69). Sind solche mineralsalzhaltigen Orte in einem Gebiet nur spärlich vorhanden, so versammeln sich die Karmingimpel dort sehr zahlreich. Unter diesen Gegebenheiten konnten allein an einem Platz bis zu 7500 Vögel beobachtet werden.

Auch Papageien nehmen zur Deckung des Mineralienbedarfes, insbesondere des Bedarfs an Natrium, mineralhaltige Erde auf. Sie besuchen dazu die sogenannten ,,Barreiros“, Stellen, wo mineralhaltige Erde offen zu Tage tritt (183).

Die Ursache dieses Verhaltens ist nicht in allen Einzelheiten geklärt, jedoch besteht die Vermutung, daß in den Zeiten der extremen Frequentierung der vorerwähnten Stellen überwiegend Samen und Früchte reifen, die nur einen ungenügenden Anteil an Mineralsalzen aufweisen.

Andere Vögel suchen ebenfalls nur zu bestimmten Zeiten mineralsalzhaltige Medien auf. So stoßen Gartengrasmücken (188) mit dem Schnabel in die Erde und verfüttern danach anhaftende Teile an die Brut.

Einige Kolibriarten (197) suchen den Boden nur während der Mauser und vor der Eiablage, also zu Zeiten eines erhöhten Mineralbedarfes, auf. Dieses Verhalten ist insofern bemerkenswert, als diese Vögel sonst den Boden meiden.

Weitere häufig genutzte Mineralstoffquellen sind Schnecken- oder Eischalen, die insbesondere an junge Vögel (139) gefüttert werden und diesen den zum Aufbau des Knochengerüstes notwendigen Kalk liefern.

Im weitgefaßten Sinn können zu den mineralischen Substanzen auch die von den Körnerfressern aufgenommenen und für den normalen Ablauf des Verdauungsvorganges notwendigen

Magensteinchen gezählt werden, obgleich diese nur eine rein mechanische Funktion („Zahnersatz") übernehmen.

Diese wenigen Beispiele zeigen, daß der Vogel den mit besonderen Leistungen (Mauser, Eibildung, Wachstum) wechselnden Bedarf an anorganischen Substanzen, teilweise durch Veränderungen der Verhaltensweisen bei der Nahrungssuche deckt. Insofern bestehen eigenständige Regulationsmechanismen, die den Vogel befähigen, den vorhandenen Bedarf an Mineralien bedarfsgerecht abzudecken. Handelsübliche, dem Bedarf des Nutzgeflügels angepaßte Mineralstoffmischungen werden deshalb zumeist angenommen und situationsgerecht aufgesucht.

Mengenelemente

Calcium (Ca)

Calcium wird zu über 90% im Skelett gespeichert, wo es als ein wesentlicher Bestandteil des Knochensystems fungiert. Ferner übernimmt dieses Element Funktionen bei der Blutgerinnung und der Erregbarkeit des Nervensystems.

Ein erhöhter Bedarf an Calcium besteht während des Wachstums, da in dieser Entwicklungsphase eine sehr intensive Zunahme des Knochengewebes zu verzeichnen ist. Zwangsläufig stellt der Vogel in diesem Lebensabschnitt große Ansprüche an ein qualitativ und quantitativ hochwertiges Ca-Angebot. Gleiches gilt für die Zeit der Mauser und der Eibildung.

Über den Calcium-Bedarf des Geflügels existieren interessante Ergebnisse, die auch für den Vogelfreund wissenswert sind.

Das Huhn z. B. benötigt für die Erzeugung eines Eies etwa 2 g Calcium. Zur Deckung dieses Verlustes und des weiteren Bedarfes benötigt das Huhn ein Futter, das immerhin 3–4 % Ca enthalten muß! Wird diese Forderung nicht erfüllt, so zeigen sich in steigender Reihenfolge: Rückgang der Schalenstärke, evtl. geringeres Eigewicht, Reduzierung der Legeleistung und letztlich Sterilität (8).

Mit einer Calcium-Mangelsituation ist bei den Körnerfressern zu rechnen, da Sämereien (vor allem die Vertreter des Getreides!) allgemein arm an diesem Mineralstoff sind.

Ebenso sind Defizite bei Fleischfressern – z. B. Greifvögeln –, insbesondere jugendlichen Tieren, zu erwarten, wenn sie ausschließlich mit den Innereien von Rind, Schwein und anderen Schlachttieren ernährt werden.

Zur Vermeidung eines Ca-Defizites ist die Bereitstellung einer Mineralstoffmischung angeraten. Dabei muß gewährleistet sein, daß die Versorgung des Organismus mit Calcium in einem ausgewogenen Verhältnis zum Phosphor und den übrigen Mineralstoffen erfolgt. Da diese Voraussetzung durch die handelsüblichen Mineralstoffmischungen für Geflügel gegeben ist, seien diese ausdrücklich empfohlen! Die Gabe von calciumhaltigen Mineralstoffen ist während einer Medikamentenbehandlung verboten, welche Wirkstoffe aus der Gruppe der Tetracycline enthalten! Denn diese und Calcium bilden unlösliche Komplexe, so daß weder das Calcium zur Verfügung steht, noch eine Wirkung des Medikamentes zu erwarten ist.

Phosphor (P)

Der Phosphor ist ebenso wie das Calcium wesentlicher Bestandteil des Knochensystems; weiterhin ist er beteiligt am Aufbau des Zellkerns sowie einiger Fermente und Hormone. Schließlich hat der Phosphor wesentlichen Anteil am Energiestoffwechsel aller Zellen. Eine Phosphorunterbilanz hat in Abhängigkeit von Dauer und Ausmaß Wachstumsminderung und allgemeine Leistungsdepression zur Folge.

Der Stoffwechsel des Phosphors steht in engem Zusammenhang mit dem des Calciums; denn beide Elemente müssen in einer bestimmten Relation zueinander stehen, um vom Organismus optimal verwertet werden zu können.

Das optimale Ca:P-Verhältnis beim Huhn beträgt 2:1 während der Wachstumsphase und verändert sich auf ca. 6:1 während der Legeperiode. Diese Mengenverhältnisse müssen in etwa auch in dem dargereichten Futter enthalten sein, weil ein hiervon wesentlich abweichendes Ca:P-Verhältnis die Resorption dieser Elemente und damit eine ausreichende Versorgung mit diesen Stoffen erschwert.

Ein ungünstiges Ca:P-Verhältnis weisen neben einer allgemeinen Armut an diesen Elementen der Mais, die Hirse, die Gerste, der Weizen und andere Getreidearten auf. Bei reiner Körnerfütterung kann deshalb gelegentlich eine Knochenweiche beobachtet werden (162).

Durch Zufütterung von kalkhaltigen Mineralien wie Eierschalen (Ca:P-Verältnis 19:1), zerstoßenen Muschel- und Austerngehäusen wird die Ca:P-Relation verbessert und die Verwertung beider Elemente durch den Organismus günstig beeinflußt. Jedoch müssen sowohl der Muschelkalk, als auch die Eierschalen aus hygienischen Gründen erhitzt werden, da beide Krankheitserreger (z. B. Salmonellen) enthalten können.

Neben der Beurteilung eines Futtermittels nach dem Ca:P-Verhältnis ist zu beachten, daß ein großer Teil des P im Phytin gebunden ist und dieser Phytinphosphor vom Geflügel, wegen eines Mangels an entsprechenden Fermenten, nicht gespalten und damit verwertet werden kann.

Für die tägliche Vogelfütterung läßt sich aus der allgemeinen Mineralstoffarmut vieler Futtermittel pflanzlicher Herkunft, bei ungünstigem Ca:P-Verhältnis und der teilweisen Bindung des Phosphors in nicht verwertbarer Form, die Notwendigkeit einer gesonderten Calcium- und Phosphorzufuhr in Form von Mineralstoffmischungen ableiten.

Natrium (Na) und Chlor (Cl)

Natrium und Chlor sind in ihrer Verbindung als Natriumchlorid oder Kochsalz jedermann bekannt. Beide Elemente sind in ihrer Hauptmenge in der extrazellulären Flüssigkeit zu finden, wo sie Aufgaben zur Regulation des osmotischen Druckes übernehmen.

Chlor ist zudem Bestandteil der im Magensaft enthaltenen Salzsäure (HCl), die an den Verdauungsvorgängen beteiligt ist.

Ähnlich wie bei Calcium und Phosphor steht auch der Stoffwechsel von Natrium und Chlor in einer engen Wechselbeziehung. Besonders günstige Resorptionsverhältnisse, und damit eine optimale Verwertung beider Elemente, sind bei einem annähernd ausgeglichenen Mengenverhältnis beider Elemente im Nahrungsangebot gegeben (8).

In jüngster Zeit wird dem Kochsalz (NaCl) eine das Federrupfen verhindernde Bedeutung zugemessen. Allerdings muß einschränkend vermerkt werden, daß den positiven Erfahrungen Fehlschläge und die berechtigte Skepsis der wissenschaftlichen Veröffentlichungen (89) entgegenstehen. Zudem muß bedacht werden, daß ein Zuviel an Kochsalz (als Dosis letalis sind beim Geflügel 4,0–4,5 g NaCl je kg Körpergewicht anzusehen) bei Gefiederten allgemein rasch zu Vergiftungserscheinungen führt. Äußere Anzeichen hierfür sind Durchfall, Krämpfe und Benommenheit. Papageien zeigen erste Krankheitsanzeichen bereits bei einem Kochsalzgehalt des Futters ab 0,8 % aufwärts.

Kalium (K)

Während das Natrium und das Chlor in ihrer Hauptmenge in der extrazellulären Flüssigkeit zu finden sind, ist das Kalium vorwiegend in den Zellen lokalisiert. Alle drei Elemente sind im Zusammenspiel für die Erregbarkeit der Muskelfasern von großer Bedeutung.

Allgemein deckt der K-Gehalt der Futtermittel reichlich den Bedarf des Vogels, so daß eine K-Mangelsituation nicht zu erwarten ist.

Schwefel (S)

Der Schwefel hat sein Hauptvorkommen in den Federn und anderen Horngebilden der Haut. Es kann daher nicht überraschen, daß besonders während der Mauser viel Schwefel vom Vogel benötigt wird.

Als Quelle dienen dem Vogel schwefelhaltige Aminosäuren (Methionin und Zystin), die besonders reichlich im tierischen Eiweiß, weit weniger in pflanzlichen Nahrungsobjekten, enthalten sind. Der hohe Gehalt an schwefelhaltigen Aminosäuren ist der tiefere Grund, warum sich viele Vögel während des Federwechsels verstärkt dem animalischen Protein zuwenden.

Anorganischer Schwefel, z. B. in Form der Schwefelblüte, kann vom Vogel nicht resorbiert werden!

Magnesium (Mg)

Das Element Magnesium ist Bestandteil der Knochen, hat Bedeutung im neuromuskulären

System und ist beteiligt am Stoffwechsel der Kohlenhydrate und des Eiweißes.

Der natürliche Gehalt der Futtermittel schließt eine Unterversorgung mit Mg allgemein aus.

Spurenelemente

Mangan (Mn)

Obwohl Mangan nur in Spuren benötigt wird, hat dessen Mangel dennoch in der Geflügelwirtschaft z. T. erhebliche Schäden verursacht.

Gekennzeichnet ist die bei Küken auftretende Mangan-Mangelkrankheit, genannt Perosis (für deren Entstehung weiterhin ein Vitamin-D_3-, Cholin-, Biotin-, Nikotinmangel, Imbalanzen in der Ca- und P-Versorgung sowie extreme Eiweiß- und Maisfütterung verantwortlich gemacht werden), bei der es zu Auftreibungen und Verformungen der Ständer, besonders im Bereich des Sprunggelenkes, kommt. Häufige Folge ist ein Abgleiten der Achillessehne, wodurch die Ständer anormal gestellt werden. Die betroffenen Tiere haben Schwierigkeiten, sich aufrechtzuhalten und versuchen, sich auf den Unterschenkeln fortzubewegen.

Betroffen von der Perosis sind neben den Hühern Stelz- und Straußenvögel, Fasanen und Kakadus. Auch hier treten die typischen Krankheitserscheinungen im jugendlichen Alter auf.

Ein weiteres Zeichen eines Mangandefizits ist die Verminderung der Eischalenqualität, in deren Folge der Anteil an Bruchեiern steigt und die Schlupffähigkeit vermindert sein kann.

Zur Vorbeuge einer Mn-Mangelsituation bietet sich eine Mineralstoffmischung an; zur Behandlung Mangansulfat ($Mn\ SO_4$) im Trinkwasser.

Eisen (Fe)

Das Eisen ist wesentlicher Bestandteil des roten Blutfarbstoffes (Hämoglobin), dem eine bedeutende Rolle bei der Übertragung des Sauerstoffs zukommt. Ferner beteiligt sich dieses Element am Aufbau wichtiger Fermente und des Zellkerns. Außerdem nimmt der Eisenstoffwechsel Einfluß auf die Entstehung von Infektionskrankheiten. Nachgewiesen wurde diese Wechselbeziehung an Hühnern, deren Widerstandskraft gegenüber bestimmten Krankheitserregern durch zusätzliche Injektionen von Eisen-Dextran erhöht werden konnte (132).

Eintagsküken sind gegenüber Kleinsäugern relativ eisenarm. Ausschließlich mit Eintagsküken gefütterte Uhus und Bussarde zeigen deshalb niedrige Hämoglobinwerte. Die seit alters her von den Falknern erkannte Tatsache, daß Hühnerfleisch keine Hochleistung erwarten läßt, könnte mit dieser Erkenntnis ihre theoretische Erklärung finden (128).

Zink (Zn)

Zink ist in den verschiedensten Fermenten, den Zellkernen, der Haut und der Bauchspeicheldrüse enthalten.

Ein Zink-Mangel führt beim Geflügel zu Wachstumshemmung, Befruchtungsdepression, erhöhter Embryonensterblichkeit, schlechter Futterverwertung, Befiederungsstörungen (Federausfall, brüchige und gekräuselte Federn) und Veränderungen an den Knochen (Sekelettmißbildungen an den Gliedmaßen). Jedoch sind Mangelerscheinungen äußerst selten, da Zink im Nahrungsangebot zumeist ausreichend enthalten ist.

Jod (J)

Der im Organismus vorhandene Jodanteil ist überwiegend in der Schilddrüse lokalisiert und wesentlicher Bestandteil des Schilddrüsenhormons.

Anfällig gegen eine Jodunterbilanz sind vor allem Wellensittiche, welche offensichtlich mit den handelsüblichen Futtermischungen dieses Element nicht ausreichend dargeboten erhalten. Als Folge entwickelt sich häufig eine Schilddrüsenvergrößerung („Kropf"), in deren Gefolge Atemnot und Schwierigkeiten beim Abschlucken von Nahrung zu beobachten sind. Auffällig häufig treten diese klinischen Erscheinungen in Gegenden mit einem geringen Gehalt an Jod im Trinkwasser auf. Diese Beobachtung deckt sich mit der Wechselbeziehung zwischen dem Auftreten des Kropfes beim Menschen und dem Jodgehalt der Gesteine bzw. des

Bodens im Quellbereich des Trinkwassers (58).

Sehr ähnlich liegen die Verhältnisse bei der Taube. Auch hier finden sich gehäuft Schilddrüsenveränderungen – „Kröpfe“ – in sogenannten Kropfbezirken – also Gegenden –, in denen der Erdboden und damit die Pflanzen das Element Jod kaum enthalten.

Zur Prophylaxe von Jod-Mangelerscheinungen kann man wöchentlich einmal Spuren von Lugolscher Lösung in das Trinkwasser geben.

Kupfer (Cu)

Das Kupfer ist, wie das Eisen, an der Bildung des roten Blutfarbstoffes beteiligt. Weiterhin ist es Bestandteil verschiedener Eiweißstoffe und Enzyme. Im Organismus wird es vorwiegend in der Leber, dem Blut und Gefieder gespeichert bzw. abgelagert.

Eine Kupfermangelsituation ist bei einem Mangel an rotem Blutfarbstoff (Anämie), rachitisähnlichen Krankheitsbildern, Störungen im Zentralnervensystem und Wachstumsminderung zu vermuten (172).

Kobalt (Co)

Kobalt ist Bestandteil des Vitamins B_{12}. Hühner und Enten zeigen gegenüber Co eine geringe Toleranz, weshalb bereits geringe Bedarfsüberschüsse zu Wachstumsminderung, Schädigung des blutbildenden Gewebes und schließlich auch zum Tode führen.

Weitere Elemente

Neben den Mengen- und Spurenelementen sind im Vogelorganismus eine ganze Reihe von weiteren Elementen anzutreffen, die nie in den defizitären Bereich geraten und durch die deshalb keine Stoffwechsel- und Mangelerkrankungen hervorgerufen werden. Zu ihnen gehören unter anderen Brom, Chrom, Molybdän, Selen und Vanadium.

Der Stoffwechsel

Unter dem Begriff Stoffwechsel versteht man alle Umsetzungen, die im tierischen Organismus vor sich gehen. Die Ausgangsstoffe, die hierbei umgesetzt werden, sind die aufgenommene Nahrung, das Wasser und der Sauerstoff.

Energiestoffwechsel

Unter dem Energiestoffwechsel ist die Freisetzung der in den Futtermitteln bzw. Nährstoffen enthaltenen Energie zu verstehen, die zur Aufrechterhaltung der verschiedenen Lebensvorgänge (Herztätigkeit, Atmung, Verdauung), der Körpertemperatur, für mechanische Arbeit (laufen, fliegen) und besondere Leistungen (Wachstum, Eibildung, Mauser) notwendig ist.

Für die Energiegewinnung werden in erster Linie die Kohlenhydrate und Fette herangezogen, mit Einschränkungen auch das Eiweiß. Die Umwandlung der Nährstoffe in Energie erfolgt in stufenweisen Abbauprozessen, welche von den in den Zellen erzeugten Wirkstoffen (Fermenten oder Enzymen) gesteuert werden.

Äußerliches Zeichen eines ausgeglichenen Energiestoffwechsels, das heißt der ausbilanzierten Energieaufnahme und -abgabe, ist der Nährzustand. Begutachtet wird dieser am Brustbeinkamm (Abb. 7), welcher normalerweise an beiden Seiten von starken ,,Flugmuskeln" umgeben ist. Bei kranken und unterernährten Tieren, die längere Zeit die Nahrung verweigert bzw. diese nicht ausreichend erhalten haben, schwindet die Muskulatur und das Brustbein tritt deutlich hervor. Andererseits entsteht durch zu reichliche Energiezufuhr eine Überschußsituation, die sich durch sichtbare Fettablagerungen zeigt.

Grundumsatz

Den geringsten Energiebedarf hat der Vogel, wenn er wenig mechanische Arbeit leistet und in thermoneutraler Umgebungstemperatur unter vollständigem Nahrungsentzug (der Kalorienbedarf für die Verdauungstätigkeit ist stark vermindert) gehalten wird. Diesen geringsten Energiestoffwechsel bezeichnet man als Grundumsatz. Er ist bei allen Gefiederten wegen deren hoher Körpertemperatur (ca. 40 °C) relativ

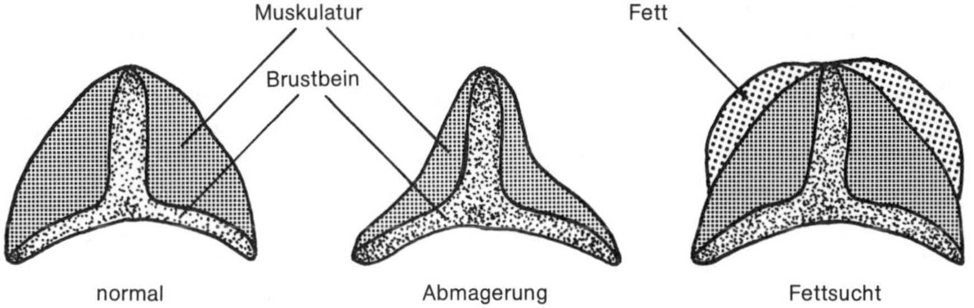

Abb. 7. Beurteilung des Nährzustandes am Brustbeinkamm. Nach Geyer, Ziervögel in der täglichen Praxis.

Grundumsatz verschieden schwerer Vögel (nach Angaben aus Literaturstelle 172)

Vogel/ Gewicht in kg	Grundumsatz in kcal/24 Stunden	kcal/24 Stunden je kg Körpermasse
Kolibri/ 0,01	2,2	220,0
Perlhuhn/ 1,00	70,0	70,0
Legehenne 2,00	120,0	60,0

groß. Dies gilt insbesondere für sehr kleine Vögel, da der Stoffwechsel warmblütiger Tiere eine Funktion des Verhältnisses zwischen Gewicht und Oberfläche des Körpers ist.

Auf die Praxis bezogen heißt dies, daß ein kleiner oder heranwachsender Vogel zur Aufrechterhaltung seiner Körpertemperatur, bezogen auf das Gewicht, mehr Energie als ein größerer Gefiederter benötigt. Fütterungsfehler (Futtermangel, ungeeignete Nahrungsobjekte) führen daher bei kleinen Organismen – die zudem nur eine geringe Energiespeicherkapazität besitzen – sehr schnell zu einer Störung der Regulation des Energiehaushaltes, deren äußere Zeichen Abmagerung, Hinfälligkeit oder gar Tod sein können. Weitere Messungen über den Grundumsatz der Vögel sind zahlreich (105), weisen aber relativ große Differenzen auf. Es wird deshalb darauf verzichtet, das Thema ausführlicher abzuhandeln.

Der Grundumsatz ist nicht gleichbleibend, sondern verzeichnet einen Tagesgang. Höhere Werte findet man in der Zeit, in der die Vögel unter natürlichen Bedingungen aktiv sind; die niedrigeren Werte fallen in die Zeit, in der die Vögel normalerweise ruhen. Die Differenz zwischen Grundumsatz zur Aktivitätszeit zum Grundumsatz der Ruhezeit beträgt 25 % (7).

Unabhängig von dem allgemein relativ hoch liegenden Grundumsatz bei Gefiederten und dessen Wechsel im Tagesgang gibt es zwischen den verschiedenen Ordnungen der Vögel signifikante Unterschiede. Auffällig sind in dieser Beziehung die Singvögel, deren Grundumsatz deutlich (ca. 1,6 mal) höher als der der Nicht-Singvögel liegt.

Erhaltungsbedarf

Unter den natürlichen Gegebenheiten des Freilebens muß der Vogel laufen, fliegen, Futter suchen, verdauen und die Körpertemperatur regeln, also eine ganze Reihe Leistungen vollbringen. Die dafür notwendige Energiemenge, einschließlich des Grundumsatzes, ist der Erhaltungsbedarf. Er beträgt beim frei fliegenden Vogel das 2 bis 4fache des Grundumsatzes. Dieser Wert wird vom gekäfigten Vogel nicht erreicht, da hier u. a. die energiezehrende weiträumige Nahrungssuche und ständige Feindvermeidung fehlen.

Die vielfältigen Leistungen bedingen für alle Vögel einen hohen laufenden Energiebedarf, für dessen Deckung viel Nahrung aufgenommen werden muß. Rechnet man nur die Trokkensubstanz der verzehrten Nahrung, so beträgt die täglich notwendige Futtermenge im

Grundumsatz zur Aktivitäts- gegenüber der Ruhezeit (nach Angaben aus Literaturstelle 105)

Haussperling	Gewicht in g	Umsatz in kcal/Stunde	
	25,4	Aktivitätszeit	0,45
		Ruhezeit	0,34

Verhältnis zum eigenen Körpergewicht bei Greifvögeln und Eulen etwa 5 bis 8 %, bei Drosseln und Star 10 bis 12 %, beim Austernfischer 17,5 %, bei Grasmücken, Rotschwänzen, Meisen 20 bis 25 %, bei Laubsängern, Zaunkönig, Goldhähnchen 30 % und bei der Rauchschwalbe sogar bis 43 % (21). Da die Trockensubstanz aber nur ein Drittel bis ein Fünftel des Gesamtgewichtes der Nahrung ausmacht, entspricht die von kleineren Insektenfressern täglich verzehrte Nahrungsmenge in etwa dem Eigengewicht!

Um eine praktische Vorstellung vom täglichen Erhaltungsbedarf zu bekommen, sei erwähnt, daß ein 1750–2500 g schweres Huhn hierfür etwa 65–85 g Körnerfutter benötigt (57).

Eine wesentlich kleinere Taube von 400 g verzehrt im gleichen Zeitraum etwa 35 g, also relativ gesehen wesentlich mehr.

Natürlich ist die aufgenommene Futtermenge vom Energiegehalt der Nahrung abhängig. Beispielsweise genügen einer Saatgans von 3 kg unter Freilandbedingungen täglich etwa 250–300 g Getreide, währenddessen von dem energiearmen Weidegrün 1500–2000 g zur Deckung des Erhaltungsbedarfes aufgenommen werden müssen (185).

Dadurch, daß Vögel mit abnehmender Größe einen relativ steigenden Nahrungsbedarf aufweisen, ist die Widerstandsfähigkeit gegen ein Energiedefizit weitgehend von der Körpergröße abhängig. Bestimmte Tiere, wie z. B. Breitschnabeltodis, können deswegen ohne ständige Versorgung mit Futter nicht transportiert werden (208). Aus dem selben Grund führt plötzlicher Nahrungsmangel, meist hervorgerufen durch ungünstige Witterungseinflüsse, zunächst zu Massenverlusten bei Kleinvögeln (z. B. Meisen).

Der Erhaltungsbedarf des Vogels weist mit dem Jahreslauf wechselnde zyklische Veränderungen auf. Hoch ist er während der kalten Jahreszeit, da dann viel Energie für die Thermoregulation benötigt wird. Um dennoch zu einem ausgeglichenen Energiehaushalt zu kommen, schränken viele Vögel zu dieser Zeit ihre vielfältigen Aktivitäten ein. Eindrucksvoll wird dies vom Haselhuhn demonstriert, das an kalten und unwirtlichen Wintertagen bloß einmal pro Tag seinen Schlafplatz zur Nahrungsaufnahme verläßt (38). Vögel sollten aus diesem Grund im Winter nie unnötig beunruhigt werden, da dies zu einem lebensbedrohenden Defizit im Energiehaushalt führen kann.

Zur Reduzierung des Erhaltungsbedarfes (z. B. bei ungünstiger Witterung) haben zahlreiche kleine Vögel im Laufe der Entwicklungsgeschichte einige Besonderheiten entwickelt, die sie in die Lage versetzen, auch extreme Situationen zu überstehen. So besitzen z. B. Segler, Kolibris, Nachtschwalben (Ziegenmelker) und Mausvögel die Fähigkeit, ihre Körpertemperatur über Nacht und bei kühler Witterung erheblich herabzusetzen, ohne Schaden zu nehmen. Sie verfallen dabei in Starre (Torpidität) und erhöhen über einen stark eingeschränkten Energieverbrauch ihre Überlebenschance (199).

Andere, ebenfalls kleine Vögel (z. B. Zaunkönig und Gartenbaumläufer) finden sich in kalten Wintern zum gemeinsamen Übernach-

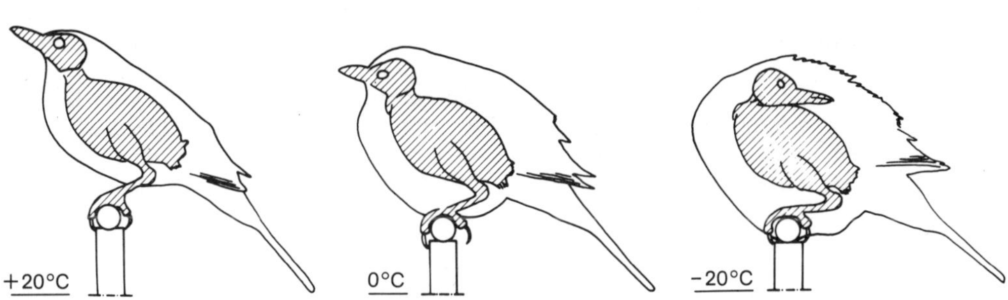

Abb. 8. Federkleid der Amsel bei verschiedenen Außentemperaturen. Nach MPG-Presseinformation.

ten in Schlafnestern zusammen (gegenseitiges Wärmen, Bildung eines „größeren" Körpers), während sie sonst Einzelgänger sind (217).

Während der Nacht senken viele Vögel die Körpertemperatur um 1 bis 2 °C und plustern das Gefieder (Abb. 8) zur besseren Wärmeisolation; dadurch sinkt das Temperaturgefälle zur Außenwelt und somit der Energieverbrauch. Dennoch verlieren gut genährte Vögel von Meisengröße, obwohl sie zu dieser Zeit ein besonders gut isolierendes Federkleid tragen, in einer 10 bis 12stündigen Winternacht bei Temperaturen um 0 °C ca. 10 % ihres Körpergewichtes (220)!

Zum Ausgleich der Energiebilanz ist bei abnehmenden Temperaturen grundsätzlich eine steigende Futteraufnahme zu verzeichnen!

Leistungsbedarf

Der Leistungsbedarf schließt neben dem Erhaltungsbedarf den Energieaufwand für besondere Leistungen (Wachstum, Mauser, Eibildung) ein.

Die Steigerungsraten (Differenz zwischen Erhaltungs- und Leistungsbedarf) sind zum Teil recht erheblich. Für die Eibildung z. B. haben Singvögel 1,05 kcal, Hühnervögel 1,60 kcal und Entenvögel 1,80 kcal je Gramm aufzubringen (25). Gegenüber dem durchschnittlichen Erhaltungsbedarf ergeben sich dadurch Zuwachsraten von ca. 16 % (Passeriformes), 30 % (Galliformes) und 70 % (Anseriformes). Der deutlich unterschiedene Energieaufwand für die Eibildung bei Sing-, Hühner- und Entenvögeln basiert auf der Tatsache, daß die Eier der Nestflüchter doppelt so viel Dotter (dieser ist sehr fett- und damit energiereich) enthalten wie vergleichbare Eier von Nesthockern.

Äußeres Zeichen des hohen Energiebedarfes während der Eibildung ist eine vermehrte Futteraufnahme an Tagen der Ovulation.

Deutlich mehr Energie benötigt der Vogel auch während der Mauser. Ursache des erhöhten Energiebedarfes sind die Neubildung der Federn, die vermehrte Wärmeabstrahlung und schließlich das erschwerte Fliegen durch fehlende Hand- oder Armschwingen. Weiterhin ist bekannt, daß in Folge des erhöhten Stoffwechsels bei mausernden Vögeln vielfach die Körpertemperatur ansteigt und damit grundsätzlich mehr Energie (Erhöhung des Temperaturgefälles) abgestrahlt wird. Als Beispiel sei der Gimpel angeführt, dessen Körpertemperatur während der Mauser immerhin um 0,8–1,0 °C ansteigt (163).

Durch den angespannten Energiehaushalt sind mausernde Vögel in der Regel inaktiv. Dies spart Energie und läßt den in dieser Zeit besonders gefährdeten Vogel unauffällig erscheinen.

Ein energieaufwendiger Vorgang ist auch das Wachstum, welches kurz nach dem Schlupf durch eine geringe Wachstumsrate eingeleitet wird. Danach folgt eine rasche Massezunahme (bedingt durch Zellvermehrung, Zellvergrößerung und Bildung von Interzellularsubstanz) bis zu einem Punkt (Abb. 9), wo die Tageszunahme unter dem am Vortag erreichten Wert liegt. Dementsprechend ist der für das Wachstum verbrauchte Energieanteil anfänglich sehr hoch und sinkt mit nachlassender Wachstumsintensität.

Als Beispiel sei der Starennestling erwähnt, der im Alter von 4 Tagen 41 %, am 16. Lebenstag nur noch 16 % der in der Nahrung enthaltenen Energie für das Wachstum aufwendet (190). In der gleichen Zeit ändert sich der für die Bewegung verwendete Energieanteil von 3 auf 26%. Ebenfalls viel Energie erfordert das Fliegen. Tauben benötigen hierfür je Gramm Körpergewicht und Stunde 0,057 kcal, ziehende Buchfinken 0,155 kcal. Bezogen auf den Grundumsatz bedeutet dies einen 14- bzw. 10fachen Energieaufwand!

Die Energie für das Fliegen beziehen die Tauben (Nachweis erfolgte durch Untersuchungen im Windkanal (184)) in den ersten 40 bis 60 Minuten aus der „Verbrennung" von Kohlenhydraten, danach aus Fetten. Der Übergang von einem Energielieferanten zum anderen erfolgt kontinuierlich, ohne abrupte Einbrüche. Ähnlich dürften die Verhältnisse bei Zugvögeln liegen. Auch ihnen dient als Energievorrat das Depotfett, welches kurz vor dem Zug bis zu 50 % des gesamten Körpergewichtes ausmachen kann.

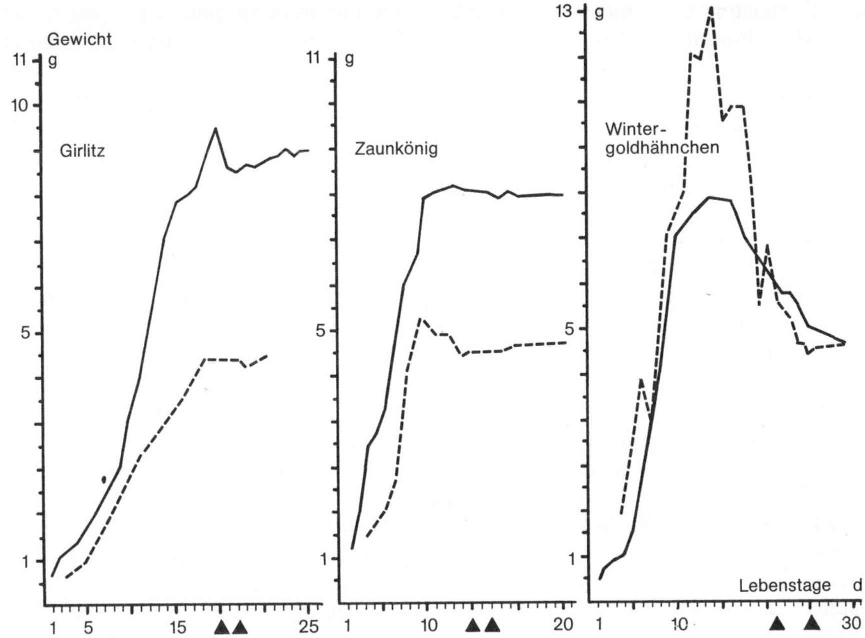

Abb. 9. Gewichtszunahme und tägliches Nahrungsgewicht von Girlitz, Zaunkönig und Wintergoldhähnchen. Gramm Körpergewicht (durchgezogene Linie) bzw. Nahrungsgewicht (unterbrochene Linie), die schwarzen Dreiecke begrenzen die Periode des Flüggewerdens. Nach Thaler, Probleme bei der Bebrütung und Aufzucht von Sperlingsvögeln.

Eiweißstoffwechsel

Das Eiweiß spielt als Energielieferant, im Gegensatz zu den Kohlenhydraten und Fetten, eine untergeordnete Rolle. Hauptaufgabe der dem Organismus zugeführten Proteine ist es, die im Stoffwechsel ständig verbrauchten Eiweißstoffe zu ergänzen. Da der Vogel nur in beschränktem Umfang in der Lage ist, Proteine zu speichern, verdient die ständige ausreichende Eiweißversorgung große Beachtung! Dies gilt insbesondere für kleine Vögel, da der „Verschleiß" an Eiweiß mit abnehmender Körpergröße zunimmt.

Die geringe Speicherungsfähigkeit für Proteine bedingt, daß bei einem Überangebot an Proteinen diese in Fett und Kohlenhydrate überführt werden, wobei in erhöhtem Maße stickstoffhaltige Endprodukte des Stoffwechsels ausgeschieden werden.

Der Erhaltungsbedarf an Protein wird für Hühner und Gänse mit etwa 3 g pro 1000 g Körpermasse veranschlagt. Für die Taube werden 5 bis 6 g verdauliches Protein je kg Körpermasse angenommen.

Der ständige Proteinanspruch erhöht sich in Zeiten besonderer Leistungen deutlich. An erster Stelle ist dabei das Wachstum zu nennen, da in diesem Lebensabschnitt durch den rasanten Aufbau von Muskel- und Organgewebe viel Eiweiß benötigt wird. Allgemein ist der erhöhte Eiweißbedarf nicht mit Proteinen pflanzlicher Herkunft (wegen des Mangels an einigen essentiellen Aminosäuren) zu decken. Deshalb füttern auch körnerfressende Vögel ihre Nestlinge zumindest in den ersten Lebenstagen (Zeit des schnellsten Wachstums) größtenteils, mitunter ausschließlich, mit Insekten.

Erst mit sinkender Wachstumsintensität beginnt die Zufütterung von aufgeweichten Körnern und die zunehmende Annäherung der Fütterung an das Nahrungsspektrum der adulten Tiere.

Die Bedeutung der Verfügbarkeit von Proteinen tierischen Ursprungs geht aus einer an Rebhühnern erstellten Studie hervor. Hieraus ergibt sich, daß Rebhuhnküken bei rein pflanzlicher Kost in jeweils 6 Tagen nur 1,5 % an Gewicht zunahmen, bei Zugaben von Insekten 43 % und bei proteinreicher künstlicher Kükennahrung sogar 86 % (111). Außerdem wurde festgestellt, daß in insektenarmen Gebieten durchschnittlich nur 13 %, in Gebieten mit reichlichem Kerbtiervorkommen dagegen 55 % der geschlüpften Küken überlebten.

In der Wirtschaftsgeflügelhaltung ist der Proteinbedarf des wachsenden Organismus exakt bestimmt. Seine Deckung erfordert im Aufzuchtfutter für bis zu 2 Wochen alte Küken einen Rohproteingehalt von ca. 20 %; Junghennen geben sich mit ca. 14 % zufrieden. Selbstverständlich ist nicht allein die Höhe des Rohproteingehaltes entscheidend. Ausschlaggebend ist vielmehr, daß der Rohproteingehalt den Bedarf an essentiellen Aminosäuren deckt und diese in einem ausgewogenen Verhältnis zueinander im Futter enthalten sind!

Ein erhöhter Eiweißbedarf besteht auch während der Eibildung. So benötigt z. B. ein Huhn für die Bildung eines Eies (enthält ca. 5–6 g Eiweiß) von ca. 50 g zusätzlich etwa 14 g Rohprotein. Der gegenüber der Eiweißabgabe (5–6 g) relativ hohe zusätzliche Eiweißbedarf (14 g) ergibt sich zum einen aus der Tatsache, daß einige Aminosäuren (z. B. Methionin) im Futter nur zur Hälfte gegenüber den Werten im Ei enthalten sind, zum anderen werden die mit dem Futter zugeführten Aminosäuren nicht zu 100 % resorbiert.

Mit einem erhöhten Proteinbedarf, vor allem an schwefelhaltigen Aminosäuren, ist letztlich die Mauser verknüpft, da die Feder einen hohen Rohproteingehalt und eine Vielzahl essentieller S-haltiger Aminosäuren (besonders Zystin) enthält.

Wegen der Bedeutung sei wiederholt, daß der Vogel auf die ständige Zufuhr von Eiweiß mit dem Futter angewiesen ist, da er dieses nicht aufzubauen vermag. Wegen des erhöhten Bedarfes an Eiweiß in Zeiten des Wachstums und anderer besonderer Leistungen (Mauser, Eibildung) muß der Vogel in diesen Lebensabschnitten abwechslungsreich (gegenseitige Ergänzung der Futtermittel) und unter Zugabe von Proteinen tierischen Ursprungs (die biologische Wertigkeit der Nahrung wird aufgebessert) ernährt werden!

Die Ernährung des Vogels in freier Natur

Ergebnisse über die Ernährung des Vogels in freier Natur basieren auf anatomischen Gegebenheiten, feldornithologischen Beobachtungen, Kropf-, Magen-, Gewöll-, Nahrungsrest- und Kotüberprüfungen.

Beobachtet man zunächst den Vogel rein äußerlich, so kann festgestellt werden, daß die Fülle der unterschiedlichen Nahrungsobjekte und der Ort der Nahrungsaufnahme zur Entwicklung der verschiedensten Formen des Schnabels, der Füße und der Flügel geführt hat. Teils ist die Spezialisierung so weit fortgeschritten, daß ein Variieren in der Ernährungsweise nicht mehr möglich ist, so z. B. beim Kolibri.

Das Suchen, Auffinden und Erkennen der Nahrung geschieht beim Vogel überwiegend nach optischen und taktilen Eindrücken.

Die Nahrungsaufnahme selbst erfolgt mit Hilfe des Schnabels und der Zunge, wobei vielfach auch die Füße hilfreich sind.

Nach den in der Natur üblichen Zeiten der Futteraufnahme können Dauerfresser, periodische oder Seltenfresser unterschieden werden.

Dauerfresser nehmen über den ganzen Tag, abgesehen von kurzen Ruhepausen, Nahrung auf. Typische Vertreter findet man vor allem unter den kleinen Vögeln, da diese zum einen wegen ihrer geringen Größe nur beschränkt Energiereserven speichern können, und zum anderen einen hohen Stoffwechsel besitzen.

Periodische oder Seltenfresser ernähren sich von hochkonzentrierter Nahrung und benötigen deshalb zur Deckung des Futterbedarfes nur wenig Zeit. Beim Sperber z. B. beträgt diese täglich durchschnittlich drei Stunden (86).

Andere Vögel, wie z. B. die Möwen, sind in der Lage, mit einer Mahlzeit soviel Nahrung aufzunehmen, daß sie danach 1–2 Tage auf Nahrung verzichten können! Dies hat den großen Vorteil, daß eine ergiebige Nahrungsquelle sehr effektiv genutzt werden kann.

Nach der Lebensweise können weiterhin die Tag- von den Nachtfressern (z. B. Eulen, Nachtschwalben) getrennt werden.

Auch die Trinkwasseraufnahme ist bei den Gefiederten nicht einheitlich. Einige Vögel trinken saugend, während andere Wasser mit dem Schnabel schöpfen und dieses nach dem Anheben des Kopfes abschlucken. Die saugend erfolgende Wasseraufnahme ist effektiver und wird als Anpassung an bestimmte Biotope gewertet, in welchen wegen ständiger Gefahren nur wenig Zeit zum Trinken verbleibt.

Unabhängig von der Art der Nahrungs- und Wasseraufnahme haben eingehende Ernährungsuntersuchungen gegeben, daß das Nahrungsangebot der freien Natur von den Gefiederten breit gefächert angenommen wird. Der Bogen spannt vom Kolibri, welcher sich von Nektar, Pollen und Insekten ernährt, bis hin zum Geier, der die Überreste von verendeten Säugetieren vertilgt.

Sich neu bietende Futterangebote werden fortlaufend erschlossen und teils intensiv genutzt. So haben sich z. B. einige australische Prachtfinken daran gewöhnt, Teile von überfahrenen, ausgetrockneten und stark zerkleinerten Beuteldachsen, kleinen Känguruhs, Kaninchen, Kröten usw. aufzunehmen (107).

Manche Greifvögel, Elstern und andere Vögel unserer Breitengrade verhalten sich ähnlich, indem sie Teile überfahrener Wirbeltiere als Futter verwerten.

Möwen nutzen die futterreichen Müllhalden und entnehmen dem frischgepflügten Ackerland Kleinlebewesen. In Notzeiten werden diese ursprünglichen Muschel- und Aasfresser so-

Futtertabelle

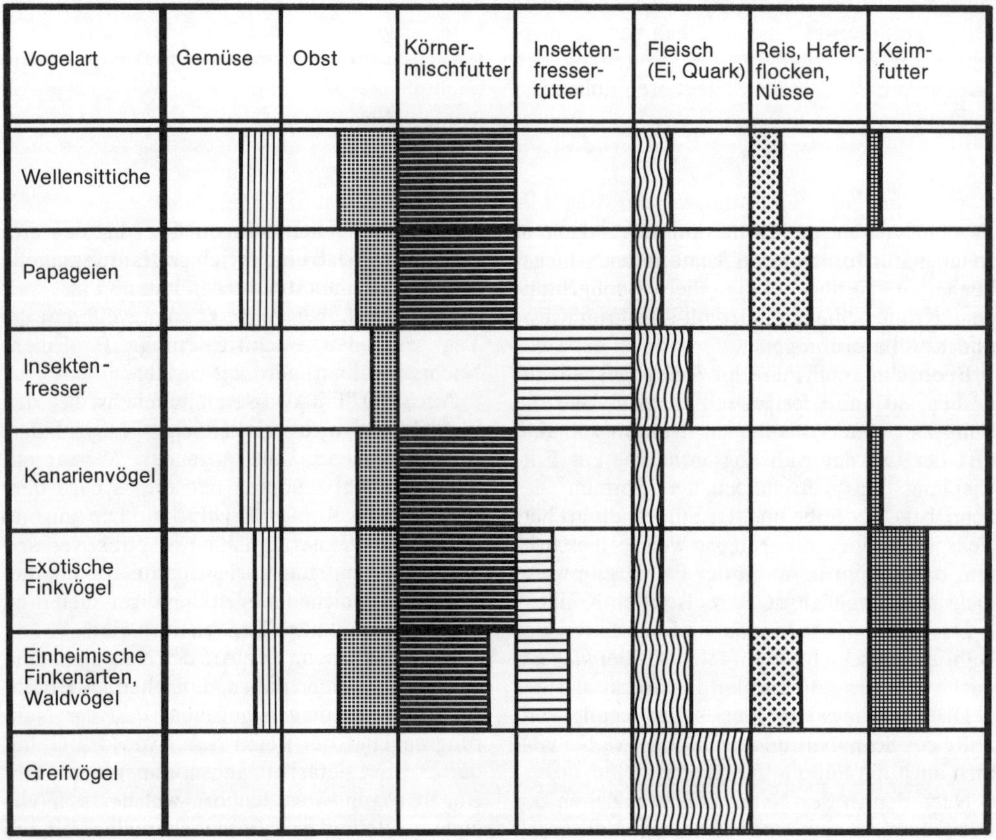

Abb. 10. Die ungefähren Anteile der einzelnen Nahrungsstoffe, die den verschiedenen Vogelarten angeboten werden können. Nach Geyer, Ziervögel in der täglichen Praxis.

gar zu den Pflanzenköstlern und verschlingen Getreide oder Kartoffeln in Mengen (49).

Spatzen und andere Vögel sammeln tote Fluginsekten, die an parkenden Autos kleben, und nutzen als Futter auch Walnüsse, welche durch das Fallen auf Straßen Schadstellen aufweisen oder durch Autos zermahlen wurden (119).

Halsbandsittiche, die in Europa inzwischen weitverbreitet im Freiflug auftreten, haben u. a. die Samen der Tannenzapfen als Nahrungsquelle entdeckt (251), und Edelpapageien, die sich ursprünglich von wilden Früchten, Beeren, verschiedenen Samen, Nüssen sowie Nektar ernähren, verachten kultivierte Getreide und veredelte Früchte nicht (59).

Schließlich verdienen auch manche Meisen unsere Aufmerksamkeit, weil sie gekonnt die Metallfolien von Milchflaschen zerstören, um an deren Inhalt zu gelangen.

Diese Vielseitigkeit und Anpassungsfähigkeit, die an zahlreichen weiteren Beispielen belegt werden könnnte, hat dazu geführt, daß die Vögel fast alle Bereiche auf dem Festland, auf und im Wasser und durch ihr Flugvermögen auch in der Luft erobert haben.

Bei der Nahrungswahl bestehen in der Regel fliegende Übergänge zwischen dem reinen

Pflanzenfresser, dem von Pflanzenteilen und tierischem Eiweiß lebenden Vogel bis hin zu den Arten, die sich ausschließlich von animalischem Protein ernähren. Die Einteilung der Gefiederten, wie sie bei Säugetieren üblich ist, in Pflanzen- (Herbivoren), Fleisch- (Carnivoren) und Allesfresser (Omnivoren) ist deshalb in vielen Fällen schwierig.

Als Grundlage der Einteilung der Vögel in verschiedene Gruppen wird deshalb die Haupt- oder Grundnahrung gewählt, nach der Samen-, Insekten-, Frucht-, Nektar-, Fleisch- und Fischfresser unterschieden werden. Bei dieser Betrachtung ist allerdings zu berücksichtigen, daß die Zahl der Nachweise an Gelegenheits- und Zufallsnahrung außerordentlich groß ist. Die Variationsbreite bei der Nahrungswahl wird darüber hinaus durch die Ausweich- oder Notnahrung, welche in Zeiten außerordentlicher Umstände aufgenommen wird, eindrucksvoll unterstrichen.

Wie stark unterschieden die einzelnen Nahrungsgruppen sein können, beweist die Wasseramsel, deren Hauptnahrung aus Insekten besteht, während zur Gelegenheitsnahrung auch Fische gehören (110). Ebenso breitgefächert ist das Nahrungsspektrum des Rotkehlchens.

Meist sind es Notzeiten, die den Vogel zwingen, auf ungewohnte Nahrungsobjekte umzusteigen. In diesem Zusammenhang sei der Waldkauz erwähnt, welcher sein Nahrungsspektrum im Winter um verschiedene Fische (Forelle, Groppe) erweitert (91).

Die Verdauungsorgane des Vogels haben sich durch Sonder- und Rückbildungen an die „Vorzugsnahrung" angepaßt und in ihrer Funktion spezialisiert. Jedem Vogel ist dadurch ein Nahrungsschema vorgegeben. Es wird die Nahrung aufgenommen und es kann nur solche verwertet werden, die diesem Schema entspricht.

Die geringste Spezialisierung des Verdauungstraktes und deshalb die größte Plastizität in der Nahrungswahl weisen Vögel auf, welche unterschiedliche Nahrungsgruppen erfolgreich nutzen können. Zu dieser Gruppe Vögel zählen z. B. die Krähe, die nebeneinander Kleintiere auflesen, Samen, Früchte und vegetative Pflanzenteile sammeln, Aas fressen und die verschiedensten Abfälle verwerten kann (26).

Im Gegensatz zu den Vögeln mit einem breiten Nahrungsspektrum weisen sich einseitig (stenophag) ernährende Tiere, welche überwiegend in thermoneutralen Gebieten zu Hause sind, extreme Anpassungen des Verdauungstraktes sowie des Fermentsystems und eine sich daraus ergebende Abhängigkeit von der Vorzugsnahrung auf. Ein klassischer Vertreter dieser Gruppe ist der Kolibri, welcher sich nur von Nektar, Pollen bestimmter Blüten und Insekten ernährt.

Abgesehen von den sich einseitig ernährenden Spezialisten haben die Ernährungsuntersuchungen (Abb. 10) jedoch ergeben, daß das Bedürfnis nach Abwechslung und Vielseitigkeit (Euryphagie) in der Vogelwelt vorherrscht (42).

Eindrucksvoll läßt sich dies an dem Beispiel der insektenfressenden Zaungrasmücke dokumentieren. Mittels der Halsringmethode wurden bei diesem Vogel Groß-, Kleinschmetterlingsraupen, Köcherfliegen, Blattläuse, After raupen, Spinnen, Käfer, kleine Gehäuseschnecken mit Schale und Wanzen als Nahrungsbestandteile erkannt (104).

Auffällig ist auch die vielfältige Einstellung der Vögel auf Fisch und das individuenreiche Angebot an Kleinsäugern, wobei das Nahrungsspektrum in der Regel ebenfalls breit angelegt ist.

Für den Uhu z. B. sind 102 Wirbeltierarten als Beute nachgewiesen worden. Daneben liegen Beobachtungen über die Aufnahme von großen Insekten (Hirsch-, Maikäfer und große Heuschrecken) vor (25).

Die Beutespektren einzelner Horstreviere zeigen darüber hinaus, daß von Tier zu Tier eine sehr unterschiedliche Bevorzugung einzelner Beutetiere bestehen kann! Dies tritt im einfachsten Fall durch die Vermehrung eines bestimmten Beutetieres und eine einseitige Vorliebe für diese bequeme Nahrungsquelle ein. Der Vogel spezialisiert sich auf eine dem Nahrungsobjekt angepaßte bestimmte Jagdweise, vernachlässigt dadurch andere Möglichkeiten und wird gleichsam einseitig (229).

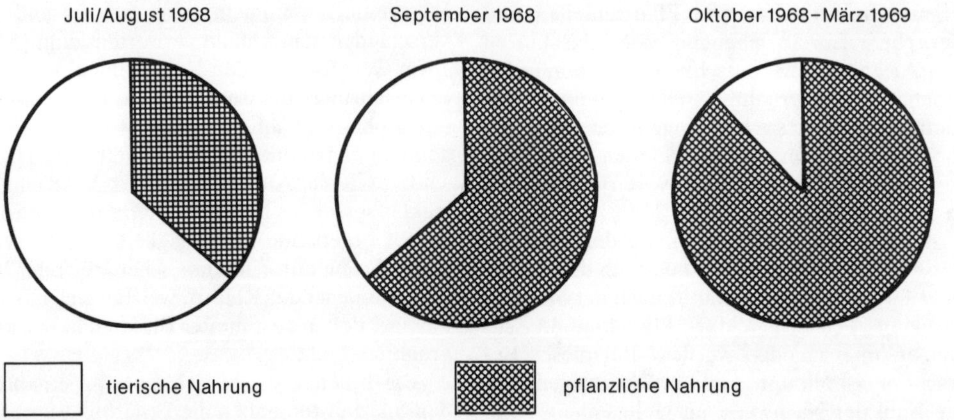

Abb. 11. Anteile an pflanzlicher und tierischer Nahrung beim Tannenhäher in den verschiedenen Jahreszeiten; pflanzliche Nahrung (grau), tierische Nahrung (weiß). Nach Boecker, Invasion des Tannenhähers in Nordrhein-Westfalen.

Aus dem Pflanzenreich sind Knospen, junges Blattgrün, Früchte, Wurzeln, Nektar, Pollen, Flechten, Algen, Baumsäfte und in besonderer Vielfalt verschiedene Samen für die Ernährung des Vogels von Bedeutung. Dagegen kann das reiche Angebot an alten Blättern und Gras, welches durch einen niedrigen Nährstoffgehalt, hohen Rohfaseranteil und geringe Verdaulichkeit gekennzeichnet ist, aus anatomischen und sich daraus ergebenden ernährungsphysiologischen Besonderheiten kaum verwertet werden. Lediglich Auer-, Birkwild, Ente, Gans, Huhn, Strauß und wenige andere Vögel sind in der Lage, diesen Teil des Nahrungsspektrums teilweise für sich nutzbar zu machen. Erleichtert wird dies durch einen relativ langen Verdauungskanal und gut ausgebildete Blinddärme, in denen über bakterielle Vorgänge ein Teil der Rohfaser aufgeschlossen wird.

Neben diesem in der Regel breitangelegten Nahrungsspektrum haben die verschiedenen Untersuchungen ergeben, daß zwischen der Palette der Nahrungsobjekte und dem Biotop unmittelbare Wechselbeziehungen bestehen. Dabei wird ein Futterbestandteil um so häufiger erscheinen, je öfter er vorhanden und desto bequemer er erreichbar ist. Vögel bohren eben auch das Brett, wo es am dünnsten ist (42)! Dementsprechend schwankt der Speisezettel nach Angebot und Erreichbarkeit der Nahrung nicht unerheblich.

Außer dem vom Biotop bestimmten unterschiedlichen Angebot an Futterstoffen und dessen Nutzung ergeben sich witterungs- und jahreszeitlich bedingt weitere Schwankungen.

Bei vielen Vögeln nimmt der Anteil der pflanzlichen Nahrung in der kühleren Jahreszeit auf Kosten der tierischen Nahrung ständig zu. Die Ursache hierfür liegt einerseits in einer allmählichen Abnahme oder Zugänglichkeit der Nahrungstiere, andererseits darin, daß im Herbst und Winter zunehmend geeignete pflanzliche Nahrung vorhanden ist. Besonders kraß ist die Futterumstellung z. B. bei der Bartmeise, die sich im Sommer von Insekten und im Winter von Schilfrohrsamen ernährt.

Der Tannenhäher weist eine in der Tendenz ähnliche Verschiebung in den Hauptnahrungsgruppen auf (Abb. 11). Der Schleiereule, deren Hauptbeutetier im Sommer mit etwa 70 % die Feldmaus ist, steht hiervon im Winter nur noch ein Anteil von rund 40 % zur Verfügung (120).

Mit den ersten größeren Schneefällen, die viele Vögel zwingen, von der Boden- auf die Baumäsung überzugehen, verändert sich das Nahrungsangebot extrem. Ein klassisches Beispiel hierfür ist das Haselhuhn, welches seine Ernährung über den gesamten Winter mit Kätzchen und Knospen von Gehölzen bestreitet. Im Mai, nach der Schneeschmelze, wird die Baumäsung fast ganz aufgegeben. An ihre Stelle treten zu 47 % Heidelbeertriebe, zu 26 % vorjährige Preiselbeeren sowie zu 17 % Blätter und Blüten des Buschwindröschens (19).

Unterschiedliche Nahrungsbestandteile, in Abhängigkeit von verschiedenen Umweltfaktoren, ergeben sich aber nicht nur für die Alttiere, sondern auch für die Nestlinge. So haben z. B. Beobachtungen an der Tannenmeise (Abb. 12) in drei aufeinanderfolgenden Jahren ergeben, daß der Anteil von Schmetterlingen in der Nestlingsnahrung von 58 % über 23,3 % auf 17,1 % sank. Zum Ausgleich änderte sich der Anteil der Dipteren im selben Zeitraum von 6,7 % auf 13,5 % und 29,9 %; Spinnen wurden zu 26,6 %, 36,7 % und 36,8 % verfüttert (139).

Krasse Unterschiede in der Zusammensetzung der Nestlingsnahrung sind nicht nur von Jahr zu Jahr feststellbar, sondern auch zwischen der ersten und zweiten Brut innerhalb eines Jahres (Abb. 13). In einer Tannenmeisenpopulation machten z. B. bei der Fütterung der ersten Brut Schmetterlingsraupen 45,6 % der Stückzahl aus, bei der zweiten nur noch 2,3 %. Zum Ausgleich stieg der Anteil der Hautflügler – Larven von 2,2 % auf 50,8 % (82).

Auffallende Abweichungen ergeben sich im Vergleich der Jungennahrung zu der erwachsener Tiere. So ernährt der weit überwiegende Teil der Vögel, die sich sonst von Körnern, Knospen, Früchten, Nektar usw. ernähren, die Nestlinge mit tierischem Eiweiß!

Besondere Verhältnisse liegen bei den Tauben vor, welche die Jungtiere mit ,,Kropfmilch" ernähren. Hierbei handelt es sich um ein Produkt, welches aus Kropfschleimhautzellen besteht und einen sehr hohen Eiweiß-, Fett- sowie Mineralstoffgehalt besitzt. Mit einem Sekret ähnlicher Zusammensetzung, das darüber hinaus ca. 1 % Blut enthält, ziehen Flamingos ihre Jungen auf (238).

Durch die Fütterung bzw. den Verzehr von tierischem Eiweiß deckt der Vogel den während der Wachstumsphase vorhandenen hohen Bedarf an essentiellen Aminosäuren.

Neben der grundsätzlichen Bedeutung von animalischem Protein für die Aufzucht von Jungtieren kann weit verbreitet eine Nahrungs-

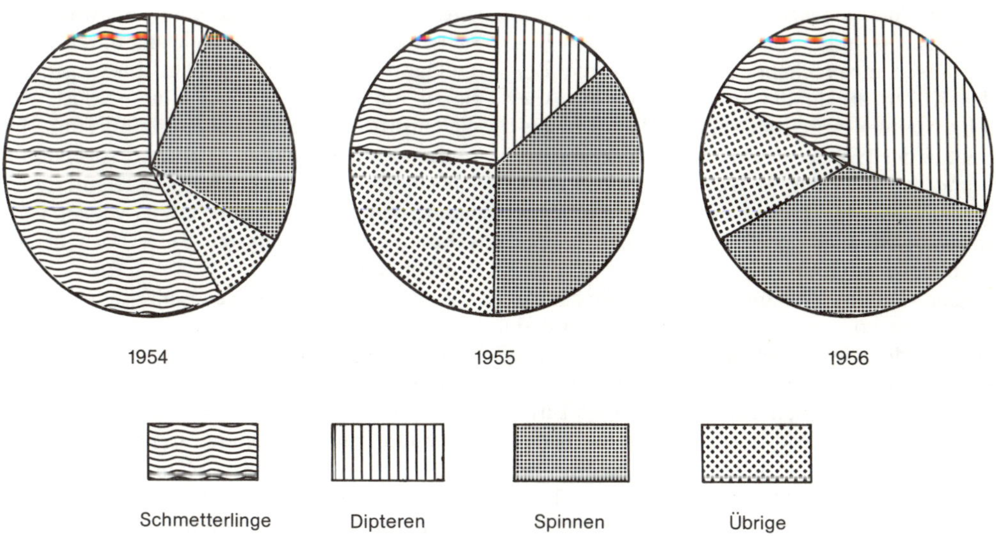

Abb. 12. Unterschiedliche Zusammensetzung der Nahrungsbestandteile in der Nestlingsnahrung der Tannenmeise in drei aufeinanderfolgenden Jahren. Nach Löhrl, Die Tannenmeise.

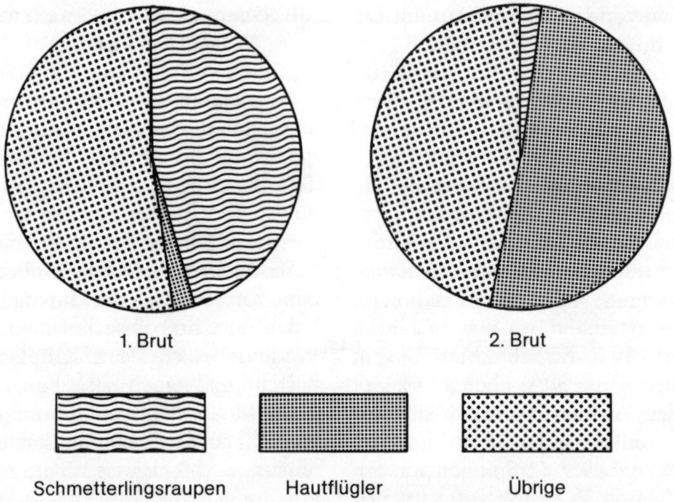

Abb. 13. Auch zwischen der ersten und zweiten Brut ergaben sich in einer Tannenmeisenpopulation erhebliche Unterschiede in der Zusammensetzung der Nestlingsnahrung. Nach Löhrl, Die Tannenmeise.

auslese während der Nestlingsfütterung festgestellt werden. Während Blattläuse, Insekteneier und Spinnen die Erstlingsnahrung sind, besteht das Futter für ältere Tiere aus größeren Nahrungsobjekten, die zunehmend in das Nahrungsschema der erwachsenen Tiere passen.

Auch die eigenständig nahrungsuchenden Nestflüchter treffen eine den biologischen Bedürfnissen entsprechende Nahrungsauslese. Bei den Küken des Jagdfasans stellt sich dies wie folgt dar: der Anteil an animalischer Kost beträgt in der 1. Woche etwa 80 % – sinkt ständig – und macht in der 9. Woche nur noch etwa 35 % aus. Später ist die Kost verherrschend bis ganz überwiegend pflanzlich, z. B. im Winter bis über 95 % (159).

Eine weitere Abhängigkeit und verstärkte Aufnahme von animalischer Kost ist während der Eibildung festzustellen. Goldhähnchen vertilgen z. B. während dieser Zeit das 2- bis 3fache der sonst üblichen Beute (224)! Auch Birkhennen sind während der Eibildung auf hochwertiges Eiweiß besonders angewiesen und fressen deshalb mehr Insekten als die Hähne (242).

Weiterhin sei erwähnt, daß das Nahrungsangebot einen unmittelbaren Einfluß auf die Fortpflanzung ausübt. Besonders deutlich reagieren Greifvögel, welche durch ungünstige Witterung oder andere Faktoren einen Mangel an bestimmten Beutetieren haben können und deshalb einer Nahrungsdefizitsituation ausgeliefert sind, in deren Folge mit der Brut ausgesetzt wird. Auf diese Weise ist eine sehr wirksame Sicherung gegen Übervermehrung in die Brutbiologie vieler Vögel eingebaut. Im Gegensatz hierzu nutzen viele Vögel – u. a. auch der Wellensittich – einen Nahrungsüberfluß im Sinne der Arterhaltung, indem sogenannte Schachtelbruten gezeitigt werden. Damit ist gemeint, daß das Weibchen bereits wieder legt, während sich die jüngsten Tiere noch in der Bruthöhle befinden.

Weitere wechselseitige Anpassungen von Fortpflanzungsgeschehen und vorhandenem Nahrungsangebot gibt es bei der Schleiereule, die ihre Fortpflanzungsaktivität nicht starr über einen photoperiodischen Mechanismus an eine bestimmte Jahreszeit bindet, sondern an Zeiten mit einem ausreichenden Mäuseangebot. Dadurch wird die Schleiereule zum Gelegenheitsbrüter. Sie nutzt ein begrenztes Überangebot an Nahrung durch die schnelle Produktion großer (z. T. mehr als 10 Eier) Gelege und die

Zeitigung von Zweit- oder gar Drittbruten. Da die Schleiereule mit der Ablage des ersten Eies zu brüten beginnt, sind die Größenunterschiede innerhalb einer Brut beträchtlich (40). Tritt nunmehr ein Nahrungsmangel auf, dann dienen die jüngsten den älteren, größeren Nestgeschwistern als Nahrungsreserve!

Um auch in nahrungsarmen Jahren den Fortbestand der Art zu sichern, hat die Schleiereule eine weitere Fortpflanzungsstrategie entwikkelt. Sie legt nur wenige Eier und dehnt (bis auf 8 Tage) die Legeabstände. Dies hat zur Folge, daß die Belastung des Energiehaushaltes – verglichen mit der Belastung während der Erzeugung eines Geleges mit normalen Legeabständen – geringer ausfällt (54).

Ähnlich flexibel reagieren teilweise auch die Kohl- und Blaumeisen auf einen Nahrungsengpaß, indem diese Vögel nach mehrtägigen Kälteeinbrüchen die Legefolge unterbrechen. So sind diese Vögel fähig, schwierige Situationen ohne Schaden zu überwinden und auch in der Lage, ungünstige Biotope zu besiedeln (193).

Um die vielfältigen Zusammenhänge zwischen Ernährung einerseits und Antworten des Organismus andererseits zu unterstreichen, sei noch erwähnt, daß das Nahrungsangebot bei vielen Gefiederten auch Einfluß auf ihren Gesang nimmt. Bei Nektarvögeln z. B. wurde festgestellt, daß diese bei schlechter werdenden Nahrungsbedingungen ihr Revier durch Gesang stärker verteidigen als bei gutem Nahrungsangebot. Diese Verhaltensweise erweist sich als sinnvoll, da die akustische Revierverteidigung – im Gegensatz zur Verteidigung z. B. durch Flüge – energiesparender ist (240).

Die Ernährung des Vogels in der Obhut des Menschen

Die in freier Natur übliche breitgefächerte Nahrungsaufnahme gilt in der Regel auch für den in Gefangenschaft gehaltenen Vogel! Darüber hinaus kann immer wieder beobachtet werden, daß Tiere gleicher Art, die durch Ausrüstung und Anlage begrenzten, aber dennoch mannigfaltigen Möglichkeiten des Nahrungserwerbs auch nach individuell gesammelten Erfahrungen nutzen. So lassen z. B. manche Zebrafinken für Stummelfliegen „alles stehen und liegen", während andere diese nicht einmal dann beachten, wenn Nestlinge geschlüpft sind! Solche Verhaltensweisen finden sich auch bei Amaranten, Grauastrilden und Goldbrüstchen (241).

Die breitgefächerte und individuell variierende Nahrungsaufnahme hat dazu geführt, daß für die meisten in menschlicher Obhut gehaltenen Vögel eine unüberschaubar große und verwirrende Vielzahl von Fütterungshinweisen existiert. Dabei wird häufig die Bedeutung von Gelegenheits- und Zufallsnahrung überbewertet. Gefüttert wird in der Regel „die bewährte" Mischung, ohne zu bedenken, daß in der freien Natur durch die unterschiedliche Reifezeit der einzelnen Nahrungspflanzen und das wechselnde Angebot an Futtertieren ein ständiger Wechsel der Nahrungszusammensetzung existiert, der überwiegend den gegebenen Bedürfnissen entspricht (50). Es treten deshalb bei der traditionellen Fütterung nicht selten Mangel- und Überschußsituationen auf, welche den Organismus erkranken oder gegenüber Infektionen anfällig werden lassen.

Auf ungeeignete Nahrungsobjekte reagieren Vögel, die sich einseitig ernähren, besonders empfindlich. So erkranken z. B. Kolibris an einer Darmentzündung, wenn ihnen ein Nektarersatz geboten wird, der über die natürlichen Bestandteile Trauben-, Frucht- und Rohrzucker hinaus Milchzucker (Laktose) enthält (199). Der Grund hierfür liegt offensichtlich in einem begrenzten Enzymsystem, welches auf die Spaltung dieses im Nektar fehlenden Zweifachzuckers nicht eingerichtet ist. Darüber hinaus werden Kolibris hinfällig, wenn Abweichungen in der Nektarkonzentration vorliegen. Dabei führen steigende Zuckerkonzentrationen ab 20 % zu Absorptionsstörungen, während mit zu geringen Werten der Energiestoffwechsel nicht aufrecht erhalten werden kann.

Ähnlich empfindlich reagieren Loris auf Milchprodukte. Diese Feststellung steht nicht im Widerspruch zu den verschiedensten Berichten einer erfolgreichen Lorihaltung, bei der humanmedizinische Muttermilch-Ersatzpräparate, die in der Regel Laktose enthalten, verfüttert werden. Vielmehr ist davon auszugehen, daß sich in diesen Fällen der Verdauungsapparat durch allmähliche Gewöhnung auf die „fremde Futterkomponente" eingestellt hat. Dennoch wird jeder Vogelhalter gut beraten sein, wenn er unter den vielen Produkten solche mit einem möglichst geringen Milchzuckergehalt auswählt.

Zu den Futterspezialisten in der Vogelwelt gehört auch der Pinguin, der an fettreiche Seefische gewöhnt ist und sich daher nicht auf die mageren Süßwasserfische umstellen läßt.

Ebenso können an fettreiche Samen gewöhnte Vögel (z. B. Kreuzschnabelarten, Kapuzenzeisig, viele Girlitze) mit kohlenhydrathaltigen Gramineensamen auf Dauer nicht bei Gesundheit erhalten werden. Umgekehrt erkrankt ein auf kohlenhydrathaltige Sämereien eingestellter Vogel (z. B. der Wellensittich) sehr bald, wenn er gezwungen ist, überwiegend fettreiche Cruciferae-Samen (Raps, Rübsen) oder Hanf und Mohn aufzunehmen (102).

Die Verträglichkeit eines Futtermittels wird aber nicht nur durch dessen biologische Wertigkeit, sondern auch seine diätetischen Eigenschaften (Aschegehalt, unverdauliche Substanzen usw.) bestimmt. Mängel in diesem Bereich führen daher ebenfalls rasch zu Stoffwechselstörungen. Zum Beispiel erkrankt ein nur mit schierem Fleisch ernährter Greifvogel, da er für die Aufrechterhaltung der Verdauung und des artgemäßen Wohlbefindens auch gewöllbildende Substanzen benötigt (127, 152).

Stimmen muß aber auch der Energiegehalt des Futters. Denn man weiß aus der Wirtschaftsgeflügelhaltung, daß Energiearmut in der Nahrung durch Mehrverzehr kompensiert werden kann, dieses Regulationsvermögen bei Energieüberschuß jedoch versagt. In diesen Fällen wird deshalb mehr Energie aufgenommen als verbraucht. Dies führt zu einer Bedarfsüberschreitung, die eine übermäßige Fettablagerung zur Folge hat. Vergleichbar liegen die Verhältnisse bei vielen Ziervögeln. Auch hier versagen die Regulationsmechanismen, wenn ein zu energiereiches Futter (z. B. Hirsestangen mit Honig, nur ölhaltige Sämereien usw.) geboten wird. Dies geschieht insbesondere dann, wenn den natürlicherweise über das Jahr wechselnden Nahrungsansprüchen (geringer Anspruch in der Ruhezeit, hoher Anspruch zu Zeiten besonderer Leistungen) nicht Rechnung getragen wird. So verfetten Finken und/oder zeigen Störungen im Brutablauf (Zeitigung von Schachtelbruten, ,,Vergewaltigungsversuche", Nestzerstörung usw.) wenn sie über das ganze Jahr hochwertige Nahrung erhalten und zudem im Winter in beheizten und über die natürliche Tageszeit hinaus beleuchteten Räumen gehalten werden (147). Auch Papageien ernähren sich außerhalb der Fortpflanzungszeit relativ einseitig. Diese Eigenart der Ernährung ist eine von vielen Voraussetzungen für ein ungestörtes Fortpflanzungsverhalten. Papageien sollten deshalb während der Ruhezeit restriktiv und mit nur geringen zusätzlichen Vitamingaben gefüttert werden (97).

Neben der Deckung des Nähr- und Wirkstoffbedarfes hat die tiergerechte Fütterung auch die natürliche Nahrungsauswahl des Vogels zu berücksichtigen. Das heißt, daß die Gefiederten, die sich in freier Natur ständig auf Nahrungssuche befinden, auch in Gefangenschaft eine ,,artgemäße Zeit" mit der Nahrungsaufnahme beschäftigt werden müssen! Es ist deshalb wichtig, zumindest diesen Tieren mehrmals täglich Nahrung als ein ,,Beschäftigungsfutter" zu reichen. So muß man z. B. Pinguinen die Möglichkeit geben, im Wasser nach kleinen Nahrungsobjekten zu haschen, oder Straußenvögel, Truthühner u. a. ,,grasen" zu lassen! Geschieht dies nicht, so nehmen Pinguine (234), Truthühner, Straußenvögel u. a. mit Eifer Fremdkörper auf.

Die fehlende Notwendigkeit fortwährend Nahrung zu suchen, stört mitunter auch die Entwicklung der Brut, weil ständiger Nahrungsüberfluß dazu führen kann, daß die Jungen satt und deshalb nicht sperrend im Nest liegen. Solche Jungvögel werden aber bisweilen als Fremdkörper betrachtet und deshalb aus dem Nest geworfen (115).

Letztlich sei erwähnt, daß das Licht auf den Stoffwechsel Einfluß ausübt. Hierfür verantwortlich sind die mit der Lichtintensität wechselnde Futteraufnahme- und Bewegungsaktivität, während endokrine Prozesse vermutlich keine Rolle spielen. Ein dem Lebensrhythmus des Vogels angepaßtes Beleuchtungsprogramm ist daher eine wesentliche Voraussetzung für dessen Entwicklung und Wohlbefinden!

In unseren Breitengraden ist zu berücksichtigen, daß die Lichteinwirkungsdauer in den Jahreszeiten Herbst, Winter und Frühling gering und die damit erzwungenen Ruhezeiten lang sind. Viele exotische Vögel, vor allem solche aus dem Äquatorialbereich, können wegen dieser Tagesperiodik nicht ausreichend Nahrung aufnehmen und werden dadurch krankheitsanfällig (168). Für diese Tiere ist deshalb eine Tagesverlängerung durch künstliches Licht notwendig! Denselben Anspruch haben übrigens auch die einheimischen Zugvögel während der Ruheperiode, die der Aufenthaltszeit im Überwinterungsgebiet entspricht.

Bei der künstlichen Beleuchtung ist zu berücksichtigen, daß das Vogelauge ein sehr hohes zeitliches Auflösungsvermögen besitzt. Das heißt, daß zumindest einige Vögel weit über 100 Hell-Dunkel-Phasen pro Sekunde warnehmen können! Dies berechtigt zu der Annahme, daß viele Vögel, vor allem solche mit extremen Flugleistungen, wie z. B. Kolibris und Greife, die wechselstrombedingte Aufleuchtungsfrequenz von 100 Hz als permanente Lichtblitzfolge empfinden. Obgleich nicht erwiesen ist, daß dies für Vögel von Nachteil ist, wird der verantwortungsbewußte Vogelpfleger deswegen bereits versuchen, die Lichtwelligkeit von Leuchtstoffröhren zu reduzieren. Bewährt hat sich eine Schaltung, bei der Leuchtstoffröhren in einem gegensätzlichen Takt flackern, so daß der gesamte Lichtstrom aller Röhren kontinuierlich ist (72).

So ist es bei der Fütterung der Vögel notwendig, all diese Zusammenhänge möglichst genau zu kennen. Und ebenso ergibt sich, daß die Haltung von Vögeln mit einem engen Nahrungsspektrum (Spezialisten) nur von den Vogelpflegern erfolgreich durchgeführt werden kann, die aus der Fachliteratur über fundierte Kenntnisse verfügen und bei der Haltung von problemlosen Tieren bereits Erfahrungen gesammelt haben.

Dabei muß die Ernährung des Vogels nicht unbedingt unter dem Gesichtspunkt erfolgen, den Tieren unter allen Umständen Nahrungsobjekte zu reichen, die denen der freien Wildbahn entsprechen. Vielmehr können Nahrungsobjekte, welche in der Gefangenschaft nicht zur Verfügung stehen, durch andere mit ähnlichem chemischen Aufbau und diätetischen Eigenschaften ersetzt werden. Als Beispiel sei die Fütterung des Wellensittichs genannt. Dieser Vogel ernährt sich freilebend von den Samen verschiedener Gräser, er verträgt aber auch die kultivierten Vertreter dieser Gruppe (z. B. Hafer und Hirse) ausgezeichnet.

Futterumstellungen sollen nach Möglichkeit nicht abrupt erfolgen, denn die Praxis zeigt, daß dies oft Magen-Darm-Störungen auslöst. Bei Zukäufen ist daher angeraten, das bis zum Zeitpunkt des Erwerbs gereichte Futter zunächst weiterzugeben und die Ernährung erst langsam auf die ,,eigene Mischung" umzustellen. Das heißt, daß man zusammen mit dem Vogel – zumindest bei empfindlichen Arten – auch das gewohnte Futter beim Verkäufer erwerben sollte.

Bei Frischfängen ist zudem zu bedenken, daß viele Vögel, wie z. B. Stieglitz, Zeisig und Kreuzschnabel, nicht auf die Futtersamen, sondern auf deren pflanzliches Erscheinungsbild geprägt sind. Hierin liegt der Grund, daß ausgedroschene Distelsamen als Nahrungsobjekt zunächst nicht erkannt werden. Ebenso ist es bei Finken, die einzelne Früchte der Eberesche nicht, am Zweig befindliche dagegen als Nahrungsobjekt erkennen und aufnehmen (102). Auch sind Wildfänge nur schwer zur Aufnahme von toten Futtertieren oder gar ungewohntem Fertigfutter zu bewegen (156a).

Vergleichbare Schwierigkeiten gibt es bei Gefiederten, die in freier Wildbahn ihre Beute nicht vom Boden aufnehmen, sondern im Flug ergreifen und deshalb nicht bereit sind, Nahrungsobjekte aus einer Schüssel anzunehmen. Ein typisches Beispiel hierfür ist der Ziegenmelker (212). ,,Gelehriger" verhalten sich Schwalben, die zumindest im zoologischen Garten Wuppertal gelernt haben, Futter aus einem hoch angebrachten Napf zu nehmen (207).

Da die Futtertradition des Vogels im Verhaltensinventar eingeschliffen, teils ,,antrainiert" sind, kann durch gezielte Fütterung in Gefangenschaft auf die Beutefanghandlung gezüchteter Vögel Einfluß genommen werden. Dies gelingt allerdings in der Regel nur in einer altersmäßig begrenzten Zeitspanne, der sogenannten ,,sensiblen Phase". Der Uhu z. B. verliert seine ,,Lernfähigkeit", wenn er älter als 270 Tage ist (92). Für die Praxis heißt dies, daß beispielsweise auszuwildernden Vögeln, aber auch in Gefangenschaft gehaltenen Tieren, für die störungsfreie Entwicklung der Beutefanghandlung in der sensiblen Phase (also jungen Tieren!) ein breites Nahrungsspektrum anzubieten ist, um eine Prägung auf bestimmte Nahrungsobjekte auszuschließen.

Neben den vorerwähnten Problemen haben Größe, Form und Konsistenz der Nahrungsobjekte für das Wohlergehen des Vogels ebenfalls Bedeutung. Denn weichen die genannten Kriterien extrem von der Ursprungsnahrung ab, so

Abb. 14. Fütterungspositionen bei Finken:
a) normale Position beim Fressen am Boden, b) normale Sitzposition auf horizontalem Pflanzenteil, c) Vornabwärtsposition, d) Sitzposition auf Futterpflanze, mit Gewichtsverlagerung auf einen Fuß, e) Sitzposition an vertikalem Pflanzenteil, f) Kopfabwärtshängen. Grundsätzlich andere Positionen sind bei Finken nicht beobachtet worden. Nach Hoppe, Die Nahrung unserer Waldvögel und anderer Finken.

ist die natürliche Abnutzung des Schnabelhorns nicht mehr gewährleistet, und es kann zu Wucherungen an den Schnabelkanten und schließlich zur Schnabeldeformation kommen.

Über die rein mechanische Abnutzung hinaus wird die Schnabelform wahrscheinlich auch durch die sich mit Form und Konsistenz der Nahrungsobjekte ändernden Druckverhältnisse auf die Schnabelbasis in einer Art Rückkoppelung gesteuert. Diese Vermutung wird gestützt durch die Bildung von verformten Unterschnäbeln bei Rotkopffalken bei einer nicht artgerechten Atzung (15). Schnabelmißbildungen (verlängerte Schnäbel) findet man auch häufig bei gekäfigten Staren. Auch hier sind Schnabelwachstum und Schnabelabnutzung nicht in der

Balance. Zudem wird hier ebenfalls vermutet, daß das Wachstum der beiden Schnabelhälften durch den gegenseitigen Druck beeinflußt wird (142). Im übrigen ist auch aus der Wirtschaftsgeflügelhaltung bekannt, daß ungeeignetes, z. B. zu feines und klebriges Futter zur Kreuzschnabelbildung führt.

Ebenso wie am Schnabel sind auch an den Füßen Veränderungen zu beobachten, wenn deren artgemäßer vielfältiger Einsatz (Abb. 14) bei der Nahrungssuche (z. B. durch Klettern im Gezweig, Scharren am Boden, Schwimmen usw.) nicht mehr gegeben ist. So kommt es bei Prachtfinken und Webern, die sich in natürlicher Umgebung ihrer Heimat an Schilfgräsern das Laufhorn abschmirgeln, in Gefangenschaft zu einem verstärkten Hornwachstum in Form einer Laufschiene (108) oder zu überlangen Krallen.

Den vorerwähnten Beispielen krankhafter Veränderungen an Schnabel und Füßen ist zu entnehmen, daß jeder Vogel bestimmte biologische Lebensbedürfnisse hat, deren Befriedigung er auch in Gefangenschaft fordert. Wird dies nicht beachtet, so kommt es zu pathologischen Zuständen, sogenannten Haltungskrankheiten, die in freier Natur fast oder gänzlich unbekannt sind. Sie sind sichtbarer Ausdruck einer mangelhaften Übereinstimmung der Haltungsbedingungen mit den essentiellen Bedürfnissen des Gefiederten. Es ist also wichtig, auch die natürlichen Gegebenheiten des Nahrungserwerbs zu kennen, da nur so eine Übereinstimmung zwischen der Zweckbestimmung verschiedener Organe und deren „Bedürfnis" herbeigeführt werden kann.

Die in freier Natur während der Wachstumsphase allgemein zu beobachtende Hinwendung zum tierischen Eiweiß kann auch bei den gekäftigen Pfleglingen festgestellt werden. Die sich sonst überwiegend von Samen, Obst, Nektar usw. ernährenden Vogelarten nehmen in dieser Zeit verstärkt Insekten auf. Überzeugende Beobachtungen dazu liegen von Kolibris (84, 125, 160, 189, 198, 205, 211), Birkwild (65), Molukkenkakadu (3), Bülbüls (84) und vielen anderen Vor. Quantitative Angaben sind u. a. von Frühlingspapageichen *(Loriculus vernalis)* bekannt, die während der Aufzucht der Jungen täglich 35–40 (!) Mehlkäferlarven an jedes Jungtier verfüttern (60). Steht diese oder eine andere Eiweißquelle nicht zur Verfügung, so verzehren die Frühlingspapageichen ihre eigene Brut!

Die Änderung der Verzehrgewohnheiten kann schlagartig eintreten und sogar einen Hinweis für den Schlupf der Jungen geben (189, 205).

Neben der allgemeinen Bevorzugung tierischen Eiweißes während der Wachstumsphase besteht auch bei den gekäftigten Tieren unverkennbar eine Nahrungsauslese während der Nestlingsfütterung durch die Altvögel. Der Egregia-Zuckervogel verfüttert z. B. an die Nestlinge während der ersten beiden Tage Drosophila-Larven, danach größere Insekten (198). Die Schleiereule atzt die Jungen anfänglich mit kleinen und weichen Fleisch- und Eingeweidestückchen aus dem Inneren der Beutetiere, später auch mit groben und sperrigen Happen wie dem Kopf, Stücken mit Knochen oder Fell und der Beckenregion mit Extremitäten (40).

Die dem Alter des Nestlings angepaßte Nahrungswahl findet eine weitere Differenzierung in der Tatsache, daß die Futterwahl durch die Alttiere auch zeitliche Unterschiede aufweist. So kann es vorkommen, daß Vogeleltern eine Brut ausschließlich mit Enchyträen, die nächste nur mit Ameisenpuppen versorgen (160).

Eine weitere verstärkte Hinwendung zum tierischen Eiweiß ist während der Eibildung (3, 19, 170) und der Mauser (51) festzustellen. In beiden Fällen deckt der Vogel über die Aufnahme von animalischem Protein den jeweils gesteigerten Bedarf an Eiweiß hoher Wertigkeit und Verdaulichkeit. Die Abhängigkeit von diesem Nährstoff ist beim Wirtschaftsgeflügel exakt erforscht und in Bedarfszahlen wiedergegeben. So benötigt z. B. die Pute in den ersten 6 Wochen (Zeit des schnellsten Wachstums!) einen Rohproteingehalt von 28 %, während das ausgewachsene Tier nur noch einen solchen von 14 % fordert. Wenn auch die Erkenntnisse der gewerblichen Geflügelhaltung nicht unmittelbar auf andere Vogelarten übertragen werden dürfen, so bestätigen und erklären sie doch die allgemeine Hinwendung der Gefiederten zum tierischen Eiweiß während er Wachstumsphase. Der Vogelhalter wird deshalb in jedem Fall gut beraten sein, wenn er während der Aufzuchtperiode den Eltern- bzw. Jungtieren ein Futtermittel tierischen Ursprungs, also ein biologisch hochwertiges Eiweiß, zur Verfügung stellt. Dies gilt vor allem für die Zeit des schnellsten Wachstums, also während der ersten 10–14 Tage (161). Vergleichbare Forderungen an die Nahrung stellt der Vogel während der Eibildung und der Mauser.

Zur Deckung des Eiweißbedarfes nehmen die meisten in Gefangenschaft gehaltenen Vögel gekochtes Ei dankbar auf. Anspruchsvollere Kostgänger fordern Insekten. Dabei muß beachtet werden, daß eine große Zahl von Vogelarten sich bei der Auswahl des Aufzuchtfutters nicht verleiten läßt, nur die in nächster Nähe reichlich vorhandenen und bequem erreichbaren Nahrungsobjekte aufzusammeln, sondern instinktiv immer wieder nach Abwechslung sucht (10, 17, 137). Es ist deshalb mitunter erforderlich, den Futterplan mehrmals täglich zu wechseln, da sonst beobachtet werden kann, daß die Altvögel ihren eigenen Bedarf wohl decken, der Fütterungstrieb jedoch zum Erliegen kommt (13, 14, 140, 188)! Durch die Einhaltung dieses Prinzips glückten u. a. dem Innsbrucker Zoo spektakuläre Zuchterfolge (65).

Während der Wachstumsphase der Vögel ist die Hinwendung zum tierischen Eiweiß so typisch, daß an dieser Stelle die Frage auftaucht, wie der Gimpel (186), Alariogirlitz (148), Reichenowgirlitz (149) und andere mehr es vermögen, ihre Nestlinge ohne ein Gramm tierisches Eiweiß aufzuziehen. Die Antwort auf diese Frage steht in allen Einzelheiten noch aus. Es ist jedoch anzunehmen, daß reine Pflanzenfresser in der Lage sind, eine große Nahrungsmenge aufzunehmen und dieser sehr effektiv die untervertretene Stoffgruppe Eiweiß selektiv zu entziehen, während die übrigen Nährstoffe (Fette und Kohlenhydrate) in ihren Überschußanteilen ungenützt wieder ausgeschieden werden (246). Zum anderen spielt sicher auch die Gewichtsentwicklung der Nestlinge von Vegetariern eine Rolle. So erreichen z. B. der Zaunkönig und das Wintergoldhähnchen bereits in ca. 10 Tagen ein Gewicht von 8 g, während der Girlitz für die gleiche Leistung etwa 14 Tage, der Hartlaubgirlitz gar 15 Tage (81, 225) benötigt.

Da der Bedarf an hochwertigem Eiweiß und die Gewichtszunahme in direkter Verbindung stehen, kann davon ausgegangen werden, daß zumindest der Girlitz, vielleicht auch die anderen „Vegetarier“ wegen eines „gebremsten“ Wachstums einen relativ geringeren Bedarf an Eiweiß aufweisen.

Darüber hinaus besteht die Möglichkeit, daß einige Vögel den Nestlingen animalisches Protein über Schleimstoffe (Mucine) oder „Kropfmilch-ähnliche“ Substanzen zuführen. Denn wie am Beispiel der künstlichen Aufzucht des Girlitz nachgewiesen wurde, verträgt zumindest dieser „Vegetarier“ ausschließlich dargebotene animalische Kost ausgezeichnet. Ähnlich reagiert der Dompfaff, welcher in der Lage ist, rein vegetarisch heranzuwachsen, aber ebenso animalisches Protein ausgezeichnet verwerten kann (16, 90).

Den mit ausschließlich vegetarischer Kost gelungenen Nachzuchten stehen Beobachtungen entgegen, die eine Hinwendung zum tierischen Eiweiß während der Nestlingszeit auch bei „Vegetariern“ erkennen lassen. Dabei fällt auf, daß die Bereitschaft zur Aufnahme dieser Futterkomponente in den ersten 14 Tagen, also während der Zeit des schnellsten Wachstums, besonders hoch ist. Danach verliert das animalische Protein zugunsten des Keimfutters laufend an Bedeutung. Hinweise dieser Art existieren vielfach vom Gimpel (133, 243), aber auch vom Bergfinken (125) und Fichtenzeisig (223).

Ähnliche Beobachtungen liegen vom Wellensittich vor, der während der Aufzucht von Nestlingen tierisches Eiweiß vermehrt aufnimmt, aber auch in der Lage ist, mit rein pflanzlichem Eiweiß Jungtiere aufzuziehen. Es ist jedoch zu vermuten, daß der an die frisch geschlüpften Küken verfütterte gelb-weißliche Nahrungsbrei Eiweißanteile mit hoher biologischer Wertigkeit enthält. Nähere Untersuchungen fehlen auf diesem Gebiet. Erwiesen ist lediglich, daß das Nestlingsfutter der Wellensittiche einen anderen Ursprung als die Kropfmilch der Taube hat (67).

Zudem hat die Natur durch die Begehung eines Umweges – der Hahn füttert die Henne und erst diese die Brut – dafür gesorgt, daß die Nestlinge für die Verdauung mit Speichel und wahrscheinlich auch Enzymen des nachgeordneten Darmtraktes präparierte und damit leicht aufschlüsselbare sowie resorbierbare Nährstoffe erhalten.

Unabhängig von allen theoretischen Erörterungen ist festzuhalten, daß der Zuwachs (Muskulatur, Organe, Federn) der Jungvögel viel Eiweiß von hoher Wertigkeit enthält. Hieraus folgert das biologische Bedürfnis der heranwachsenden Brut nach einem Futter mit einem hohen Anteil an essentiellen Aminosäuren. Je nach Wachstumsgeschwindigkeit sollte man deshalb auch sich sonst überwiegend von pflanzlicher Nahrung ernährenden Vögeln während ihrer Entwicklungszeit Nahrungsobjekte tierischen Ursprungs anbieten. Dies gilt insbesondere für die Zeit des schnellsten Wachstums – also in den ersten Wochen; erst dann sollte das Futter nach und nach mehr dem Nahrungsspektrum der adulten Vögel angeglichen werden.

Futtermittelkunde

Der Vogel hat einen ständigen Bedarf an Nähr- und Wirkstoffen, den er durch die verschiedensten Futtermittel deckt. Und da die Gefiederten einen besonders intensiven Stoffwechsel haben, wird viel Nahrung aufgenommen, verdaut und umgesetzt.

Zur Deckung des Verbrauchs an Nähr- und Wirkstoffen, Vitaminen und Mineralien wählen die einzelnen Vogelarten unterschiedliche Nahrungsobjekte. Hierbei ist festzustellen, daß einige Vögel hohe Eiweißmengen (Fleisch- und Fischfresser), andere Kohlenhydrate (kohlenhydrathaltige Körner fressende Finken, der Wellensittich usw.) und weitere (z. B. der ölhaltige Früchte verzehrende Fettschwalm und viele Girlitze) fettreiche Kost verzehren. Daneben gibt es fließende Übergänge und ein jahreszeitlich bedingtes Umsteigen auf andere Nahrungsobjekte.

Wegen der überwiegenden Spezialisierung des Verdauungstraktes und der dadurch gegebenen Abhängigkeit des Gefiederten von bestimmten Nahrungsobjekten ist es primär notwendig, die Ursprungsnahrung des gehaltenen Vogels in ihrem Nährstoffgehalt zu kennen. Danach gilt es, die für den Vogel ursprünglichen oder vergleichbaren und deshalb zuträglichen Nahrungsobjekte auszuwählen. Dies setzt Kenntnisse voraus, die die Futtermittelkunde vermittelt.

Futtermittel pflanzlicher Herkunft

Nahrungsobjekte pflanzlichen Ursprungs (Samen, Knospen, junge Triebe, Früchte, Wurzeln usw.) werden von den meisten Gefiederten angenommen. Allerdings ist eine ausschließlich vegetarische Ernährung selten.

Bei vielen Vögeln ändert sich die Annahme von vegetarischer Kost mit dem Jahreslauf. Hierfür ist einerseits das jahreszeitlich wechselnde Angebot verantwortlich, andererseits verliert die pflanzliche Nahrung wegen ihres relativ geringen Eiweißgehaltes von nur mittlerer Wertigkeit, in Zeiten besonderer Leistung an Bedeutung.

Fest steht weiterhin, daß viele Vögel, wie z. B. Mönchs-, Gartengrasmücke, Rotkehlchen, Amsel und Feldsperling, bei experimenteller Fütterung mit rein pflanzlicher Nahrung rasch an Gewicht verlieren und schließlich verenden. Durch Zufütterung von tierischem Eiweiß wird diese Gewichtsreduzierung vermieden, und bereits abgezehrte Tiere nehmen stets sogleich wieder zu (22).

Grünfuttermittel

Wegen der geringen Nährstoffkonzentration und der Tatsache, daß die Nährstoffe des Zellinneren von einer festen Zellmembran (Rohfaser) umgeben sind, scheiden Grünfuttermittel als ausschließliche Nahrungsgrundlage für die meisten Vögel allgemein aus. Dennoch werden sie sowohl von Wasser- als auch von Landvögeln in einer noch gar nicht bekannten Variationsbreite als Nahrung genutzt. Denn selbst Fisch- und Fleichfresser erhalten über ihre Beute (Kropf- und Mageninhalt) Teile von diesen. Vor allem sind Pflanzen aber wesentlicher Nahrungsbestandteil der Gefiederten, die über funktionstüchtige Blinddärme (Hühner- und Straußenvögel, Gänse etc.) verfügen.

Die Grünfuttermittel sind in ihrer Zusammensetzung nur gering voneinander unterschieden. Typisch ist deren hoher Wassergehalt (rund 85 %) und die niedere Nährstoffkonzentration (Eiweiß 1,0–4,0 %, Fett unter 1 %, Kohlenhydrate 2–3 % durchschnittlich). Der eigentliche Wert der Futterpflanzen liegt in deren Reichtum an essentiellen Substanzen (Vitaminen, Mineralien, Phytöstrogenen) und den durch die Ballaststoffe (Rohfaser) gegebenen diätetischen Eigenschaften. Darüber hinaus besitzen einige Pflanzen (z. B. Heidelbeertriebe) eine antibiotische Wirkung, welche die Überlebenschancen einiger Küken – z. B. die der skandinavischen Moorschneehühner *(Lagopus l. lagopus)* – deutlich verbessert (181).

Bei der Auswahl der Futterpflanzen kann immer wieder beobachtet werden, daß sich Vögel selektiv (Auswahlkriterien: Nährstoffgehalt, Ernährungsstrategie, Bedürfnis nach Vielseitigkeit (166), Geschmack, Konsistenz, Erscheinungsbild, Futtertradition etc.) verhalten. In dieser Weise fällt besonders auf, daß ältere Pflanzenteile (Laub, Stroh, hochgeschossenes Gras etc.: deren Rohfaseranteil ist hoch, die Verdaulichkeit gering!) gemieden, andere gar abgelehnt werden. Teils sind die Auswahlkriterien unergründet. So ist z. B. bekannt, daß der Karmingimpel (34) Birkenblätter meidet. Werden diese dennoch verfüttert, geht das Körpergewicht dieser Tiere zurück, während es bei Verabreichung von Erlenblättern konstant bleibt. Neben dieser Feststellung gibt es Beobachtungen auf dem Sektor der Wirtschaftsgeflügelhaltung, nach denen es sogar auf ein und dasselbe Futtermittel – ebenso wie auf ein und dasselbe Medikament (z. B. Furazolidon, verschiedene Purinderivate etc.) – von seiten des Organismus von Vogelart zu Vogelart unterschiedliche Reaktionen geben kann.

Weil der Vogel bestimmte Grünfutterpflanzen bevorzugt – manche ablehnt –, wird der Vogelhalter gut beraten sein, eine breite Palette anzubieten. Denn dies läßt am ehesten erwarten, daß bestimmte Teile aus dem breiten Spektrum angenommen werden, und der Vogel quantitativ und qualitativ seine jahreszeitlich wechselnden Bedürfnisse befriedigen kann.

Bei der Auswahl von Futterpflanzen ist darauf zu achten, daß diese frei von Schädlingsbekämpfungsmitteln sind. Obstplantagen, Weinberge und Straßenränder (bleihaltige Auspuffgase) sind als Futtersammelstellen immer verdächtig, zumeist ungeeignet.

Als giftfrei können dagegen allgemein die Futterpflanzen am und im Wald, auf Brachland sowie im eigenen Garten (?) angesehen werden. Letztlich vebietet sich, wegen der Gefahr der Übertragung von Krankheiten, das Sammeln von Futterpflanzen in Gebieten, auf denen Geflügel Auslauf hat.

Gekauftes Grün wird vor der Fütterung gründlich gewaschen, um es von eventuell anhaftenden Rückständen zu befreien.

Die gesammelten oder gekauften Pflanzen sind dem Vogel stets frisch zu reichen, da welkes oder gar faules Grünfutter die Gefahr von Verdauungsstörungen in sich birgt. Gefährlich ist es ferner, Grünes zu verfüttern, das schwitznaß in Plastiktüten transportiert wurde, weil sich in diesem Milieu rasch Bakterien- und Pilzkulturen bilden.

Am besten wird Grünfutter gebündelt und für den Vogel leicht erreichbar aufgehängt. So angeboten, erweckt es rasch das Interesse der Vögel und kann ohne Gefahr der Verschmutzung (Kot, Sand etc.) aufgenommen werden. Größeren Gefiederten kann man das Grünfutter auch in aufgehängten Drahtkörben reichen, aus denen es herausgezupft wird.

Mit dem Wurzelballen ausgerissene oder in Blumentöpfen ausgesäte Futterpflanzen haben den Vorteil, daß sie sich länger frisch halten und der Vogel zusätzlich Mineralien, Steinchen und eventuell tierische Organismen aufnehmen kann.

Grüne Pflanzenteile werden von vielen Gefiederten, besonders Körnerfressern, in großer Vielfalt als Nahrung aufgenommen. Als Beispiel sei die Ringeltaube erwähnt, welche sich freilebend das Jahr über u. a. von Rosen-, Rot-, Grünkohl, Getreide-, Brennesselblättern, Wirsing, Taubnesseln, Klee, Hahnenfuß, Spinat, Buchenknospen, Vogelmiere und verschiedenen Gräsern ernährt (24).

Auch den gekäfigten Vertretern, die sich natürlicherweise von Pflanzenteilen ernähren, müssen diese stets angeboten werden! Die Gefahr, daß es durch ungeeignete Nahrungsobjekte zu Vergiftungen kommt, ist dabei nicht allzu groß. Jedoch sind toxische Wirkungen auch beim Vogel zu verzeichnen. Beispielsweise ist eine Vergiftung mehrerer tausend Singvögel durch *Prunus amygdalus* (Mandelbaum) – vermutlich durch das Verzehren der Kerne – bekannt (21). Unverträglichkeiten – in Form von Erbrechen – sind auch bei gekäfigten Vögeln zu beobachten, wenn diese z. B. Teile von Azaleen oder Philodendron-Arten aufnehmen. Dabei ist die Gefahr einer Vergiftung für gekäfigte Gefiederte allgemein höher als für freilebende Vertreter einzuschätzen, da es hier eher vorkommen kann, daß der Vogel mangels entsprechender Auswahl oder aus Langeweile mehr von ungeeigneten Pflanzen aufnimmt oder verbeißt.

Nicht verfüttert werden sollten Aronstab, Seidelbast, Goldregen, Liguster, Heckenkirsche (Geißblatt), Eisen-, Sturmhut, Rosmarinheide, Pfaffenhütchen, Efeu (jedoch werden dessen Beeren von Altvögeln vieler Vogelarten verzehrt und auch an Nestlinge verfüttert), Stechpalme, Sadebaum, Gemeiner Wacholder, Robinie, Traubenholunder, Eibe, Lebensbaum, Schneeball (62), Herbstzeitlose, Kartoffelkeime, Tollkirsche und Fingerhut (43).

Ein Beispiel dafür, daß „giftige" Pflanzenteile auf den Vogel nicht die gleiche Wirkung wie auf den Sauger haben, ist die Tatsache, daß sich freilebende Gimpel, Grünfinken und Kernbeißer von den für Säugetiere giftigen Früchten von Eibe und Schneeball ernähren (186), und Haselhühner von denen des Seidelbastes und sogar der Tollkirsche (38). Es ist auch bemerkenswert, daß Altvögel vieler Vogelarten – ohne Schaden zu nehmen – die Beeren vom Efeu verzehren und diese auch an die Nestlinge verfüttern.

Zusammenfassend ist festzustellen, daß die Natur eine Vielzahl an Grünfuttermitteln bereit hält. Die häufigsten von ihnen werden anschließend abgehandelt, weitere sind im Anhang 1 (Seite 108) aufgeführt.

Grünfuttermittel wirken auf den Vogel teils in unerklärlicher Weise! So verträgt der Karmingimpel Erlenblätter, während er auf Gaben von Birkenblättern mit Gewichtsabnahme reagiert. Es sollten deshalb alle unbekannten Grünfuttermittel grundsätzlich zunächst in kleinen Gaben und an Einzelvögel verfüttert werden!

Knospen, Rinde und Holz

Blattknospen zeichnen sich wegen ihrer „jungen Vegetationsphase" durch einen relativ hohen Protein- und geringen Rohfaseranteil (also gute Verdaulichkeit) aus. Sie werden deshalb als Beifutter gern von Papageien, vielen Finken und vielen anderen Vögeln angenommen.

Für manche Vögel (Gimpel, Birk-, Auerhuhn etc.) sind Knospen sogar die fast ausschließliche Nahrungsgrundlage während der Wintermonate (102).

Auch Blütenknospen von Obstbäumen, Weiß-, Schwarzdorn, Ulme, Weide, Eiche, Buche u. a. sind für viele einheimische Finken ein naturgemäßes Übergangsfutter von der vorwiegend trockenen Körnernahrung des Winters zu der häufigeren Grünfütterung des Sommerhalbjahres (186).

Blütenknospen sind deshalb geeignete und notwendige Nahrungsobjekte u. a. für Buchfink, Kernbeißer und Zeisige. Psittaciden benagen zudem die Rinde und das Holz der Knospen tragenden Zweige. Sie erhalten auf diese Weise diätetisch wirkende Gerbsäuren, Ballaststoffe und Mineralien; auch wird durch die Äste ein Reiz zur Bewegung gesetzt, der den Stoffwechsel anregt und die Vitalität der Vögel fördert.

Futterpflanzen

Die **Brennessel** wird seit alters her zur Aufzucht von jungen Gänsen eingesetzt. In gewiegter Form – untermischt in zerdrückten Eiern, Quetschkartoffeln und Brot – wird sie gern von diesen angenommen.

Im jungen Vegetationsstadium werden die Blätter der Brennessel weiterhin von Kanarien, Papageien, Finken, Hühnervögeln und vielen anderen Vögeln gefressen.

Vor dem Frost des Winters steht der **Endiviensalat** für die Vogelfütterung zur Verfügung. Auch er wird breit gefächert von den Gefiederten angenommen.

Feldsalat, auch Mausohr genannt, ist ein gutes Grünfutter während des Winters für einheimische und exotische Finken. Im Frühjahr, wenn er geschossen ist, liefert er zudem Samen, die von kleineren Körnerfressern gern angenommen werden.

Petersilie ist relativ reich an Nährstoffen (Eiweiß 4,4%, Fett 0,4%, Kohlenhydrate 9,8%) und Vitamin A. Petersilie wird von Papageien und vielen Finken angenommen. Dagegen wird sie von Girlitzen nur im Notfall als Nahrungsobjekt akzeptiert (52).

Rosenkohl ist eine besonders von der Ringeltaube geschätzte Futterpflanze. Kropfuntersuchungen haben gar ergeben, daß er während der kalten Jahreszeit oft die ausschließliche Nahrungsgrundlage sein kann (24).

Grüne Pflanzenteile der **Roten Beete** fressen Grünlinge und Papageischnabelpfäffchen (186) und sicher viele andere mehr.

Salat hat den Vorteil, daß er über das ganze Jahr erhältlich ist. Wegen der zarten Beschaffenheit der Blätter wird der Salat von fast allen Körnerfressern gern gefressen.

Der **Spinat** und dessen Samenstände lassen sich an viele Vogelarten verfüttern. Teilweise (z. B. vom Wellensittich) wird er dem Salat vorgezogen. Es empfiehlt sich, den Spinat kleingeschnitten oder so anzubieten, daß er gezupft werden muß, da sonst ganze Stücke aufgenommen werden, die der Vogel weder erbrechen noch ganz abschlucken kann. Die Folge sind mitunter Verdauungsstörungen, wie sie u. a. beim Klippenhuhn *(Alectoris barbara)* beobachtet worden sind (228).

Die **Vogelmiere** ist fast überall zu finden und steht bereits im zeitigen Frühjahr zur Verfügung. Selbst im Winter kann sie in geheizten Gewächshäusern geerntet werden. Die Vogelmiere wird von Prachtfinken, Kanarien, Papageien u. v. a. m. geschätzt.

Samen

Samen stellen die Reproduktionsorgane der Pflanzen dar. Insgesamt besitzen sie einen hohen Nährstoffgehalt und eine gute Verdaulichkeit. Diese beiden Eigenschaften entsprechen den Bedürfnissen des Vogels, welcher eine ballastarme und energiereiche Nahrung benötigt. Es verwundert deshalb nicht, daß Samen vielen Gefiederten als Nahrungsgrundlage dienen. Wie breitgefächert das Angebot angenommen wird, beweist eindrucksvoll der Stieglitz, der immerhin die Samen von insgesamt 152 verschiedenen Pflanzenarten frißt (77).

Samenfresser findet man überwiegend in klimatisch gemäßigten Zonen, da diese mehr Samen als Früchte reifen lassen. Typische Vertreter findet man unter den Tauben, Papageien, Finken, Enten- und Hühnervögeln. Allerdings variieren die meisten von ihnen im Jahreslauf den Speiseplan, so daß ausschließlich samenfressende Vögel relativ selten sind.

Durch ihren hohen Nährstoffgehalt (guter Nährboden für Keime) verderben Samen rasch. Besonders anfällig sind feucht gelagerte Futtermittel mit einem Wassergehalt von über 14%. Erste Anzeichen von Verderbnis sind ein muffiger Geruch und Schimmelbildung.

Die Reproduktionsorgane der verschiedenen Pflanzen zeichnen sich durch einen wechselnden Anteil an den einzelnen Nährstoffgruppen aus. Beim Getreide überwiegen die Kohlenhydrate (Stärke), bei den Hülsenfrüchten die Proteinanteile. Ölsaaten besitzen den höchsten Fettgehalt. Unter den Vertretern einer Gruppe sind die Differenzen in der Zusammensetzung relativ gering. Die verschiedenen Nahrungsobjekte einer Gruppe können deshalb zumeist gegeneinander ausgetauscht werden. Aus diesem Grund vertragen Vögel (z. B. der Wellensittich), die sich in freier Natur von Wildgrassämereien ernähren, die kultivierten Grassamen Hirse und Hafer ausgezeichnet. Andererseits erkranken auf ölhaltige Nahrung angewiesene Vögel rasch, wenn ihnen nur kohlenhydratreiche Kost zur Verfügung steht. So erkranken beispielsweise Kapuzen-, Mexikanischer und Magellanzeisig rasch, wenn ausschließlich Hirse und Glanz geboten werden (164).

Vor der Verfütterung der Samen ist es ratsam, sich ab und an von deren Qualität zu überzeugen. Eine vorläufige Information erhält man über eine grobsinnliche (makroskopische) Untersuchung. Dabei wird auf Verunreinigung und Fremdkörper sowie auf Besonderheiten des Aussehens, Geruchs und evtl. Geschmacks geachtet.

Die häufigste Futterverunreinigung ist ein hoher Staubanteil, insbesondere bei zusammengekehrtem Restfutter.

Eine weitere besonders gefährliche Futterverunreinigung ist jede Art von Nagerkot, da dieser als Überträger von Infektionskrankheiten (Salmonellose, Pasteurellose) zu gelten hat. Ebenso bedrohlich für die Gesundheit des Vogels sind verpilzte Futtermittel infolge feuchter und warmer Lagerung! Denn sie führen rasch zu medikamentell schwer beeinflußbaren Mycosen des Atemsystems.

Zu den Vorratsschädlingen sind neben den Nagern auch die Futtermilben zu zählen, welche insbesondere in feucht- und warmgelagerten Futtermitteln zu finden sind. Makroskopisch sind sie im flach ausgestreuten Futter als winzige, bewegliche Punkte gerade noch zu erkennen. Befallene Futtermittel verderben rasch und sind sowohl nähr- als auch wirkstoffarm. Zudem wirkt die Chitinhülle der Milbe entzündungserregend, mitunter auch toxisch.

Eine weitere Gefährdung der Gesundheit des Gefiederten kann vom Erbsenkäfer ihren Ausgang nehmen (232). Erkrankungen sind vor allem bei der Taube beschrieben, deren Allgemeinbefinden dann gestört ist; nicht selten ist zudem eine blutige Darmentzündung festzustellen.

In die Reihe der Fremdkörper ist das Mutterkorn einzugliedern. Dabei handelt es sich um die Überwinterungsform eines Befallspilzes, der sich in den Roggenähren, aber auch in anderen Gräsern, zur Zeit der Getreidereife bildet. Das Mutterkorn unterscheidet sich vom Getreide durch seine schwarze Färbung und dreikantige Gestalt. Durch dessen Aufnahme kommt es besonders unter den Jungvögeln zu Krämpfen und Todesfällen (160, 215).

Ein weiterer, jedoch relativ selten gefundener Fremdkörper ist der Kornradesamen, durch dessen Verzehr sich die Schleimhäute des Verdauungskanals entzünden und das Herz sowie das Zentralnervensystem gelähmt werden. Für nestjunge Tauben wirken bereits wenige Kornradesamen tödlich (232).

Mit dem bloßen Auge nicht feststellbare morphologische Veränderungen der Körner lassen sich mit Hilfe einer Lupe beobachten; sie treten in Form von Verletzungen durch den Dreschvorgang auf oder weisen als Freßspuren auf Vorratsschädlinge hin. Bakterien und Pilze können sich an diesen Defektstellen ansiedeln und vermehren, sobald das Getreide Wärme und Feuchtigkeit ausgesetzt wird.

Dagegen lassen sich die „ausgewachsenen" Samen leicht an den grünen Schößlingen erkennen. Sie sind ernährungsphysiologisch durch Nährstoffverlust, häufigen mikrobiellen Verderb und biochemische Veränderungen (Bildung von Peroxyden und nachfolgender Zerstörung der Vitamine – insbesondere der fettlöslichen) minderwertig – teils die Gesundheit bedrohend – einzustufen.

Ölhaltige Samen werden wegen ihres hohen Fettgehaltes bald ranzig und führen bei Verfütterung zu schweren Verdauungsstörungen, schweren Vitaminmangelzuständen und Leberschäden, wie sie bei Vögeln, die einseitig mit alten und schlecht gelagerten Sonnenblumenkernen ernährt werden, häufig zu beobachten sind.

Da verdorbene Ölfrüchte äußerlich kaum zu erkennen sind, ist es zweckmäßig, diese gelegentlich zu probieren, im verdorbenen Zustand schmecken sie ranzig.

Entscheidend für die Qualität der Samen ist deren Keimfähigkeit, welche durch Keimung auf feuchtem Filterpapier in geschlossenen und sterilen Petrischalen ermittelt werden kann. Keimen über 90 % der Samen ohne schimmelig zu werden, dann ist die Probe in der Regel von hoher Qualität. Keimt ein großer Teil nicht, dann ist das Futter entweder überlagert bzw. liegt der Verdacht nahe, daß die Samen vor dem Trocknen einen hohen Wassergehalt aufwiesen. Unter diesen Bedingungen kommt es zu einer Vorkeimung, die beim Trocknungsprozeß dauerhaft unterbrochen wird. Derartiges Futter löst Stoffwechselerkrankungen und Mangelerscheinungen in Form von Mauserstörung, erhöhter Krankheitsanfälligkeit, unbefruchtete Eier, Frühsterblichkeit der Nachzucht etc. aus.

Gequollene und angekeimte Sämereien

Unter gequollenen Samen werden längere Zeit in Wasser aufgeweichte Einzelsamen oder Samengemische verstanden, bei denen ein äußerlich sichtbarer Keimvorgang fehlt.

Gewässerte Körner haben durch Wasseraufnahme ein vergrößertes Volumen, weichere Konsistenz und eine aufgelockerte Struktur. Insgesamt sind dies Eigenschaften, die es dem Vogel erleichtern das Futter aufzuschließen, zumal ihm Kauwerkzeuge (Zähne) fehlen. Trotz der im allgemeinen günstigen Beschaffenheit des Quellfutters wird dieses unterschiedlich vertragen! Empfindlich reagieren Grünfink und Stieglitz (187), gut vertragen wird es u. a. von Wellensittichen, Papageien und vielen Prachtfinken. Als Ursache schlechter Verträglichkeit des Quellfutters werden Mineralverluste und zu starke Wasserzufuhr diskutiert.

Außerdem sollen Verdauungssäfte in ein gequollenes Korn langsamer eindringen und verdünnt werden, so daß die enzymatische Aufspaltung der Nahrung unzureichend ist. Allerdings muß auch sichergestellt sein, daß die Unverträglichkeit des Futters nicht durch Bakterien- und Pilzbefall ausgelöst worden ist, da nur dann der Schluß auf eine ernährungsphysiologische Unverträglichkeit zulässig ist.

Im Unterschied zum Quellfutter wird gekeimter Samen übereinstimmend gut beurteilt. Verfüttert wird er vorwiegend vor und während der Brutzeit sowie in grünfutterarmen Zeiten. Besonders abhängig vom Keimfutter sind alle Vögel, deren natürliches Biotop ein ständiges Angebot an halbreifen Sämereien bietet (117).

Durch den Keimvorgang werden die im Samen enthaltenen Speicherpolysaccharide in leicht resorbierbare Einfachzucker umgewandelt. Zudem werden der Vitamingehalt angehoben und ernährungsphysiologisch bedeutsame Enzyme gebildet.

Besonders wertvoll ist das Keimfutter, wenn die Keime gerade hervorbrechen, da in diesem Stadium ein guter Vitamin- und Energiegehalt sowie günstige Verdaulichkeit gegeben sind. Damit sind wesentliche Voraussetzungen erfüllt, die an ein Vogelfutter gestellt werden. Mit zunehmendem Wachstum des Schößlings sinkt sein Energiegehalt und, über ein Ansteigen des Rohfasergehaltes, ist auch die Verdaulichkeit nicht mehr so günstig.

Als Ausgangsmaterial für Keimfutter eignen sich alle Sämereien von guter Qualität. Bei kleineren Vögeln haben sich Hirse, Rübsen, Glanz und Negersaat, bei größeren Gefiederten Gerste, Hafer und Sonnenblumen bewährt. Ungeeignet zum „Keimen“ sind viele „Waldvogelmischungen“, da diese häufig geschälten Hafer, Haferflocken und Leinsamen enthalten, die viele Schleimstoffe entwickeln und daher rasch verderben (52).

Für die Herstellung von Keimfutter gibt es viele Möglichkeiten. Unter ihnen haben sich die „Siebmethode“ und Keimautomaten besonders bewährt.

Bei der „Siebmethode“ wässert man das Saatgut über ca. 12 Stunden. Danach wird dieses in einem Sieb so ins Wasser gehängt, daß der Boden des Siebes gerade das Naß berührt. Je nach Außentemperatur und Samenqualität erscheinen die ersten Keimlinge nach ca. 36–48 Stunden.

Einfacher ist die Handhabung von Keimautomaten, die nach Gebrauchsanweisung bedient werden (52).

Wegen seines hohen Energiewertes und Feuchtigkeitsgehaltes stellt das Keimfutter ein leicht verderbliches Produkt dar. Es darf deshalb nur in einer Menge verfüttert werden, die der Vogel alsbald aufnimmt. Muffiges und säuerlich riechendes Futter darf den Gefiederten nicht gereicht werden, da sich hier bereits Pilze und Bakterien vermehrt haben, die als Verursacher für Mykosen bzw. bakterielle Erkrankungen in Frage kommen.

Um dem Verderb des Keimfutters entgegenzuwirken, sollte das Keimgut vor und nach der Wässerung sowie wiederholt während des Treibens der Schößlinge mit einem scharfen Wasserstrahl gründlich gespült werden!

Getreide

Am Aufbau des Getreidekorns sind die Kohlenhydrate (vorwiegend Stärke, wenig Mono- und Disaccharide) mit ca. 60–70 % beteiligt.

Dagegen treten die Anteile des Rohproteins (10–15 %) und des Rohfettes (2–7 %) deutlich zurück.

Wegen des geringen Anteils an einigen essentiellen Aminosäuren (z. B. Lysin) besitzt das Getreide als Futter nur eine mittlere Wertigkeit.

Der Mineralstoffgehalt des Getreides ist gering. Besonders niedrig liegt der Gehalt an Calcium. Die äußeren Schichten des Kornes enthalten den Vitamin-B-Komplex, der Keimling das Vitamin E. Der Gehalt an den Vitaminen C und D ist gering.

Wegen seiner Nährstoffzusammensetzung und hohen Verdaulichkeit ist das Getreide ein sehr energiereiches Vogelfutter. Verfüttert wird es trocken, vorgekeimt und in halbreifem Zustand. Gemahlen und gequetscht ist es Bestandteil verschiedener Mischfuttermittel. Eine gewisse Vorsicht scheint bei frisch geerntetem Getreide angeraten, da es bei einigen Gefiederten (z. B. der Taube) zu Magen- und Darmstörungen führen kann.

Weizen

Der Weizen hat gegenüber den anderen Getreidearten einen relativ hohen Eiweißgehalt, wobei der Sommerweizen höhere Werte gegenüber dem Winterweizen aufweist. Der Gehalt an den Vitaminen B, E und Karotin ist hoch. Unter den Mineralien ist der Schwefel im Weizenkorn reichlich vorhanden. Da die wachsenden Federn einen hohen Bedarf an organisch gebundenem Schwefel verursachen, bietet sich der Weizen als ,,Mauserfutter" an.

In der Beliebtheitsskala, ermittelt unter verschiedenen Getreidearten, steht der Weizen bei Huhn und Taube an erster, bei Ente und Gans an zweiter Stelle. Weizen wird zudem gern von Papageien, Sittichen, größeren Finkenarten und anderen größeren Körnerfressern aufgenommen.

Hafer

Der Hafer hat von allen Getreidearten den höchsten Rohfaseranteil (ca. 10 %) und damit den relativ geringsten Nährstoffgehalt. Durch die Entspelzung sinkt der Rohfaseranteil auf ca. 2 %, die Verdaulichkeit erhöht sich entsprechend.

Hafer besitzt im Vergleich mit den anderen Getreidearten einen relativ hohen Anteil an Fett und ungesättigten Fettsäuren. Er zeichnet sich weiterhin durch eine gute Wertigkeit seines Eiweißes aus. Wegen dieser Eigenschaften und dem reichlichen Vorkommen der Aminosäuren Lysin und Cystin ist der entspelzte Hafer ein gutes Futter für Jungtiere.

Durch seinen hohen Spelzenanteil und deren spitzer Form wird der Hafer von vielen Gefiederten (z. B. Huhn und Taube) abgelehnt. Gern aufgenommen wird er dagegen vom Auerwild, welches durch seine groß angelegten Blinddärme die rohfaserreiche Nahrung teilweise aufschließen kann.

Einige Autoren weisen dem mit Spelzen versehenen Hafer einen das ,,Federfressen" hemmenden Einfluß zu und erwähnen eine günstige Wirkung auf die Brutergebnisse, weshalb seine Verfütterung bei Zuchttieren angeraten wird (57).

In entspelzter Form wird der Hafer von Wellensittichen, Papageien und anderen Körnerfressern geschätzt. Jedoch führen zu reichliche Gaben, wegen des hohen Energiegehaltes bei guter Verdaulichkeit, leicht zur Verfettung.

Hafer in flockiger Form besitzt mitunter eine diätetische Wirkung; als Ballaststoff mit Tartar gemischt, verhindert er z. B. beim künstlich ernährten Mauersegler Durchfall (165).

Gerste

Das Gerstenkorn ist wegen seiner Härte und spitzen Form beim Geflügel verhältnismäßig unbeliebt. Durch seine Schrotung und Beimengung in Mischfuttermittel läßt sich dieser Nachteil umgehen. Ebenso erhöht sich die Bereitschaft zur Aufnahme des Gerstenkorns durch den Keimungsprozeß. In dieser Zustandsform gehört die Gerste zur täglichen Nahrung der Vögel im Zoo von San Diego (80).

Der hohe Spelzenanteil (bis 15 %) der Gerste verringert deren Verdaulichkeit und fördert die Darmperistaltik. Wegen dieser beiden Eigenschaften wird die Gerste vom Taubenzüchter in der Ruhezeit als ,,Reinigungsfutter" eingesetzt.

Von Nachteil ist der β-Glukongehalt der Gerste, der zumindest bei Küken in den ersten Lebenswochen die Ausbildung einer unvorteilhaften Darmflora begünstigt (109).

Roggen

Roggen wird in erster Linie für die menschliche Ernährung als Brotgetreide eingesetzt. Gefiederte haben gegenüber diesen Getreidekörnern eine unverkennbare Abneigung, die auf deren Farbe und spitze Form – nicht auf den Geschmack – zurückgeht.

Roggen enthält nicht selten Verunreinigungen mit Mutterkorn *(Claviceps purpurea);* außerdem sind in ihm Inhibitoren (Hemmstoffe, die u. a. Fermente reversibel inaktivieren) enthalten, die eine übermäßige (über 50 % der Gesamtkörnerration) Verfütterung verbieten (162).

Mais

Der Mais besitzt von allen Getreidearten die höchste Verdaulichkeit und Energiekonzentration. Bei reichhaltigen Gaben besteht deshalb die Gefahr des übermäßigen Fettansatzes.

Der Eiweißgehalt des Maiskornes ist verhältnismäßig (ca. 9 %) niedrig und dessen Wertigkeit gering, da die essentielle Aminosäure Tryptophan kaum vorhanden ist. Zudem enthält weißer Mais kein Karotin. Wegen dieser besonderen Eigenschaften verbietet sich jede einseitige Verfütterung dieser Getreideart, da Entwicklungsstörungen und ein Vitaminmangel (A) stets möglich sind.

Wegen seiner Größe wird der Mais bei kleineren Geflügelarten gebrochen gefüttert. Von größeren Papageien wird der Mais ausgereift, in geweichter Form und frisch-milchig noch in Kolben gern gefressen. Wildgänse verzehren zudem die Wurzeln des Mais, welche sie auf den gepflügten Feldern finden.

Reis

Der ungeschälte Reis, auch Paddy genannt, hat einen Spelzenanteil von bis zu 30 % und damit einen hohen Rohfasergehalt. Durch das Schälen des Korns erhöht sich dessen Verdaulichkeit; allerdings wird dadurch der Mineralstoff- und Vitamingehalt etwa auf die Hälfte gesenkt. Die ausschließliche oder überwiegende Fütterung von geschältem Reis führt deshalb zu Stoffwechselstörungen (237).

Von verschiedenen Finken, Sittichen, Tauben und Hühnern wird der Reis gern als Futter angenommen. In gekochter Form kann er als Diätfutter für kranke Papageien und zur Ernährung fruchtfressender Krummschnäbel eingesetzt werden.

Hirse

Die Hirse wird im Handel in einer Vielzahl von Arten angeboten, deren überwiegender Teil in den wärmeren Regionen der Erde angepflanzt wird.

Unabhängig von Farbe und Größe besitzen alle Hirsen einen ähnlichen Gehalt an den einzelnen Nährstoffgruppen, der allgemein mit dem des entspelzten Getreides vergleichbar ist. Eine Ausnahme machen nur die Kolben- und Rispenhirse, die wegen ihres hohen Rohfaseranteils dem Spelzhafer ähnelt.

Wegen ihres einheitlichen Nährstoffgehaltes können die verschiedenen Hirsearten beliebig gegeneinander ausgetauscht werden. Als Maßstab hat lediglich zu gelten, daß die Körner angenommen werden und diese in ihrer Größe zum Schnabel passen.

Besonders gern werden Hirsekörner angenommen, wenn sich diese noch in den Rispen befinden. Es ist anzunehmen, daß sich die Reproduktionsorgane hier besonders lange frisch erhalten, da Verletzungen des Kornes durch den Dreschvorgang und Reibung der Körner untereinander fehlen.

Die Hirse ist für die Gruppe der kleinen und mittelgroßen gekäfigten Körnerfresser, welche sich in freier Natur überwiegend von Grassämereien ernähren, ein Hauptbestandteil der Nahrung. In großem Umfang werden die verschiedenen Arten der Hirse an Wellensittiche, kleine Tauben, Finken, Papageien und Sittiche verfüttert.

Grassamen

Neben den vorerwähnten kultivierten Gräsern finden sich in freier Natur viele wilde Formen.

Als Vogelfutter werden vor allem das Rispen- und Weidelgras häufig erwähnt. Besonders gern werden deren halbreife Ähren genommen.

Wilde Grassamen sind für alle kleineren, körnerfressenden Vögel ein wertvoller Nahrungsbestandteil.

Glanz

Glanz oder Kanariensaat unterscheidet sich in seiner Zusammensetzung kaum vom Getreide.

Für den Kanariengirlitz stellt Glanz einen wesentlichen Nahrungsbestandteil dar. Es überrascht daher nicht, daß der domestizierte Kanariengirlitz, der Kanarienvogel, die Samen des Kanariengrases gern annimmt und gut verträgt.

Buchweizen

Der Buchweizen, auch Heidekorn genannt, gehört zu den Knöterichgewächsen. Der hohe Schalenanteil, welcher bis zu 30 % betragen kann, setzt die Verdaulichkeit und damit den Energiewert stark herab. Der Buchweizen kommt deshalb als Vogelfutter in der Regel nur geschält zum Einsatz. In dieser Form ist er im Hinblick auf die Anteile der einzelnen Nährstoffgruppen mit dem Getreide vergleichbar, obwohl der Buchweizen nicht zu dieser Gruppe zählt.

Weitere Samen

Neben den zuvor erwähnten „kultivierten" Sämereien können speziell in der Vogelfütterung viele weitere wild wachsende Samen eingesetzt werden. Eine gute Übersicht über die Vielfalt der Samen liefernden Pflanzen vermitteln Sabel (186) und der Anhang 1 (Seite 108).

Die verschiedenen Samen, frisch oder halbreif geerntet, zeichnen sich allgemein durch einen günstigen Vitamingehalt, hohe Verdaulichkeit und gute diätetische Wirkung aus. Wegen dieser Eigenschaften sind sie für die Aufzucht von jungen Körnerfressern besonders wertvoll, teils unentbehrlich.

Hirtentäschelkraut *(Capsella bursa pastoris)*
Es wächst ab Juni bis in den Oktober hinein. Die Samen dieser Pflanze werden in freier Natur vom Buchfink, Gimpel, Grünling, Hänfling und weiteren Vögeln halbreif und reif gefressen. In Gefangenschaft werden sie u. a. von kleineren Papageien, Wachteln, Prachtfinken und Kanarien geschätzt.

Knöterichgewächse
Die Samen des Winden- *(Polygonum convolvulus)*, Vogel- *(Polygonum aviculare)* und Flohknöterichs *(Polygonum persicaria)* sind in freier Natur regelmäßiger Bestandteil im Nahrungsspektrum von Gimpel, Hänfling, Girlitz und Birkenzeisig. In Gefangenschaft werden die Samen der Knöterichgewächse gern von Prachtfinken angenommen.

Kreuzkraut *(Senecio vulgaris)*
Das Kreuzkraut, welches weit verbreitet vorkommt, steht als Futterpflanze ab April zur Verfügung. Von seinen Samen ernähren sich Buchfink, Gimpel, Hänfling, Grünling und Stieglitz. Unter den gekäfigten Gefiederten nehmen Kreuzkraut u. a. Kanarien, Papageien und Zwergwachteln.

Löwenzahn *(Taraxacum officinale)*
Der Löwenzahn ist weit verbreitet. Seine halbreifen Samen sind für viele europäischen Finken ein unentbehrliches Frühjahrsfutter.

In Gefangenschaft finden sowohl die Samen, als auch die Blätter des Löwenzahns Zuspruch von vielen Exoten, Kanarien, Papageien und Hühnervögeln.

Englisches Raigras *(Lolium perenne)*
Die Ähren des englischen Raigrases sind an der Halmspitze nur auf zwei Seiten angeordnet. Zu finden sind sie weit verbreitet ab Juni bis Oktober.

In freier Natur werden die Ähren vom Buchfink und der Goldammer aufgesucht, in Gefangenschaft von Kanarien, Wachteln, Papageien und verschiedenen Prachtfinken angenommen.

Verschiedene Rispengräser
In der Vogelernährung werden das jährige Rispengras *(Poa annua)*, die Wiesenrispe *(Poa pratensis)* und das Waldrispengras *(Poa chaixii)*

eingesetzt. Gefressen werden von ihnen in erster Linie die Blüten und deren Samen in den verschiedensten Reifestadien.

In freier Natur ernähren sich von den Rispengräsern vor allem kleine Finken, in Gefangenschaft Papageien, Zwergwachteln und Prachtfinken.

Salatsamen (*Lactuca* spec.)
In freier Natur werden samentragende Salatstauden vom Grünfink, Hänfling und verschiedenen Girlitzen aufgesucht. In Gefangenschaft sind Salatsamen ein viel beachtetes Nahrungsobjekt der Prachtfinken.

Sauerampfer *(Rumex acetosa)*
Ab etwa Mitte Mai stehen die Samen des Sauerampfers als Vogelfutter zur Verfügung. Die dreikantigen, gelbbraunen Samen sind für viele Finkenarten ein begehrtes Aufzuchtfutter. Ebenso werden sie von vielen Exoten und kleinen Papageien geschätzt.

Wegerich (*Plantago* spec.)
Es gibt verschiedene Wegericharten, die allesamt relativ große Samenstände aufweisen. Diese werden in freier Natur vom Zitronengirlitz, Gimpel, Kernbeißer und Stieglitz angenommen. In Gefangenschaft wird der Wegerichsamen von Papageien, Zwergwachteln, Finken- und Paradiesvögeln gefressen.

Wiesenknäuelgras *(Dactylis glomerata)*
Die fast reifen und reifen Samen des Wiesenknäuelgrases sind zumindest im Schwarzwald die Hauptnahrung für den Zitronengirlitz (186). Daneben haben sie als Aufzuchtfutter für den Stieglitz und Zeisig Bedeutung. Unter den Bedingungen der Käfigung kann man die Samen des Wiesenknäuelgrases u. a. Prachtfinken, Zeisigen und Zwergwachteln anbieten.

Abschließend ist zu bemerken, daß die Natur eine kaum überschaubare Zahl an Samen reifen läßt, die in der Vogelfütterung eingesetzt werden können. Dabei ist die Gefahr, daß Vögel durch ungeeignete Nahrungsobjekte aus freier Natur Vergiftungen – wie z. B. durch unreifen Reinfarnsamen – erleiden, gering einzuschätzen (95). Doch sollte, da bekanntlich die Dosis das Gift macht, jede einseitige Fütterung bei unbekannten Sämereien vermieden werden!

Hülsenfrüchte

Die Hülsenfrüchte (Bohnen, Erbsen, Wicken, Erdnuß) unterscheiden sich von den Samen des Getreides in erster Linie durch einen wesentlich höheren Eiweißgehalt (20–45 %), dessen Wertigkeit jedoch allgemein geringer ist (der Anteil an schwefelhaltigen Aminosäuren ist gering), als die des Getreideeiweißes. Eine Sonderstellung nimmt die getoastete Sojabohne ein, die das wertvollste Eiweißfuttermittel pflanzlicher Herkunft darstellt.

Einige Hülsenfrüchte, wie z. B. die Erdnuß, besitzen einen sehr hohen Fettgehalt.

Der Mineralstoffgehalt der Hülsenfrüchte liegt über dem des Getreides.

Der Vitamingehalt der einzelnen Leguminosen ist schwankend. Die Vitamine B und E sind in der Regel reichlicher als Karotin, D und C vertreten.

Mitunter enthalten Hülsenfrüchte Hemmstoffe – sogenannte Inhibitoren. Bekannt ist z. B. der Trypsinhemmfaktor der Sojabohne, welcher die Aufspaltung des Eiweißes durch das Ferment Trypsin vermindert.

Die Garten-, Java-, Birmabohne und Bitterlupinen weisen besonders reichlich die den Leguminosen eigenen, giftigen Alkaloide und Glykoside auf, weshalb deren Verfütterung nicht angeraten ist.

Das Hülsenfruchteiweiß besitzt für Tauben eine höhere Verdaulichkeit als für andere Geflügelarten (231). Leguminosen werden deshalb speziell in der Taubenfütterung viel und mit Erfolg eingesetzt. Von anderen Gefiederten werden die Leguminosen wegen Größe, Form und Farbe nicht gern angenommen. Allein die Erdnuß macht hier eine Ausnahme, sie ist ein beliebtes Nahrungsobjekt für größere Papageien, die übrigens auch in freier Natur – z. B. im Amazonasgebiet – eine Vielzahl weiterer Leguminosen ganzjährig auf ihrem ,,Speiseplan" haben (183).

Weil die Mängel eines Futtermittels bei jedem einseitigen Angebot besonders deutlich zum Vorschein kommen, scheiden Hülsenfrüchte, zum einen wegen ihrer mäßigen biologischen Wertigkeit – zum anderen wegen ihrer gesundheitsschädlichen Inhaltsstoffe (Inhibitoren, Alkaloide, Glykoside etc.) als Alleinfutter aus.

Die sachgemäße Lagerung der Hülsenfrüchte ist von allergrößter Bedeutung für deren Qualität, da brandige und schimmelige Samen sehr giftig wirken können (135). Dies gilt ganz besonders für die Erdnuß, welche einen guten Nährboden für den Schimmelpilz *(Aspergillus flavus)* darstellt. Dieser erzeugt das Aflatoxin, welches für alle Vogelarten außerordentlich toxisch wirkt.

Ölsaaten

Die ölhaltigen Samen (Sonnenblumenkerne, Mohn, Leinsamen, Rübsen, Hanf, Nigersamen usw.) zeichnen sich durch ihren hohen Fettgehalt aus. Dagegen sind die Kohlenhydrate als Reservestoff kaum oder nur in Spuren vertreten.

Proteinanteile sind ebenfalls in mehr oder weniger großen Mengen vorhanden. Deren biologische Wertigkeit ist gut, da die Aminosäurenzusammensetzung günstig ist.

Wegen der den Ölsaaten eigenen typischen Nährstoffanteile gehören diese zu den energiereichsten Futtermitteln. Zu reichliche Gaben bergen deshalb stets die Gefahr der Verfettung. Davon abweichend wirkt bei Tauben ein Anteil von Ölsamen über 10 % in der Gesamtfutterration abführend und beeinflußt damit negativ die Aufschlüsselung der übrigen Nahrungsbestandteile.

Einige Vögel, wie z. B. die Rohrammer (29), scheinen instinktiv ölhaltige Sämereien zu meiden.

Wegen ihres hohen Fettgehaltes werden die Ölfrüchte leicht ranzig. In diesem Zustand enthalten sie wachstumshemmende und toxisch wirkende Stoffe. Überlagerte Ölsaaten sind deshalb häufig der Ausgangspunkt für schwere Verdauungsstörungen, Vitaminmangelzustände und Leberschäden. Auf eine sachgemäße Lagerung der Ölfrüchte muß deshalb besonders geachtet werden.

Sonnenblumenkerne

Der Sonnenblumenkern wird von einer rohfaserreichen Schale umgeben; diese ist je nach Sorte unterschiedlich (weiß, schwarz, gestreift) gefärbt, was jedoch keinen qualitativen Unterschied bedeutet.

Wegen des hohen Rohfaseranteils (bis 50 %) sind komplette Sonnenblumenkerne für Gefiederte, die diese nicht entschälen können, ungeeignet.

Von Tauben und vielen anderen Vögeln werden sie deshalb gemieden. Gern angenommern werden sie dagegen von Papageien und Sittichen.

Die im Handel erhältlichen geschälten Sonnenblumenkerne besitzen wegen ihres geringen Rohfaseranteils (ca. 5 %) eine hohe Verdaulichkeit. Deren Energiewert ist wegen der Fettanteile (bis 50 %) groß.

Die Sonnenblumenkerne enthalten reichlich die schwefelhaltigen Aminosäuren Methionin und Zystin sowie die im Getreide im Defizit vorliegende Aminosäure Lysin. Sonnenblumenkerne sind deshalb während der Mauser bzw. als Ergänzungsgabe bei einseitiger Getreidefütterung wertvoll.

Sonnenblumenkerne werden von vielen Vögeln angenommen; kleineren Gefiederten, die auch sonst ölhaltige Samen bevorzugen, kann der Sonnenblumenkern in gestoßener Form gegeben werden.

Mohn

Der Mohn hat mit ca. 45 % einen hohen Fett und mit ca 20 % einen mittleren Eiweißgehalt. Die biologische Wertigkeit der Proteinfraktion ist hoch.
Durch seinen Fettgehalt und niederen Rohfaseranteil (ca. 6 %) ist der Mohn außerordentlich energiereich.

Der Mohn wird von vielen kleinen Körnerfressern angenommen; allerdings darf er wegen seines hohen Fettgehaltes nicht zu reichlich in den Futtermischungen enthalten sein.

Wegen seiner stopfenden Wirkung (verursacht durch Morphin) wird der Mohn auch als Heilmittel gegen Darmentzündungen eingesetzt.

Leinsamen
Leinsaat besitzt einen Rohfettgehalt um 35 % und einen Proteinanteil von etwa 25 %. Der Anteil an Rohfaser ist mit ca. 6 % gering.

Für die Mauser empfehlen sich Leinsamengaben wegen ihres Kieselsäuregehaltes, da dessen Anwesenheit für die Federbildung von Bedeutung ist. In der gleichen Richtung wirken der Anteil einiger Komponenten des Vitamin-B-Komplexes (B_1, B_2 und Nikotinsäure) und der relativ hohe Anteil an essentiellen Fett- und schwefelhaltigen Aminosäuren.

Wegen des Gehaltes eines Blausäureglykosides ist von einer zu reichlichen Fütterung allerdings abzuraten!

Einen diätetischen Effekt bewirken die in den Leinsamenschalen enthaltenen Schleimstoffe, wegen derer die Leinsaat bei Mensch und Vogel gegen Verdauungsstörungen (Darmträgheit) wirksam eingesetzt wird.

Rübsen und Raps
Rübsen und Raps sind nahe verwandt; beide gehören mit über 40 % Fett zu den öl- und energiereichsten Samen.

Der Gehalt an Phosphor, Calcium, Kalium und Eiweiß (ca. 20 %) liegt wesentlich über den Werten des Getreides und der Hülsenfrüchte.

Rübsen und Raps, insbesondere die Winterformen, enthalten verschiedene Senfölglykoside, welche die Bekömmlichkeit und Schmackhaftigkeit beeinträchtigen (8). Weiterhin enthalten beide das Glykosid Goitrin, welches die Oxydation des Jodids zu Jod hemmt. Dadurch kann die Schilddrüsenfunktion beeinträchtigt werden.

Wegen der genannten nachteiligen Inhaltsstoffe sollte der Anteil von Rübsen und Raps in Futtermischungen nicht über 5–10 % liegen.

Die Sommerformen von Raps und Rübsen werden allgemein in großer Menge dem Kanarienvogel gereicht. Weiterhin sind sie regelmäßiger Bestandteil der Waldvogel-Futtermischungen.

Hanf
Hanfsamen sind relativ rohfaserreich (ca. 12 %); der Fett- (ca. 30 %) und Eiweißgehalt (ca. 20 %) ist etwas geringer als der von Leinsamen.

Reich ist der Hanf an ungesättigten Fettsäuren, Calcium und Phosphor.

In halbreifer Form ist der Hanf giftig. In mäßigen Gaben wird dem Hanf eine den Geschlechtstrieb fördernde Wirkung zugeschrieben.

Hohe Gaben (über ca. 5 % der Gesamtfutterration) sind dagegen nachteilig (Hanf enthält narkotisch wirkende Substanzen) für den Organismus! Teils sollen diese auch zur Erblindung führen, wie dies beispielsweise bei Kanarienvögeln vermutet wird.

Wegen seiner Größe und Härte ist der Hanf für kleinere Körnerfresser ungeeignet.

Nigersamen
Nigersamen oder Negersaat besitzt einen hohen Fett- (ca. 40 %) und mittleren Eiweißgehalt (ca. 18 %). Die Rohfaser ist mit etwa 13 % vertreten.

Die Negersaat ist für die meisten gekäfigten einheimischen Körnerfresser unentbehrlich und eine wesentliche Voraussetzung für die erfolgreiche Haltung von südamerikanischen Zeisigen.

Einschränkend sei erwähnt, daß Negersaat bei zu starker Verfütterung zur Verfettung der Gefiederten führt.

Weitere ölhaltige Samen

Zu der Gruppe der Ölsaaten zählen auch Kürbiskerne, Bucheckern und verschiedene Nüsse (Wal-, Hasel-, Paranuß und Mandeln). Allesamt enthalten sie viel Fett und relativ reichhaltig Eiweiß. Sie werden gern von größeren Papageien gefressen und in zerstoßener Form auch von kleineren Gefiederten angenommen, die sich auch sonst von ölhaltigen Futtermitteln ernähren.

Weiterhin ölhaltig sind die Samen verschiedener Nadelhölzer (Lärche, Fichte, Kiefer und Tanne), die vor allem im Winter ein Hauptnahrungsmittel für viele einheimische Finkenarten sind.

Reichlich Fett enthalten zudem Tabak-, Sesam- und Perillasamen.

Früchte

Die Früchte sind allgemein durch einen hohen Wasseranteil charakterisiert; deren Energiegehalt wird von den Kohlenhydraten bestimmt. Reich an diesem Nährstoff sind Bananen, Birnen, Weintrauben und Feigen. Wenig Kohlenhydrate besitzen Vogel-, Holunderbeeren, Tomaten und Gurken.

Alle Früchte enthalten auch Mineralstoffe und Vitamine, weiterhin organische Säuren, Gerb- und Pektinstoffe, die einen auf die Verdauungsvorgänge günstigen Einfluß ausüben.

In den tropischen und subtropischen Gebieten können Früchte das ganze Jahr über geerntet werden; dort dienen sie deshalb vielen Gefiederten als Nahrungsgrundlage.

In unseren Breitengraden sind Früchte ein wichtiger Nahrungsbestandteil der Insektenfresser außerhalb der Brutzeit.

Einige Vögel (z. B. Pittas) lehnen in der Gefangenschaft (83) Früchte ab.

Harte Früchte (Apfel, Gurke) werden für kleinere Vögel geschnitten. Wird zudem die Schnittfläche kreuz und quer angeritzt, so können die Gefiederten die Früchte besser aufnehmen.

Früchte haben durch ihren hohen Feuchtigkeitsgehalt überwiegend eine begrenzte Lagerfähigkeit; jedoch lassen sie sich durch konservierende Maßnahmen, z. B. Trocknung (Rosinen) oder Einfrieren (Ebereschen) auch ganzjährig verfüttern.

Südfrüchte

Unter diese Rubrik fallen die Zitrusfrüchte: Pampelmuse, Orange und Mandarine. Sie haben alle einen hohen Vitamin C- und einen günstigen Karotingehalt. Ihr Fruchtsäureanteil ist relativ hoch.

Die Zitrusfrüchte, insbesondere die Orange, werden regelmäßig an Tukane, Nashorn-, Brillen- und Blattvögel verfüttert und weiterhin gern von vielen Papageien und Sittichen angenommen.

Angeboten werden die Zitrusfrüchte als halbe Frucht oder in Scheiben geschnitten; mitunter wird auch nur der Saft dem Futter beigemischt.

Da die Zitrusfrüchte vielfach mit Chemikalien behandelt sind, empfiehlt sich die Entfernung der Schale vor der Verfütterung.

Weitere in der Vogelfütterung eingesetzte Vertreter der Gruppe Südfüchte sind Bananen, Rosinen, Datteln und Feigen. Durch ihren Anteil an Kohlenhydraten und dem damit verbundenen hohen Energiewert besitzt vor allem die Banane (deren mittlere stoffliche und energetische Zusammensetzung beträgt bezogen auf 100 g: Wasser 75,7 g, Protein 1,1 g, Fett 0,2 g, Kohlenhydrate 22,0 g, Heizwert 356,0 kJ) als Vogelfutter Bedeutung. Wegen ihrer Konsistenz und des geringen Fruchtsäuregehaltes wird sie von den meisten Weich- und Fruchtfressern gern verzehrt. Jedoch muß bedacht werden, daß regelmäßige und reichliche Gaben leicht zur Verfettung führen.

Getrocknete Rosinen (dürfen nicht geschwefelt sein!) sind Bestandteil verschiedener Weichfresser-Futtermittel. In gequollener Form werden sie besonders im Winter, wenn frische Beeren nicht zur Verfügung stehen, den Vögeln gegeben.

Beerenobst

Zu dieser Gruppe zählen u. a. die Brombeeren, Wacholderbeeren, Heidelbeeren, Holunderbeeren, Johannisbeeren und Preiselbeeren. Sie zeichnen sich überwiegend durch einen hohen Fruchtsäuregehalt aus, weshalb die Verfütterung des Beerenobstes mit Vorsicht erfolgen muß! Ein Maß für die Verträglichkeit ist die Kotkonsistenz, auf welche deshalb laufend zu achten ist.

An dieser Stelle müssen auch die Tomate (enthält relativ viel Karotin) und Gurke genannt werden. Beide werden von gekäfigten Papageien vielfach als Nahrung genutzt. Gurke, teils nur deren Kerne, wird zudem häufig von Prachtfinken gefressen.

Kernobst

An Kernobst wird in der Vogelfütterung hauptsächlich der Apfel eingesetzt; dieser läßt sich bis in den Winter hinein lagern und ist für diese Zeit eine wichtige Vitaminquelle. Die Schale des Apfels ist reich an unverdaulichen Pektinen

(Stützsubstanzen), die durch ihre starke Quellfähigkeit abführend wirken. Für heikle Pfleglinge ist es deshalb ratsam, den Apfel vor der Verfütterung zu schälen.

Die Birne hat in der Vogelernährung einen ähnlichen Stellenwert wie der Apfel. Wegen ihrer weicheren Konstistenz wird sie von einigen Vögeln (z. B. Loris) dem Apfel vorgezogen.

Wilde Vertreter des Kernobstes sind die Früchte der Eberesche (Vogelbeere) und die des Feuerdorns. Beide enthalten viel Vitamin C und Karotin. Gefrostet und getrocknet sind sie lange haltbar und im Winter ein gutes Ergänzungsfutter.

Steinobst

Vom Steinobst wird die Süßkirsche (Star, Amsel) am ehesten von den Gefiederten angenommen. Aprikosen werden von Meisen geschätzt. Dagegen spielen Pflaume und Pfirsich eine untergeordnete Rolle.

Die Kerne des Steinobstes enthalten giftige Blausäureglykoside, weshalb vor zu reichlicher Fütterung an kernbrechende Vögel zu warnen ist!

Weitere Früchte

Alles Wissen über Früchte hier aufzuzählen würde den Rahmen dieses Buches sprengen. Hier ist der Vogelpfleger aufgefordert, aus der breiten Palette jene Objekte auszusuchen, die der von ihm gehaltene Vogel annimmt und verträgt.

Wurzelfrüchte und Knollen

Wurzelfrüchte und Knollen sind stark vergrößerte Wurzelorgane, in denen die Pflanzen vornehmlich Reservekohlenhydrate speichern. Der Gehalt an Wasser ist groß (ca. 80–90 %), der an Eiweiß, Fett und Rohfaser gering.

Von herausragender Bedeutung für die Vogelfütterung ist die Mohrrübe, welche wegen ihres Gehaltes an Rohr- und Fruchtzucker und dem dadurch gegebenen süßlichen Geschmack gern angenommen wird. Der eigentliche Wert der Mohrrübe liegt in deren guten diätetischen Eigenschaften und dem hohen Karotingehalt.

Vermutlich zur Überraschung manchen Lesers muß hier auch die Zwiebel genannt werden, die im Tiergarten Hellabrunn an Papageien verfüttert wird (222).

Zu den Knollengewächsen zählt die Kartoffel; sie ist ein stärkehaltiges, leicht verdauliches und bekömmliches Futtermittel. In gekochtem Zustand stellt die Kartoffel die Grundsubstanz für verschiedene Weichfutterrezepturen für fasanenartiges Ziergeflügel, aber auch Gänse, Schwäne und Enten dar. Rohe grüne Kartoffeln und besonders deren grüne Keime enthalten große Mengen Solanin (93), das zu Krämpfen, Lähmungserscheinungen und sogar Todesfällen führen kann.

Blüten

Das Innere und die Fruchtanlage vieler Blüten werden u. a. von Gimpel, Haussperling, Bergfink, Stieglitz (bis zu 45 % der Gesamtnahrung [77]) und Grünling verzehrt, während die Deckblätter meist unberührt bleiben. Ebenso fressen Papageien (u. a. die Gelbscheitelamazone, der Goldflügel-, Rotbauch- und Rotzügelsittich) Blütenteile. Lieferanten dieser Nahrung sind vor allem Baumarten mit reichlicher Blütenproduktion wie z. B. der Para-Nußbaum (183).

Weiterhin sind Blüten Lieferanten von Nektar und Pollen, die für Loris, Nektarvögel, Kolibris u. a. die Nahrungsgrundlage in freier Natur darstellen.

Eine anders geartete Vorliebe für Blüten haben z. B. Blattvögel, indem sie sich mit ihnen stundenlang „spielerisch“ beschäftigen (131).

In freier Natur werden die Blüten durch die Nektaraufnahme und den „spielerischen“ Umgang mit ihnen bestäubt; so trägt der Vogel dazu bei, seine Nahrungsgrundlage zu sichern.

Futtermittel tierischer Herkunft

Für die Vogelfütterung sind Futtermittel tierischer Herkunft von hohem Stellenwert. Dies gilt selbstverständlich für die Fleisch-, Fisch- und Insektenfresser, aber ebenso für die meisten Körner- und Fruchtfresser.

Der eigentliche Wert des animalischen Proteins liegt in dessen hohem Gehalt an essentiellen Aminosäuren, welche jeder Vogel in Zeiten besonderer Leistungen in verstärktem Maße benötigt. Dem wechselnden Bedarf paßt sich der freilebende Vogel durch Änderung der Verzehrsgewohnheiten (Körnerfresser verzehren Insekten) an; ebenso reagiert der gefangene Vogel, wenn ihm ein geeignetes Nahrungsangebot zur Verfügung steht.

Abgesehen von den aasfressenden Geiern und wenigen anderen Ausnahmen besteht die Nahrung tierischer Herkunft in freier Natur aus lebender Beute. Deren Vorteil ist, daß sich in ihr Vitamine und Enzyme in unveränderter Form und reichlich vorfinden. Zudem liegen die Nähr- (Kohlenhydrate, Fett und Eiweiß) und Mineralstoffe in einem ausgewogenen Verhältnis und leicht resorbierbar vor. Außerdem sorgt der prozentuale Anteil an Ballaststoffen (Chitinpanzer, Haare, Federn, Flügel von Insekten) für eine entsprechende Darmtätigkeit. Letztlich darf nicht übersehen werden, daß die Beutegreifer über den Kropf-, Magen- und Darminhalt der Beute Futterstoffe erhalten, die allgemein nicht auf ihrem Speiseplan stehen.

Wegen der vorerwähnten vielfältigen Vorzüge sind lebende Futtertiere durch nichts zu ersetzen und für viele Vögel unentbehrlich.

Wirbellose Futtertiere

Die Zahl der in freier Wildbahn aufgenommenen wirbellosen Futtertiere ist recht groß und kann in dieser Breite dem im Käfig gehaltenen Vogel nicht geboten werden. Der Vogelpfleger beschränkt sich deshalb im allgemeinen darauf, Futtertiere anzubieten, die leicht gefangen oder gezüchtet werden können und deren Größe den anatomischen Gegebenheiten des Vogels entspricht.

Wegen ihres höheren Futterwertes sollen Wirbellose nach Möglichkeit lebend verfüttert werden. Dies hat neben der ernährungsphysiologischen Bedeutung den Vorteil, daß der Vogel durch das Fangen lebender Beute zu einer erhöhten Aktivität gezwungen ist und damit die im Käfig geminderte Bewegung teilweise kompensiert wird. Daneben wird sichergestellt, daß die dem Vogel eigenen Jagdtechniken nicht verkümmern. Letztlich ist von vielen Vögeln anzunehmen, daß sie zur Stimulierung der Brutstimmung Lebendfutter (optischer Reiz) benötigen.

Wegen der zuvor erwähnten Bedeutung des Magen-, Darm- und teilweise auch des Kropfinhaltes erhalten Futtertiere vor ihrer Verfütterung ein vitamin-, mineral- und nährstoffreiches Nahrungsangebot. Der weitverbreiteten Meinung, daß über eine extrem reichhaltige Fütterung auch die Körpersubstanz der Futtertiere aufgewertet wird, muß widersprochen werden, da einmal resorbierte Nähr- und Wirkstoffe in körpereigene Substanz umgewandelt werden und diese in ihrer Zusammensetzung genetisch festgelegt ist. So erklärt sich auch, daß jede einseitige Fütterung, z. B. nur Mehlkäferlarven, Gefahren in sich birgt. Die Forderung nach Vielseitigkeit, um Unterschiede im Nährstoff-, Mineral- und Vitamingehalt der einzelnen Futtertiere auszugleichen, muß also auch hier wiederholt werden. Um dies zu verwirklichen, muß sich der Vogelpfleger meist mit viel Geduld wappnen, da viele Vögel an ein neues Nahrungsobjekt erst langsam gewöhnt werden müssen. Körnerfressern bietet man deshalb Gaben von animalischer Kost bereits während der Ruhezeit, damit die Vögel diese kennenlernen, sich daran gewöhnen und in Zeiten besonderen Bedarfs auch annehmen.

Wirbellose Futtertiere können gefangen, gekauft oder selbst gezüchtet werden. Das Spektrum der Möglichkeiten ist sehr breit und kann im Rahmen dieses Buches nicht ausführlich abgehandelt werden, weshalb auf die weiterführende Literatur (63) verwiesen wird.

Gefangene Futtertiere

Das Angebot an wirbellosen Futtertieren ist in freier Natur außerordentlich vielfältig und mancherorts schier unerschöpflich.

In Betracht kommt zum einen der im Kescher gefangene ,,Wiesen detritus", der aus verschiedenen Kleinlebewesen, vor allem Insekten, besteht. Zum anderen ist die sogenannte ,,Klopfbeute" zu nennen, die durch ruckartiges Schütteln (Klopfen) von Nadelbaumzweigen, besonders der Fichte, gewonnen und in einem Fangschirm gesammelt wird. Diese Methode ist auch während der kalten Jahreszeit ergiebig, da viele Kerbtiere auch im härtesten Frost auf Nadelholzzweigen überwintern.

Natürlich kann auch nach Würmern gegraben werden, und es ist allerhand Getier unter flachen Steinen aufzuspüren. Weiterhin ist an Lichtfallen zu denken, mit denen sich fliegende Insekten erbeuten lassen.

Wie beim Sammeln von Grünfutter ist darauf zu achten, daß im Bereich der Fangstellen keine Insektizide ausgestreut wurden. Gegenüber kultivierten Flächen ist daher stets ein Mißtrauen angebracht.

Viele wirbellose Futtertiere (insbesondere Schnecken und Regenwürmer) dienen einigen Parasiten (z. B. vielen Bandwürmern und dem Luftröhrenwurm) als Zwischen- und Stapelwirt. Durch deren Verfütterung können deshalb Parasitosen auftreten! Um diese Gefahr einzuengen, dürfen Futtertiere dort nicht gesammelt werden, wo Hühner Auslauf haben oder sich ständig zahlreiche Wildvögel aufhalten.

Unabhängig von dieser Maßnahme empfehlen sich bei der Verfütterung wirbelloser ,,freilebender" Futtertiere bei den gekäfigten Vögeln, um regelmäßige Kotüberprüfungen eine Einschleppung von „Schmarotzern" rechtzeitig zu erkennen.

Der Heidelberger Zoo versorgt seine Kolibris und Nektarvögel zusätzlich mit frei fliegenden Insekten, die durch vergärende bzw. verfaulende Obst-, Fleisch- und Fischabfälle angelockt werden (168). Bei dieser Fangweise ist es jedoch angeraten, die Lockmittel mit Gaze abzudecken, damit die Insekten und Vögel mit dem verdorbenen Material nicht in Berührung kommen.

Gezüchtete Futtertiere

Voraussetzung jeder Futtertierzucht ist die genaue Kenntnis der biologischen Daten des Entwicklungskreislaufes und der Ansprüche der Futtertiere. Zudem sollten Arbeit und Ertrag in einem angemessenen Verhältnis zueinander stehen.

Einige Futtertiere können zur Zucht nicht empfohlen werden (z. B. Schaben), da entwichene Tiere in kurzer Zeit die Wohnung bevölkern können.

Oft entziehen sich die gefangenen und gezüchteten Kleinlebewesen durch ihre Lichtscheu oder Beweglichkeit dem Zugriff des Vogels, weshalb die Beute vor dem Verfüttern durch Brühen im heißen Wasser oder durch Abkühlen inaktiviert werden muß.

Mehlkäfer

Die Larve des Mehlkäfers, der sogenannte ,,Mehlwurm", ist das bekannteste und am meisten eingesetzte wirbellose Futtertier.

Der Mehlwurm ist leicht zu züchten und wird ausreichend im Zoohandel angeboten. Einen Vorrat an Mehlwürmern bringt man in einem höheren glatten Gefäß unter, dessen Wände die Larven nicht überwinden können. Als Substrat eignet sich Weizenkleie, wobei obenauf gelegte frische Kartoffel- oder Mohrrübenstückchen für genügend Feuchtigkeit sorgen. Über die Temperatur (hohe Temperaturen beschleunigen die Entwicklung, niedere verzögern sie) kann man auf die Entwicklung der Mehlkäferlarven Einfluß nehmen.

Der Einsatz des Mehlwurms ist nicht unproblematisch, da im Zusammenhang mit seiner Verfütterung Fußerkrankungen (18, 112, 129, 216) beschrieben werden, die nach dem Absetzen dieses Futters ohne medikamentellen Einfluß heilen.

Darüber hinaus wird dem Mehlwurm angelastet, Vitamin A- (wässrige Augen, asthmatische Atembeschwerden, Erblinden und Tod (182)), B-Mangelzustände (Krämpfe, Taumelsucht (80, 129)), Mauserschäden (30) und Legenot (182) auszulösen. Diese Erkrankungen werden wohl durch ein ungenügendes Nährstoffangebot bei der Verfütterung von Mehlwürmern (73), durch deren geringem Gehalt an Calcium und Phosphor sowie den Vitaminen A und D (182) und schädigende Substanzen in ihrer Chitinhaut (98) verursacht. Wegen dieser vielfältigen Mängel ist der Mehlwurm niemals ein Idealfutter – im Innsbrucker Alpenzoo sogar nur Notnahrung (65).

Den von Vogelliebhabern beobachteten Nachteilen stehen ebensoviele positive Erfahrungen gegenüber. Dabei kann allgemein festgestellt werden, daß nachteilige Auswirkungen dort nicht auftreten, wo ein vielseitiges Nahrungsangebot dem Vogel zur Verfügung steht (112, 134), die Wurmgaben dosiert und nur frisch gehäutete Tiere (Verringerung der Chitinsubstanz) verfüttert werden.

Nicht ohne Einfluß scheint auch die Art der Ernährung der Mehlkäfer zu sein. Allgemein sind vegetabilisch versorgte Futtertiere bekömmlicher, da z. B. auf Fleischmehlbasis ernährte Beuteobjekte toxische Eiweißstoffe enthalten können.

Als Versuch, die Mehlkäferlarven aufzuwerten, kann das Bemühen gelten, diese mit Vitaminen und Mineralstoffen anzureichern (55); bewährt hat sich die Benetzung der Mehlwürmer mit einem hochkonzentrierten flüssigen Multi-Vitamin und die gleichzeitige Bestäubung mit einem Mineralstoffgemisch. In jüngster Zeit wird auch versucht, den Mehlwurm mit essentiellen Aminosäuren (z. B. Bestäuben mit Protamin) anzureichern; gute Erfahrungen liegen u. a. aus dem Zoo Wuppertal vor (208).

Getreideschimmelkäfer

Die dem Mehlkäfer ähnlichen Larven des Getreideschimmelkäfers sind für Vögel ein gutes Futter. Dagegen sind die Käfer so hart, daß sie meist gemieden werden.

Der Entwicklungszyklus des Getreideschimmelkäfers ist außerordentlich kurz und wird wesentlich von der Umgebungstemperatur und der relativen Luftfeuchtigkeit beeinflußt.

Der Getreideschimmelkäfer findet ideale Lebensbedingungen in Geflügelmast- und Aufzuchtställen mit Tiefstreu oder Bodenheizung. Da sowohl der Käfer als auch die Larve das Licht meiden, findet man beide am ehesten unter den Futter- und Tränkgefäßen.

Untersuchungen in Wirtschaftsgeflügelbeständen haben ergeben, daß der Getreideschimmelkäfer als Sammelwirt wichtiger Krankheitserreger des Geflügels (Marek'sche Krankheit, infektiöse Bursitis, Salmonellose) angesehen werden muß (70). Eine Verfütterung von Exemplaren aus Geflügelbeständen an Vögel sollte deshalb nicht erfolgen!

Fliegenmaden

An Vögel werden selten Fliegen, häufig dagegen deren Maden – beispielsweise die der Stubenfliege – verfüttert; wie z. B. im Wuppertaler Zoo an Weber während der Nestlingszeit (211) und ebenso an Rauchschwalben (30).

Wegen ihrer zähen Haut sollten Fliegenmaden nur an solche Vögel verfüttert werden, die imstande sind, diese Beute zu zerrupfen oder zu zerdrücken. Im anderen Fall (vor allem bei Jungtieren) ist es möglich, daß die Maden unverdaut wieder ausgeschieden werden oder sogar den Verdauungskanal schädigen.

Im Gegensatz zu vielen anderen Futtertieren sollten Fliegenmaden vor der Verfütterung längere Zeit fasten, damit sie ihren keimhaltigen Darminhalt entleeren (43). Dies gilt insbesondere für Tiere, welche auf faulendem Eiweiß (z. B. Fleisch) gezüchtet wurden. Zur weiteren Keimreduzierung sollten solche Tiere zudem gebrüht werden.

Da Fliegen auch von Tauben- und Hühnerkot angelockt werden, können diese und deren Maden mit spezifischen Krankheitserregern behaftet sein; als Krankheitsüberträger sind sie deshalb durchaus denkbar!

Essigfliegen

Essigfliegen, besonders die flugunfähigen, mit Stummelflügeln versehenen Mutationen, sind für alle spitzschnabligen Prachtfinken ein willkommenes animalisches Futter (79, 241).

Wenn sie in großen Mengen verzehrt werden, nimmt der Vogelkot eine rosa bis tiefrote Färbung an.

Unentbehrlich sind Essigfliegen für gekäfigte Kolibris, insbesondere während der Mauserzeit und in Streßsituationen (61). Schlecht vertragen und verdaut werden die Essigfliegen von Nestlingen der Sperlingsvögel (225).

Falls die Essigfliegen auf überreifem Obst gezüchtet werden, empfiehlt sich ein Überspannen des Nährsubstrates mit Gaze, damit die Vögel mit den Säuerungsprodukten nicht in direkte Berührung kommen.

Weißwurm
Mit dem Begriff ,,Weißwurm" bezeichnet man die Larven der Eintagsfliege, welche einen beliebten und häufigen Bestandteil der handelsüblichen Weichfuttermischungen darstellen.

Schaben
Schaben sollten wegen der Gefahr des Entweichens im Haus nicht gezüchtet werden.

Die männlichen Vertreter der Schaben besitzen Wehrdrüsen, wegen deren Sekret sie von vielen Vögeln verschmäht werden. Weiterhin besitzt ein Großteil der Arten auch stark beborstete Gliedmaßen, die als Ursache von Erkrankungen des Verdauungstraktes gelten (166a). Zudem besitzen viele Schabenarten eine giftige Gelenkschmiere (9) und einen hohen Chitinanteil. Die Summe dieser negativen Eigenschaften verbietet ein übermäßiges Füttern mit Schaben.

Larven und Puppen der Honigbiene
Die Larven und Puppen der männlichen Honigbiene werden von einigen Imkern zum Verfüttern angeboten. Sie eignen sich ausgezeichnet zur Handaufzucht nestjunger Singvögel. Zur Vermeidung von Kalkmangelerscheinungen ist angeraten, die Drohnenbrut mit einem Kalkgemisch zu bestäuben (23).

Ameisenpuppen
Ameisenpuppen waren in den frühen Jahren der Vogelzucht ein dominierendes Futtermittel tierischer Herkunft. Heute sind sie in guter Qualität nur schwer zu erhalten und außerdem sehr teuer. Das Einsammeln von Puppen der Garten- und Rasenameise (die rote Waldameise steht unter Naturschutz!) kann diesen Versorgungsengpaß nicht schließen.

Frisch gesammelte Puppen sind wegen ihres hohen Wasser- und Nährstoffgehaltes (45 % Rohprotein, 13 % Fett in der Trockensubstanz) leicht verderblich. Sie werden daher vielfach gefroren, getrocknet oder erhitzt, damit sie länger haltbar bleiben.

Ameisenpuppen werden von Nestlingen der Sperlingsvögel wegen ihres Puppengespinstes schlecht vertragen. Dies gilt auch für Rabenvögel, bei denen es sogar zu einer Verlegung des Magenausganges kommen kann (225).

Geradflügler
Zu dieser Gruppe gehören Futtertiere wie das Heimchen, die Zweifleckgrille, die Wanderheuschrecke und die indische Stabschrecke.

Der besondere Vorteil der Geradflügler ist, daß sie relativ leicht zu halten und zu züchten sind. Zudem stehen, angefangen von den kleinen Jungtieren bis zu den erwachsenen Tieren, stets Nahrungsobjekte in schnabelgerechter Größe zur Verfügung.

Durch ihre überwiegend vegetabilische Ernährung haben die Geradflügler einen hohen Chlorophyll- und Provitamin-A-Gehalt (218). Der Anteil an unverdaulichen Ballaststoffen ist relativ hoch.

Mehlmotte
Die Mehlmotte ist ein bevorzugtes Aufzuchtfutter der Tacazze-Nektarvögel (116) und für viele weitere Vögel eine wertvolle animalische Nahrung.

Große und Kleine Wachsmotte
Die Wachsmotten ernähren sich, wie bereits ihr Name erkennen läßt, vom Wachs der Waben. Sie werden deshalb von den Imkern intensiv bekämpft.

Als Vogelfutter kommen sowohl die Motten, als auch deren Raupen in Betracht. Wegen ihres hohen Fettanteils (ca. 19 %) müssen die Raupen knapp dosiert werden.

Raupen
Die Raupen verschiedener Schmetterlingsarten sind mit Dornenhaaren oder einem Haarkleid von pelzartiger Dichte versehen, welche einen gewissen Schutz vor Nachstellungen durch insektenfressende Vögel bilden. Es gibt aber auch viele glatte Raupen, die als Futter beliebt sind. In großem Umfang ernähren sich der Kuckuck, Haus-, Gartenrotschwanz, Pirol, Grasmücken, Meisen, Zaunkönig, Laubsänger und Star (68) von Raupen.

Von empfindlichen Weichfressern wird der im Mai und Juni auftretende Brennesselzünsler

(Raupe eines Kleinschmetterlings aus der Familie der Zünsler) gern gefressen. Er ist in eingerollten Brennesselblättern zu finden und wird auch von Insektenfressern angenommen, die in freier Natur nie an eine derartige Raupe gelangen – wie z. B. dem Mauerläufer (142).

Spinnen

Spinnen kommen überall in freier Natur in den unterschiedlichsten Größen und Formen vor. Als Beute werden sie vielfach angenommen. So besteht z. B. die Nestlingsnahrung der Tannenmeise mitunter zu über 50 % aus Spinnen (139). Dabei ist festzustellen, daß der Anteil der Spinnen mit dem witterungs- und jahreszeitlich bedingten Ausfall anderer Beutetiere ansteigt, weshalb die Spinnen, zumindest für die Tannenmeise, auch als Nahrungsreservoir gelten können.

Blattläuse

Blattläuse finden sich zahlreich an den Blättern und Stengeln des Holunder-, Jasmin- und Johannisbeerstrauches sowie des Apfelbaumes. Sie zählen zu den wichtigsten Nahrungsobjekten tierischen Ursprungs, insbesondere während der ersten Nestlingstage, für eine Vielzahl der einheimischen Finkenvögel, viele Prachtfinkenarten und zarte insektenfressende Vögel.

Den im Käfig gehaltenen Vögeln werden die Blattläuse in Form dicht besetzter abgeschnittener Pflanzentriebe geboten (32) und ergeben so trotz ihrer geringen Größe durchaus eine ergiebige Futterquelle.

Regenwürmer

Die Regenwürmer zählen zu mehreren Familien, wobei die einheimischen Arten durchweg zur Familie der Lumbriciden gehören. Sie werden an große Vogelarten im Ganzen verfüttert, während sie für die meisten kleineren Arten in entsprechende Stücke zerteilt werden müssen.

Der Regenwurm wird gern von Hühnervögeln, Enten, Amsel, Schamadrossel und vielen anderen Arten angenommen. Dagegen ist er wegen seiner zähen Hülle für sehr kleine Vögel nicht geeignet. Die Regenwürmer enthalten zudem während der Fortpflanzungszeit (Mai bis Juli) einen für Junggeflügel toxischen Stoff (93), der eine übermäßige Verfütterung verbietet.

Enchyträen

Die Mehrzahl der Angehörigen dieser Familie besiedelt feuchten Erdboden und ernährt sich dort nach Art der Regenwürmer. Die bis zu 5 cm langen, dünnen, weißlich durchscheinenden Würmer werden von vielen zarten Insektenfressern als Nahrung aufgenommen.

Enchyträen reicht man Vögeln in flachen, wenig Erde enthaltenden Schalen. Auf diese Weise nehmen die Gefiederten zusätzlich Erdpartikel und damit mineralische Substanzen auf.

Schlammröhrenwürmer

Am bekanntesten aus dieser Familie ist der gemeine Schlammröhrenwurm *(Tubifex tubifex)*. Dieses wirbellose Futtertier ist braunrötlich gefärbt und bis zu 8 cm lang. Es ist fast ganzjährig im Schlamm von Gewässern zu finden und hat den Vorteil, daß es sich in kühlem und klarem Wasser sehr gut aufbewahren läßt.

Der Schlammröhrenwurm ist ein gutes animalisches Futter freilebend gründelnder Enten und ebenso der gefangengehaltenen Artgenossen.

Wasserflöhe

Wasserflöhe sind Kleinkrebstiere, die in kleinen warmen Tümpeln zu finden sind. Sie werden sowohl lebend als auch getrocknet und gefrostet verfüttert.

Wasserflöhe stellen einen natürlichen Bestandteil der Nahrung vieler wasserbewohnender Vögel (z. B. Flamingo, Ente) dar. Gern angenommen werden sie aber auch von in Gefangenschaft gehaltenen Prachtfinken (151).

Hüpferlinge

Hüpferlinge ernähren sich überwiegend von zersetzten Resten pflanzlicher und tierischer Herkunft. Zu finden sind sie deshalb im Geschwebe stehender Kleingewässer.

Hüpferlinge werden in der Vogelfütterung wie die Wasserflöhe eingesetzt.

Garnelen

Garnelen sind krebsartige Tiere, die nach Dämpfen und Trocknen ganz oder gemahlen in den Handel kommen. Mit ihrem Gehalt von über 50 % Rohprotein stellen sie ein hochwertiges Futtermittel dar, welches besonders von Meeresenten und -gänsen geschätzt wird (239). Darüber hinaus sind Garnelen ein regelmäßig eingesetzter Bestandteil bei der Fütterung von Flamingos und anderen Stelzvögeln.

Schnecken

Schnecken, vor allem Vertreter mit Gehäuse, werden von vielen Vögeln angenommen. Sie spielen für den Kalkhaushalt der Beutegreifer (z. B. Goldhähnchen, Tannenmeise, Gimpel (221), Bartgeier (226), Zebra- und Schmetterlingsfinken (79) eine bedeutende Rolle. Nicht zuletzt deshalb werden Gehäuseschnecken vermehrt während der Eibildung und dem Wachstum aufgenommen.

Ein Fehlen der Gehäuseschnecken im Nahrungsspektrum der Nestlinge des Goldhähnchens führt spätestens am zehnten Lebenstag zum Tode. Rabenvögel reagieren in derselben Situation mit deutlichen Kotveränderungen (225).

Aber auch Papageien (z. B. der Goldflügelsittich und Hyazinth-Ara) verzehren in großer Menge Schnecken, die sie aus seichten Flußstellen fischen (183).

Weitere wirbellose Futtertiere

Die Zahl der weiten möglichen Futtertiere ist schier unerschöpflich. Hier liegt ein weites noch zu bearbeitendes Feld für jeden Vogelliebhaber!

In jüngster Zeit empfohlene Futtertiere sind die unter Steinen und Rinden zu findenden Tausendfüßler (138), die Larven von Köcherfliegen und Bockkäfern sowie die Pappelwolllaus, die sich an den Blättern mit Blattstielgalle der Pyramidenpappel befindet (203).

Wirbeltiere

Die Zahl der in freier Wildbahn von Greifvögeln, Würgern, Stelzvögeln und vielen anderen als Nahrung aufgenommenen Wirbeltiere ist sehr groß. Vor allem sind es Gefiederte und kleine Säugetiere, die ab Schlupf bzw. Geburt von einer ganzen Reihe von Vögeln als Beute genutzt werden. In diesem Zusammenhang sei daran erinnert, daß die Nahrungswahl entscheidend durch das jeweilige Nahrungsangebot beeinflußt wird. Als Regel gilt, daß ein Beutetier im Nahrungsspektrum um so häufiger vertreten ist, in je größerer Zahl es im Revier vorhanden und erreichbar ist.

Durch die Aufnahme ganzer Tierkörper erhalten die Beutegreifer nicht nur die Nährstoffe des Muskelfleisches, sondern auch den meist vitaminreichen Kropf- und/oder Magen-Darm-Inhalt. Zudem wirken sich die jedem Tierkörper eigenen schwer- und unverdaulichen Teile (Federn, Haare, Rohfaseranteil des Darminhaltes, Knochen bei den Eulen) günstig auf die Darmtätigkeit aus. Von der Verfütterung ganzer Tierkörper geht also eine Vielzahl ernährungsphysiologischer Wirkungen aus, weshalb regelmäßige Teilfütterungen, z. B. nur Muskelfleisch oder Organe, langfristig stets zu Krankheitserscheinungen (Durchfall, Mangelsymptomen wie A-Mangel und Rachitis) führen.

Eine weitere Gefahr für die Gesundheit der Beutegreifer kann von Erregern ausgehen, welche die Futtertiere beherbergen. Zu nennen sind u. a. *Trichomonas columbae* (Erreger des „gelben Knopfes" bei der Taube) und Bakterien aus der Vielzahl der Salmonellen.

Der Flagellat *Trichomonas columbae* verursacht die Trichomoniasis, eine der gefürchtetsten Krankheiten bei den Greifern; Salmonellen zumeist eine akute Darmentzündung, nicht selten mit Todesfolge. Wegen dieser Gefahr sollten Beutetiere aus Zuchten stammen, die sich als frei von spezifischen Krankheitserregern erwiesen haben.

Fleisch

Wie in dem vorangegangenen Kapitel „Wirbeltiere" bereits erwähnt, ist Fleisch allein niemals ein gutes Futter. Denn die ausschließliche Fütterung verursacht beim Vogel Krankheitszustände – vornehmlich Darmentzündungen und Kotveränderungen (99, 152, 192). Lediglich Greife vertragen und verlangen in den ersten 5 bis 8 Lebenstagen eine ausschließliche Fütterung mit schierem, magerem Muskelfleisch (178), wie sie es auch in freier Natur erhalten. Im Gegensatz zu der einseitigen Fleischfütterung hat sich die dosierte Verabreichung neben anderen Futtermitteln bewährt. Insbesondere werden durchgedrehtes schieres Muskelfleisch oder Herz verfüttert. Geeignet ist es u. a. für Nestlinge des Dreifarbenglanzstares (12), Edelpapageien (59, 179) und Blaukehlchen (191), sicher aber noch für weitere Arten, die im einzelnen nicht belegt sind.

Gute Erfahrungen existieren ebenso mit Hunde- und Katzenfertigfutter sowohl bei der Aufzucht als auch als Beigabe für erwachsene Vögel, wie z. B. Sichler, Schamadrossel, Star und Mauersegler.

Durch seinen Wassergehalt und Nährstoffreichtum verdirbt Fleisch außerordentlich rasch. Es sollten deshalb immer nur Portionen eingesetzt werden, die der Vogel rasch aufnehmen kann.

Fische

Das Eiweiß der Fische ist leicht verdaulich und von hoher Wertigkeit. Es enthält zudem viel Vitamin A, B_1, B_2 und D. Die Mineralstoffe Chlor, Kalium, Natrium, Phosphor und Schwefel sind reichlich, Eisen, Jod und Calcium in weniger großen Mengen vorhanden.

Der Fettgehalt von Fischen ist sehr unterschiedlich. Er beträgt bei einigen Seefischen (Hering, Makrele) über 10 %, bei Fischen des Süßwassers (z. B. Plötz) teilweise nur etwa 1 %. Diese starke Differenz im Fettgehalt ist bei der Verfütterung von Fischen zu berücksichtigen, da sich das Verdauungssystem des Vogels auf bestimmte diätetische Eigenschaften der Nahrungsobjekte eingestellt hat. Deshalb sollten Meeresbewohner mit Seefischarten und Süßwasserfischfresser mit Süßwasserfischen ernährt werden! Eventuell notwendige Futterumstellungen sind bei gut eingewöhnten und erwachsenen Tieren dennoch möglich. Ausgenommen hiervon ist der Pinguin, der Süßwasserfische nicht ohne Schaden aufnimmt (252).

Wegen seiner Neigung, rasch zu verderben, und wegen des teilweise fortschreitenden Vitamin-B_1-Abbaues durch das im Fisch enthaltene Ferment Thiaminase, sind Fische stets frischtot oder lebend zu verfüttern. Wird dieser Grundsatz nicht beachtet, kommt es zu B_1-Mangelsymptomen (Bewegungsstörungen, Lähmungen) oder gar Todesfällen (154).

Als Eiweißquelle wird Fisch in Gefangenschaft auch von Vögeln angenommen und vertragen, in deren ursprünglichem Nahrungsspektrum dieser nicht vertreten ist. So nehmen u. a. Grünhäher Guppys (118), Rotflanken-Brillenvögel getrockneten, zermahlenen Hering (174) und verschiedene Weichfresser (Nachtigall, Sprosser, Blaukehlchen, Steinrötel, Schama) Flußfisch (113) auf. Als besonderen Leckerbissen empfindet auch die Rotschnabelkitta frischtote Fische (106).

Milch

Die Vollmilch ist ein hochwertiges Nahrungsmittel, welches aus ca. 3,5 % Fett, 3,5 % Eiweiß, 5 % Milchzucker, 0,8 % anorganischer Substanz und 87 % Wasser besteht.

Ursprüngliche Aufgabe der Milch ist es, den jungen Organismus nach der Geburt in seiner ersten Entwicklungszeit mit allen Nähr- und Wirkstoffen zu versorgen. Entsprechend dieser Aufgabe ist das Milcheiweiß hochwertig und der Gehalt an Mineralien und Vitaminen bedeutend. Eine praktische Verwendbarkeit für Milch ergibt sich vor allem als Bindemittel für Weißbrot, Biskuit u. a. bei der Aufzucht.

Untersuchungen am Huhn haben ergeben, daß Milch allein imstande ist, den Eiweißbedarf dieses Tieres zu decken (57). Es verwundert deshalb nicht, daß auch für viele andere Vögel die Milch ein wertvolles Futtermittel darstellt. Allerdings darf nicht übersehen werden, daß neben den guten Resultaten auch negative Erfahrungen stehen. Verantwortlich hierfür zeichnet der Milchzucker; denn dieser in pflanzlichen und tierischen Futtermitteln nicht existierende Nährstoff kann im Verdauungskanal vieler Vögel nicht aufgeschlossen und resorbiert werden, da in deren Enzymspektrum die Laktase fehlt. Dadurch verändern sich die osmotischen Verhältnisse im Verdauungstrakt, in deren Gefolge es zu Durchfall, Wasserentzug,

Gewichtsverlust und schließlich auch zu Todesfällen kommen kann. Besonders empfindlich reagieren auf Milchzucker Kolibris, Nektarvögel und nicht eingewöhnte Loris.

Reich an Laktose sind viele Eiweißkunstprodukte wie z. B. die Muttermilchersatzpräparate. Bei deren Einsatz ist deshalb Vorsicht geboten! Sollen trotz dieses Vorbehaltes laktosehaltige Präparate eingesetzt werden, dann ist darauf zu achten, daß der Gehalt an Laktose in der Gesamtnahrung 4 % nicht übersteigt. Denn bis zu diesem Grenzwert wird Laktose vielfach toleriert.

Milch ist wie viele andere hochwertige Produkte ein idealer Nährboden für verschiedene Keime und soll deshalb stets frisch verfüttert werden. Angesäuert kann sie eine Ursache von Verdaungsstörungen sein.

Eier

Das Ei enthält alle zur Bildung eines neuen Lebens notwendigen Stoffe. Es versteht sich von selbst, daß dies einen hohen Wert des Proteins und Reichhaltigkeit an Vitaminen und Mineralien voraussetzt. Eier sind deshalb ein hochwertiges Futtermittel und ein vielbewährter Bestandteil verschiedener Aufzuchtrezepturen.

Eier werden in der Regel hartgekocht und vermischt mit Zwieback – eventuell auch mit geriebenen Möhren – den Vögeln gereicht.

In der Vogelfütterung findet fast ausschließlich das Hühnerei Verwendung. Dieses besteht zu ca. 10 % aus Schale, 60 % Eiklar und 30 % Eidotter.

Eidotter und Eiklar unterscheiden sich in ihrer Zusammensetzung erheblich voneinander:

	Eiweiß	**Fett**
Eiklar	13 %	0,3 %
Eigelb	16 %	32,0 %

Insgesamt enthalten Eigelb und Eiklar eines durchschnittlich großen Hühnereies 7 g Eiweiß, 6 g Fett und 0,5 g Mineralstoffe. Von letzteren sind Eisen, Calcium und Phosphor besonders reichlich vertreten.

Das Eigelb enthält neben den stark vertretenen Proteinen viel Lecithin, Cholesterin und die Vitamine A und D. Wegen der Möglichkeit einer Übertragung von Krankheitserregern, insbesondere Salmonellen, verbietet sich die Verfütterung von rohen Eibestandteilen. Eine weitere Gefahr geht von dem im rohen Eiweiß enthaltenen Avidin aus, welches beim Geflügel eine Biotin-Avitaminose hervorrufen kann.

Honig

Honig besteht überwiegend aus schwankenden Anteilen von Kohlenhydraten. Der Eiweißanteil ist sehr gering und erreicht im Höchstfall 3 %. Vitamine und Mineralstoffe sind nur in unbedeutender Menge vertreten.

Der Honig ist Grundlage vieler Rezepturen von Ersatznahrung für Nektarvögel und Kolibris. Jedoch mehren sich in jüngster Zeit die Stimmen, welche vor einer Honigfütterung warnen (33, 150). Ob hierfür eventuell die im Honig stets enthaltenen Hefen und Pilzsporen oder die mitunter enthaltenen Rückstände (z. B. Insektizide) und Konservierungsmittel oder gar ernährungsphysiologische Momente verantwortlich zeichnen, wird noch geklärt werden müssen.

Industriell hergestellte Futtermittel

Der Zoofachhandel bietet in zunehmendem Maße industriell hergestellte Futtermittel an. Die Produkte bedingen arbeitstechnische Vorteile und garantieren in guter Qualität den für den einzelnen Vogel erforderlichen Gehalt an Nähr- und Wirkstoffen. Bei der Entwicklung von industriell hergestellten Futtermitteln profitieren die Hersteller von den reichhaltigen Erfahrungen, die auf dem Sektor der Wirtschaftsgeflügelhaltung existieren. Zwangsläufig sind deshalb bewährte Erzeugnisse seit langer Zeit für Hühner- und Entenvögel auf dem Markt. Hinzugekommen sind viele weitere Produkte, so daß heute das Angebot vom Alleinfutter für Hühnervögel bis zum Alleinfutter für Kolibris und Nektarvögel reicht.

Weichfutter

Weichfutter wird vom Handel in sehr verschiedenen Mischungen angeboten. Häufig vertretene Bestandteile dieser Produkte sind getrocknete Insekten, Eipulver, Garnelenschrot, Ameisenpuppen, Honig und Waffelbruch. Angereichert sind die Mischungen zusätzlich mit Vitaminen und Mineralien. Je nach Zweckbestimmung werden auch Holunder-, Wacholder- und Vogelbeeren beigemischt.

Die Qualität des Weichfutters steigt mit wachsendem Anteil wertvoller Proteine, wie sie zum Beispiel in den Ameisenpuppen enthalten sind.

Je nach Größe des Vogels werden die Weichfutter grob- und feinkörnig angeboten.

Vor der Verfütterung wird das Weichfutter nach verschiedenen Methoden zubereitet. In jedem Fall wird Feuchtigkeit zugefügt, bis eine krümelige Konsistenz erreicht ist; feuchtere, also schmierigere Weichfuttermischungen, werden vom Vogel allgemein gemieden.

Am häufigsten wird das Weichfutter mit Möhrensaft, geriebenem Obst, Beeren und Magerquark angefeuchtet. Derart hergestelltes Weichfutter verdirbt rasch und darf nicht auf Vorrat zubereitet werden. Ebenso verbietet sich eine abendliche Fütterung, da die Nahrung über Nacht in Gärung und Säuerung übergehen kann.

Exotische Insektenfresser lassen sich an handelsübliche Weichfutter teils nur mit „vielen Tricks" gewöhnen. Dies liegt daran, daß sich bewegende Objekte das natürliche Beutefangverhalten auslösen, während die geschroteten oder toten Insekten keine solche Stimulation zur Nahrungsaufnahme erzeugen.

Eine Gewöhnung an Fertigfutter geschieht am ehesten über lebende Nahrungsobjekte. Diese werden langsam abnehmend dem Fertigfutter beigegeben, bis sich der Vogel schließlich nur noch von diesem ernährt.

Mischfuttermittel

Die fortschreitende Kenntnis des Bedarfs an Nähr- und Wirkstoffen verschiedener Haustiere hat die Schaffung von industriell hergestellten Mischfuttermitteln für Huhn, Pute, Gans, Ente usw. ermöglicht. Dadurch werden grobe fütterungstechnische Fehler vermieden und ökonomische Vorteile erzielt.

Für den Vogelzüchter sind die Mischfuttermittel für das Nutzgeflügel interessant, da es zwischen vielen Vogelarten im Käfig einerseits und Huhn, Pute, Gans und Ente andererseits vergleichbare Nahrungsbedürfnisse gibt.

So bieten sich während der Wachstumsphase Mischfutter für Küken, zur Brutzeit solche von Legehennen an. Mastfuttermittel kommen dagegen nicht in Betracht, da die Nutzungsrichtung Mast auf dem Sektor der Ziervogelhaltung fehlt.

Innerhalb der Mischfuttermittel werden die Allein- oder Fertigfutter von dem Ergänzungsfutter unterschieden. Erstere enthalten alle für eine bestimmte Entwicklungsstufe und Nutzungsrichtung (z. B. Junghennenalleinfutter, Legehennenalleinfutter etc.) erforderlichen Nähr- und Wirkstoffe. Letzere garantieren durch ihren Gehalt an den wichtigsten essentiellen Nährstoffen (Aminosäuren, Vitaminen und Mineralstoffen), daß die weiterhin zugeführten Futterstoffe (z. B. Getreide) zur vollen Wirkung gelangen.

Allein- und Ergänzungsfutter werden als Mehl und als Pellets angeboten. Beide dürfen nur nach ihrer Bestimmung, das heißt allein oder in Verbindung mit einer bestimmten Körnerration, eingesetzt werden, da sonst das Eiweiß-Gesamtnährstoffverhältnis aus seiner Balance gerät.

Mischfuttermittel haben in der Ziervogelernährung längst ihren Eingang gefunden. Vor allem sind es Fasanen (176), andere Hühnervögel, Gänse und Enten, denen in Form der „industriellen Nahrung" ein vollwertiges Futtermittel zur Verfügung steht. Gute Ergebnisse mit diesen Futtermitteln sind weiterhin von Auerhuhn (5), Moorschneehuhn (37), Zwergtrappe (64), Flötenwürger (114), Strauß (28), Goldhalskasuar (236), Saat- und Rabenkrähe (153) und sogar von Kolibris (123) bekannt. Weiterhin stehen heute vergleichbare – speziell für den Ziervogel entwickelte – Produkte (z. B. Protamin, ein Eiweiß-Ergänzungspräparat, Bio-Nektar, ein Nektarersatz für Kolibris, Lori-Nektar, ein Nektarersatz für Loris etc.) zur Verfügung.

Quark

Für die Vogelfütterung eignet sich vorrangig Magerquark, dessen Eiweiß durch gute Verdaulichkeit und hohe Wertigkeit ausgezeichnet ist. Der Anteil an Milchzucker (Laktose) ist gering. Wegen dieser guten ernährungsphysiologischen Eigenschaften wird Quark häufig als Bestandteil verschiedener Weichfuttermischungen gewählt.

So wird u. a. ein Gemisch von Quark, Rinderherz, Milupa-Milchnahrung, Multibionta-Tropfen und etwas Vitakalk von frisch gefangenen Goldhähnchen rasch angenommen, mitunter sogar vor Ameisenpuppen. In den ersten Tagen der Käfigung werden davon das 1- bis 2fache des eigenen Körpergewichtes, also 5–10 g, aufgenommen und gut vertragen (224).

Ebenso gute Erfahrungen existieren aus dem Bochumer Tierpark, wo mit dem Futterbestandteil Quark Wiedehopfe aufgezogen wurden (196). Steinbacher (214) fütterte seinen weißen Tyrannen viel Quark, der gern aufgenommen wurde.

Käse

Käse wird in einer Vielzahl von Sorten angeboten. Unterschieden sind diese vor allem in Konsistenz, Geschmack und Fettgehalt.

Von den Gefiederten wird am ehesten geriebener Hartkäse angenommen. Berichte existieren u. a. vom Grauschnäpper (27), der Blauelster, Edelpapageien (59), Goldsittich (56), vielen anderen Papageien und Tauben.

Bei manchen Papageien kann es nach übermäßigem Käsegenuß zu einer Ausfällung und Zusammenballung von Kasein in Kropf und Drüsenmagen kommen, in deren Gefolge schwere Verdauungsstörungen zu beobachten sind (167).

Boviserin

Boviserin ist ein flüssiges Eiweißpräparat, welches aus dem Blut von Rindern gewonnen wird. Es ist weitgehend geschmacksneutral und kann dem Trinkwasser beigegeben werden. In dieser Darreichungsform ist es eine ideale Eiweißquelle für Vögel, die sich schlecht an Futterstoffe tierischen Ursprungs gewöhnen lassen.

Ein Nachteil des Boviserins ist dessen leichte Verderblichkeit; mit Rinderserum versehenes Trinkwasser ist deshalb häufig (spätestens nach 8 Stunden, bei sommerlichen Temperaturen kurzfristiger) zu erneuern.

Die Einsatzmöglichkeiten von Boviserin spannen weit und reichen vom Kolibri (169) bis hin zum Wiedehopf (196).

Hefen

Hefen sind mikrobiell erzeugte Produkte, die ihre Entstehung der Fähigkeit von Mikroorganismen zur raschen Vermehrung verdanken.

Mit der Herstellung von Hefen wird im Prinzip jeweils versucht, für den menschlichen oder tierischen Organismus nicht oder nur bedingt verwertbare bzw. wertlose Rohstoffe mittels einzelliger Lebewesen in hochwertige Nährstoffe, also Eiweiß, umzuwandeln.

Aufgrund ihrer Nährstoffzusammensetzung sind Hefen in die Gruppe der Eiweißfuttermittel mit guter biologischer Wertigkeit einzuordnen.

Die Vitamine A, D, E und K sind kaum, dagegen B_1, B_2, B_6 und Nikotinsäure nennenswert enthalten. Allerdings unterliegt der Vitamingehalt der Hefen starken Schwankungen und standardisierte Werte fehlen in der Regel.

Weit verbreitet wird die Bierhefe an Brieftauben verfüttert. Gute Ergebnisse durch die Verfütterung von Hefeprodukten liegen aber auch aus der Ziervogelernährung vor, z. B. beim Sonnensittich (56). Futterhefen, über das Körnergemisch gestreut oder dem Weichfutter beigemischt, sind im Tiergarten Hellabrunn (222) eine wertvolle Futterkomponente für Papageien. Jedoch ist zu bedenken, daß die Hefeproteine hohe, den Stoffwechsel belastende Anteile an Nukleinsäuren besitzen. Zudem können die Strukturkohlenhydrate der Hefezellwände vom Vogel, wegen der gegebenen anatomischen Eigenheiten des Verdauungstraktes, nur schlecht verwertet werden.

Lebertran

Als Lebertran bezeichnet man das fette Öl, welches aus den Lebern und Eingeweiden verschiedener Fische gewonnen wird.

Wegen seines natürlichen Gehaltes an Vitamin A und D wird es bis heute in der Vogelernährung eingesetzt.

Da sich Lebertran leicht zersetzt, muß er vor Licht und Luft geschützt werden.

Die Qualität des Lebertrans fällt je nach Ausgangsmaterial und Herstellungsverfahren sehr unterschiedlich aus. Ein guter Lebertran ist klar, von blaßgelber Färbung und hat einen angenehmen Geruch.

Lebertran besitzt in der Regel einen hohen Anteil an ungesättigten Fettsäuren, deren Oxydationsneigung den Stoffwechsel der damit gefütterten Tiere stark belastet. Aus diesem Grunde werden Fischöle in der Nutztierhaltung kaum noch eingesetzt.

Tierkörpermehl

Tierkörper- oder Tiermehl wird in Tierkörperbeseitigungsanstalten aus verendeten Tieren und Schlachtabfällen hergestellt. Das Ausgangsmaterial wird ausreichend erhitzt, so daß eine Krankheitsübertragung ausgeschlossen ist.

Der Futterwert des Tierkörpermehls ist starken Schwankungen unterworfen, da das zur Verarbeitung gelangende Material in seiner Zusammensetzung ständig wechselt.

Die Aminosäuren Methionin und Threonin sind im Tiermehl meist nur gering enthalten; als alleiniger Eiweißträger kommt Tierkörpermehl deshalb nicht in Betracht.

Fleischmehl/Fleischknochenmehl

Fleischmehl wird durch Trocknung und feine Zerkleinerung von weitgehend knochenfreien Fleischabfällen geschlachteter Tiere gewonnen. Der Rohproteingehalt beträgt mindestens 72 %, der von Phosphor maximal 4 %.

In gleicher Weise wird Fleischknochenmehl hergestellt, jedoch mit dem Unterschied, daß durch den Anstieg des Knochenanteils der Rohproteingehalt niedriger (mindestens 40 %) und der Phosphorgehalt (maximal 9 %) höher liegt.

Blutmehl

Blutmehl wird durch verschiedene Trocknungsverfahren aus Tierblut gewonnen.

Der Eiweißanteil von Blutmehl liegt bei 80 %; dessen Verdaulichkeit ist gut. Allerdings ist die Aminosäuren-Zusammensetzung unausgeglichen (z. B. viel Histidin, wenig Isoleucin), so daß Blutmehle für sich allein kein optimales Eiweißfuttermittel darstellen.

An Mineralien enthalten Blutmehle viel Eisen, Natrium, Kalium und Phosphor.

Tierlebermehl

Tierlebermehl ist ein Produkt, welches aus getrockneten Lebern gewonnen wird. Es zeichnet sich durch einen hohen Gehalt an Vitaminen (A, D, B-Komplex), Spurenelementen und Eiweiß hoher Wertigkeit aus.

Federmehl

Federmehl wird aus Federn hergestellt, die durch Druck- und Hitzeeinwirkung oder über alkalische Hydrolyse aufgeschlossen werden.

Federmehl besitzt einen hohen Rohproteingehalt, dessen Verdaulichkeit ist jedoch sehr gering, so daß Federmehl als Vogelfutter ausscheidet.

Fischmehl

Fischmehl wird überwiegend aus Fischabfällen und kleinen, für die menschliche Ernährung ungeeigneten Fischen hergestellt. Als Rohware kommen sowohl fettarme (Dorsch, Kabeljau, Schellfisch, Seelachs) als auch fettreiche Fische (z. B. Hering) in Betracht. In Abhängigkeit von dem Ausgangsmaterial schwankt der Rohfettgehalt zwischen 3 bis 5 % bei Dorschmehl und 5 bis 12 % bei Heringsmehl.

Die Lagerfähigkeit des Fischmehls sinkt, wegen der Gefahr des Ranzigwerdens, mit steigendem Fettgehalt.

Der eigentliche Wert des Fischmehls liegt in der guten Verdaulichkeit und dessen Gehalt (50 bis 70 %) an biologisch hochwertigem Eiweiß (mit den Aminosäuren Lysin, Methionin und Tryptophan), Mineralstoffen (Calcium, Phosphor und Spurenelementen – besonders Jod) und Vitaminen (A, D, B-Komplex, einschließlich Vitamin B_{12}).

Wird neben Fisch und Fischabfällen auch noch „Beifang" (Muscheln, Krebstiere, Stachelhäuter) verarbeitet, so entstehen Produkte („Küstenfischmehle"), deren Qualität unter der von Fischmehlen liegt.

Unerwünscht sind im Küstenfisch- und Fischmehl hohe Gehalte an Kochsalz, da hierauf speziell der Vogel mit Vergiftungserscheinungen reagiert.

„Futtermittel" anorganischer Herkunft

Der Erdboden wird von vielen Vögeln regelmäßig aufgesucht, um dort Mineralien aufzunehmen.

Teils geschieht dies allerdings nur zu bestimmten Zeiten, wie es z. B. bei einigen Kolibriarten während der Mauser und vor der Eiablage (erhöhter Mineralstoffbedarf!) zu beobachten ist (197).

Auch zum Zwecke des Erwerbs von „Magensteinchen" (Zahnersatz) ändern viele Vögel ihre sonstigen Verhaltensweisen der Nahrungssuche, indem sie auf den Boden fliegen, wie es z. B. bei der Tannenmeise der Fall ist (139).

Unverdauliche Bestandteile (Quarzkörner, Steinchen) werden in erster Linie von Vögeln aufgenommen, welche Sämereien oder chitinhaltige Insekten verzehren. Bemerkenswert ist, daß sich bei einigen Vögeln, z. B. dem Fitislaubsänger, bereits in den Mägen der Nestlinge regelmäßig Steinchen finden (195).

Die Bedeutung der „Magensteinchen" ist bei Brieftauben genauestens erforscht. An ihnen konnte festgestellt werden, daß kieselfrei ernährte Brieftauben zunächst Mauserstörungen zeigen, danach kommt es zu verminderter Nahrungsaufnahme und schließlich zu Gewichtsverlust. Bei Jungtieren wurden sogar Todesfälle verzeichnet (135).

Aus der Wirtschaftsgeflügelhaltung weiß man weiterhin, daß die Verdaulichkeit von Körnerfutter bei „Magensteinchenmangel" um bis zu 10 % sinkt. Für Tiere, die mit schrotähnlichem Alleinfutter ernährt werden, haben die „Magensteinchen" ihre mechanische Funktion verloren, sie sind dann entbehrlich.

Die vom Gefiederten aufgenommenen Magensteinchen variieren in ihrer Größe von Vogelart zu Vogelart. Tauben z. B. bevorzugen solche mit einem Durchmesser von 2 bis 3 mm, Haselhuhnküken solche von Stecknadelkopfgröße.

Diesen Untersuchungen ist zu entnehmen, daß die in der Erde enthaltenen unverdaulichen Bestandteile und Mineralien unmittelbar an den Verdauungsvorgängen bzw. am Mineralstoffwechsel vieler Vögel beteiligt sind. Insoweit ist es durchaus berechtigt, Erde im weitesten Sinn unter der Rubrik Futtermittel zu erwähnen.

Futter- und Trinkgefäße

Vogelfutter sollte man nie auf den Boden streuen, da es hier mit Kot verschmutzt und so mit Krankheitserregern durchsetzt wird. Als Beispiel für den Zusammenhang zwischen Erkrankung einerseits und Kotaufnahme andererseits können die zahlreichen Todesfälle durch Salmonellen bei freilebenden, einheimischen Vogelarten während der Winterfütterung gelten. Hierbei sind, ebenso wie in vielen Fällen der Käfigung, Vögel zahlreich auf einer kleinen Fläche versammelt. Die Folge ist eine starke Verunreinigung der Futterplätze mit Kot, der mitunter Salmonellen oder andere Krankheitserreger enthalten kann. Durch das mit Kot verunreinigte Futter werden anfliegende Vögel über die Nahrungsaufnahme angesteckt, während frisch infizierte und bereits kranke Vögel über die Kotausscheidung für eine fortschreitende Ausbreitung des Krankheitsgeschehens sorgen. Im Interesse einer hygienischen Fütterung sind deshalb Futtergefäße nötig.

Die Futtergefäße müssen aus korrosionsfestem, nicht gesundheitsschädigendem Material, mit glatter Oberfläche beschaffen sein, damit sie gründlich gereinigt und desinfiziert werden können. Diese Anforderungen erfüllen runde oder ovale (in eckigen Gefäßen setzen sich eher Futterreste fest und verderben) Glas-, Plastik-, Porzellanschalen sowie glasierte Blumentopfuntersetzer aus Ton.

Bei der Wahl der Futtergefäße sind ernährungsökologische Gesichtspunkte zu beachten; das heißt, die in der Natur geübte Art der Nahrungsaufnahme und Besonderheiten der Nahrungsbearbeitung müssen bei der Futtergefäßwahl berücksichtigt werden.

Als praktisches Beispiel sei der Schwertschnabelkolibri genannt, der in freier Natur in senkrechter Haltung schwirrend aus dem hängenden Blütenkelch der Trommelblume Nektar entnimmt. Dieser Vogel ist deshalb auch in Gefangenschaft auf eine Nahrungsaufnahme aus einem Trinkröhrchen mit senkrechter Öffnung (Abb. 15 b) angewiesen. Die Entnahme von Futter aus einem normalen Trinkröhrchen würde dem Vogel Schwierigkeiten bereiten (199).

Vergleichbar spezialisiert und deshalb auf spezielle Trinkröhrchen (Abb. 15 a) angewiesen, ist der Adlerschnabel-Kolibri.

Viele Körnerfresser, besonders die kleinen Arten, verringern durch Entspelzen des Samenkornes dessen Rohfaseranteil und erhöhen damit die Verdaulichkeit des Futters. Durch diese Nahrungsbearbeitung fallen viele Spelzen in das Futtergefäß zurück und verdecken die tiefer liegenden nicht entspelzten Körner. Dies kann zur Folge haben, daß ein Vogel vor einem „gefüllten" Futternapf verhungert!

Die Futtergefäße müssen deshalb für „entspelzende" Arten flach sein und eine große Fläche besitzen. Diese Forderung entfällt andererseits für Vögel, die sich durch Scharren Zugang zu den tiefer liegenden Körnern verschaffen oder die Samen unentspelzt aufnehmen.

Für Gans und Ente, die vor der Futteraufnahme die Nahrung befeuchten, haben sich „Eintauchgefäße" (74) bewährt, welche mehrere Meter vom Ufer und neben dem Futter aufgestellt werden. Diese Gefäße, welche beliebig mit frischem Wasser angefüllt, gereinigt und desinfiziert werden können, fördern die Fütterungshygiene und verhindern eine übermäßige Verschmutzung des Teiches mit Nahrungspartikeln.

Fischessende Vögel (Reiher, Störche, Löffler, Möwen) sollten durch Verwendung von

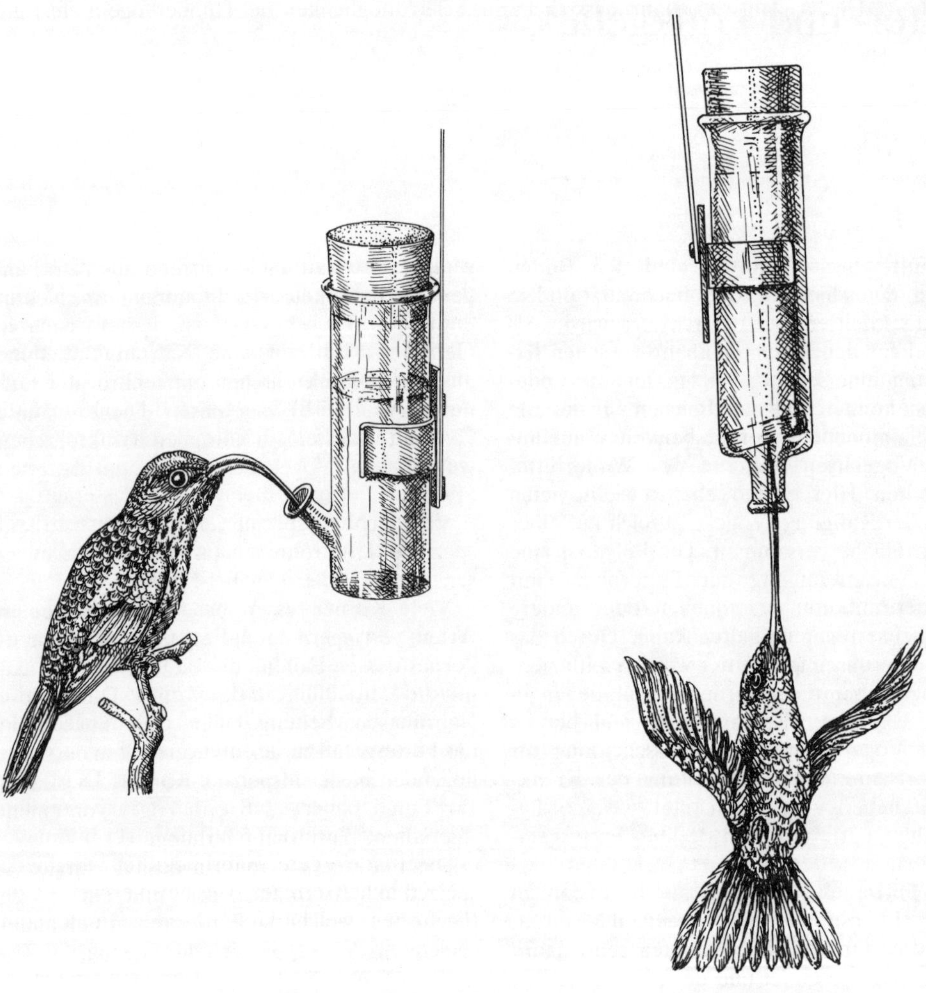

Abb. 15. Futtergefäße nach ernährungsökologischen Gesichtspunkten: links: für den Adlerschnabel-Kolibri, rechts: für den Schwertschnabel-Kolibri. Nach Schuchmann, Kolibris.

breiten, flachen Futterschalen mit darüberliegendem Rost, welcher dennoch genügend Raum zur Entnahme der Nahrung bietet, gehindert werden, in das Fischfutter zu treten, da die Fischlake mitunter zu schwer heilbaren Fußentzündungen (9) führt.

Aus arbeitstechnischen Gründen werden in der Vogelhaltung nicht selten Futterautomaten eingesetzt. Der Nachteil dieser Einrichtungen besteht darin, daß sich bei ständigem Nachschütten von Futter, ohne zwischenzeitliche Reinigung, Ungeziefer halten und vermehren kann. Weiterhin ist der Futterverbrauch nicht sicher überprüfbar und bei verstopften Passagen können Futtermangelsituationen auftreten, welche sich meist erst spät bemerkbar machen.

Die Zahl der Futtergefäße wird wesentlich von dem Verhalten der vorhandenen Vögel bestimmt. Die Anzahl der Nahrungsspeicher kann bei sozialen Vögeln gering gehalten werden; bei Tieren, die zu Aggressivität und Territorialität neigen, muß sie entsprechend hoch sein. Kolibris fordern aus diesem Grund in Gemeinschaftsvolieren die Bereitstellung von mindestens einem Trinkröhrchen pro Vogel.

Wird dieser Grundsatz nicht befolgt, so werden sozial schwächere Vögel an einer regelmäßigen Nahrungsaufnahme gehindert.

Ebenso muß in einer Hühnerherde für jedes Tier genügend Troglänge vorhanden sein, da sonst die rangtieferen Tiere nicht genug Nahrung erhalten. Benachteiligte Tiere sind dann einer ständigen Streßsituation, mit den nachteiligen Folgen einer erhöhten Krankheitsanfälligkeit und verringerten Lebensdauer, ausgesetzt.

Die Wahl des Futterplatzes muß auf einen Ort fallen, wo das Füttern, das Auswechseln der Gefäße und deren Reinigung mit möglichst kurzen Störzeiten verbunden ist. Weiterhin ist zu berücksichtigen, daß unterschiedliche Vogelarten in unterschiedlichen Bereichen dem Nahrungserwerb nachgehen. Einige Vögel suchen Nahrung in den Baumkronen, andere im Mittelbereich von Bäumen oder in Sträuchern und viele auf sowie im Erdboden. Je nachdem, wo Nahrung gesucht wird, meiden einige Vögel die höheren Regionen und manche den Erdboden. Unter Berücksichtigung dieser Freßgewohnheiten füttert man z. B. Hühnervögel, den Wellen- und Nymphensittich am Boden, während z. B. Fledermauspapageien das Futter im oberen Drittel der Käfige oder Volieren am ehsten annehmen (103). Wird der Weg zum Futter zusätzlich den natürlichen Gegebenheiten (Klettern im Gezweig, Gehen auf dem Boden etc.) angepaßt, so kann der Vogel sowohl in gewohnter Region, als auch in gewohnter Körperhaltung/Körperbewegung sein Futter aufnehmen. Dadurch reduzieren sich deutlich sogenannte Haltungskrankheiten z. B. in Form zu lang gewachsener Krallen (mangelhafte Scharrmöglichkeit bei Hühnervögeln etc.) und Schnabeldeformation (der Schnabel wird teils, wie z. B. bei Papageien, als Hilfsorgan beim Klettern eingesetzt).

In hygienischer Sicht gilt, daß die Vögel möglichst wenig mit ihren Ausscheidungen in Kontakt kommen sollen. Es verbietet sich deshalb von vornherein, Futtergefäße unterhalb von Sitzstangen, wo der meiste Kot anfällt, aufzustellen. Außerdem hat es sich bewährt, die Futtergefäße auf einem Rost zu plazieren, denn dadurch kann herausgeworfenes, von Kot verunreinigtes Futter vom Vogel nicht mehr aufgenommen werden.

Für die Trinkgefäße gelten die vorerwähnten hygienischen Kriterien für Futtergefäße uneingeschränkt.

Allgemein zu empfehlen sind Wasserautomaten; denn Kot in offenen Trinkwasserbehältnissen leistet der Entstehung von Erkrankungen Vorschub.

Die Trinkwasserautomaten müssen wie die Futtergefäße gut zu reinigen sein; bestehen sie zudem aus lichtundurchlässigem Material, wird der Algenbildung entgegengewirkt. Weiterhin zerfallen in solchen Gefäßen Vitamingaben im Trinkwasser nicht so rasch, da die zerstörende Wirkung des Lichtes gemindert ist. Es ist wohl überflüssig zu erwähnen, daß Trinkwasser täglich erneuert werden muß, denn verunreinigtes Wasser ist ein guter Nährboden für verschiedene Krankheitserreger, wie beispielsweise Coli-Bakterien, welche Ursache einer Darmentzündung sein können.

Wenn keine Schwimmgelegenheit vorhanden ist, dient den Entenvögeln das Trinkwasser gleichzeitig zur Reinigung der Nasenlöcher und Augen. Die Tränkgelegenheiten müssen in diesem Fall so tief sein, daß der Schnabel ausreichend eingetaucht werden kann. Insoweit ist es notwendig, auch die Trinkgefäße auf die Situation und die besonderen Bedürfnisse der gehaltenen Vögel abzustimmen.

Die Lagerung der Futtermittel

Alle frischen Futtermittel verderben wegen ihres Nährstoffgehaltes und Feuchtigkeitsgrades unter dem Einfluß mikrobieller Vorgänge. Es ist daher notwendig, Futtermittel konservierenden Behandlungen zu unterwerfen, um diese ganzjährig zur Verfügung zu haben. Hierzu geeignet sind u. a. die Trocknung und die Kältebehandlung.

Getrocknet werden im großen Stil das Getreide und andere Sämereien. Allerdings muß der Feuchtigkeitsgehalt unter 14 % liegen, um eine einwandfreie Lagerung über längere Zeit auch in hoher Schicht zu gewährleisten! Kleinere Mengen des handelsüblichen Körnerfutters bewahrt man am besten in dichtschließenden Schraubgläsern auf, ansonsten eignen sich auch größere Gefäße aus Plastik. Auf diese Weise werden auch Schadnager von der Vogelnahrung ferngehalten. Jedoch sollte, um eine Kondenswasserbildung zu unterbinden, stets eine gewisse Ventilation in den Futtervorratsgefäßen gegeben sein. Aus eben diesem Grund werden angebrochene Plastikfuttersäcke offengelassen und andere luftdichte Gefäße bei längerer Lagerung nicht fest verschlossen. Vorratsbehältnisse müssen vor jeder Neuaufschüttung gründlich gesäubert werden, da es sonst vorkommen kann, daß sich in einem verbleibenden Futterrest Milben und/oder Krankheitserreger (Pilze, Bakterien) halten und die Neuaufschüttung verderben können.

Seit der Einführung von Tiefkühltruhen werden von vielen Vogelzüchtern Futtermittel auch eingefroren. Hierzu sind z. B. Früchte (wie z. B. die der Eberesche oder des Sand- und Feuerdorns) und Samen im Fruchtstand (z. B. der diversen Wildgräser, des Weizens, der Gerste und vom Mais) geeignet.

Trotz optimaler Trocknung oder tiefer Temperaturen verändern sich Futtermittel, vor allem fetthaltige, unter dem Einfluß von Mikroorganismen, pflanzeneigenen bzw. tierischen Enzymen, aber auch durch rein chemische Umsetzungen (155). Diese Prozesse werden durch Überlagerung, Licht und Wärme gefördert. Es empfiehlt sich daher nur, Futtermittel von der letzten Ernte anzubieten und diese ebenso vor Licht und Wärme zu schützen. Letztlich sei daran erinnert, daß man durch Keim- und Geschmacksproben eine gute Information über den Frischegrad der Nahrungsobjekte erhält.

Das „Wichtigste“ in Kürze

Aus den anatomischen Gegebenheiten, der Chemie der Nähr- und Wirkstoffe sowie den Beobachtungen im Freiland und in Gefangenschaft ergeben sich für die tägliche Ernährung des Vogels folgende Hinweise:

1. Der Schnabel und der nachgeordnete Verdauungstrakt haben sich an die Ausnutzung verschiedenster Futterstoffe angepaßt und in Struktur und Funktion spezialisiert. Jedem Vogel wird dadurch ein Nahrungsschema zugewiesen, und es wird gefressen und vertragen, was diesem entspricht. Abweichungen von diesem Grundsatz führen rasch zu Stoffwechselstörungen, die insbesondere dann auftreten werden, wenn das Ersatzfutter in seiner biologischen Qualität (Gehalt an Eiweiß, Fett, Kohlenhydraten und Wirkstoffen) und seinen diätetischen Eigenschaften (Anteil an unverdaulicher Substanz) stark von der Vorzugsnahrung abweicht. Grundvoraussetzung für eine ungestörte Verdauungsleistung ist deshalb ein fundiertes Wissen um die Erfordernisse des gehaltenen Pfleglings.
2. Die Betrachtung morphologischer Merkmale eines Vogels ist geeignet, dessen ökologische Ansprüche abzuschätzen. So weisen z. B. die langen spitzen Flügel und die kurzen Beine der Schwalben und Segler auf ein überwiegendes Leben in der Luft und damit auf die Nahrungsgrundlage Insekten hin. Dementsprechend verlangen so gestaltete Vögel animalische Kost. Dagegen deuten die kräftigen Lauffüße und die kurzen breiten Flügel der Hühnervögel auf ein überwiegendes Leben auf dem Boden hin. Dort werden Sämereien, Grünzeug und ausgescharrtes Kleingetier aufgenommen. Folgerichtig werden solche Tiere sowohl mit animalischer als auch mit pflanzlicher Kost ernährt. Füße mit Schwimmhäuten sind auffälliger Hinweis eines Lebens am Wasser. Lange und spitze Schnäbel lassen zudem den Fisch als Nahrungsgrundlage erwarten, der deshalb auch in Gefangenschaft Hauptnahrung sein sollte.
3. Der Vogel hat aus anatomischen Gründen kein oder nur ein geringes Verdauungsvermögen für rohfaserreiche Kost, da „Gärkammern“ (Blinddärme) fehlen oder nur so ausgebildet sind, daß stets nur ein kleiner Teil der Gesamtnahrung in sie eintreten und bakteriell aufgeschlüsselt werden kann. Der Vogel ist deshalb ausnahmslos auf Futterstoffe mit hoher Nährstoffkonzentration (Samen, Insekten, Fleisch, Fisch, Früchte, Knospen, junge Triebe, Nektar, Pollen usw.) angewiesen. Dagegen scheidet ballastreiche Kost (stark rohfaserhaltiges Futter: z. B. altes Gras oder Laub und für „nicht entspelzende“ Vögel viel Spelzen enthaltende Samen) aus.
   Für eine optimale Verdauungsleistung benötigen Körnerfresser, pflanzen- und einige allesfressende Vögel „Magensteinchen“ als „Zahnersatz“.
4. Der Nährstoffbedarf und damit die Nahrungswahl des Vogels wechselt im Jahreslauf durch die verschiedenen physiologischen Gegebenheiten, wie sie mit dem Wachstum, der Mauser, Eibildung und Ruhezeit gegeben sind. Durch diesen wechselnden Nährstoff-/Futterbedarf hat die Natur in sinnvoller Weise die Bedürfnisse des Vogels dem Wechsel und dem damit verbundenen unterschiedlichen Nahrungsangebot der Jahreszeiten angepaßt, wodurch dem Organismus ein Überleben auch in knappen Zeiten (z. B. das Überwintern) ermöglicht wird. Auf diesen

Rhythmus ist die Vielzahl der Vögel eingestellt und in gewisser Weise sogar davon abhängig. Der Vogelpfleger hat im Nahrungsangebot hierauf Rücksicht zu nehmen! Weiterhin ist zu bedenken, daß jeder Vogel durch seine geographische Herkunft ursprünglich einem bestimmten Lichteinfluß und wechselnden Temperaturen unterliegt und auch in Gefangenschaft von diesen, den Stoffwechsel beeinflussenden Umweltfaktoren abhängig ist. Dabei ist in unseren Breitengraden zu berücksichtigen, daß die Lichteinwirkungsdauer in den Jahreszeiten Herbst, Winter und Frühling gering und die damit erzwungenen Ruhezeiten lang sind. Viele exotische Gefiederte, aber auch einheimische Zugvögel, können durch diese Tagesperiodik nicht ausreichend Nahrung aufnehmen und werden dadurch krankheitsanfällig. Für diese Tiere ist deshalb der jahreszeitbedingte Kurztag durch künstliche Beleuchtung zu verlängern!

5. Vögel beachten vielfach aus einem breiten Nahrungsspektrum die jeweils notwendigen Komponenten, die ihrem Bedarf am ehesten entsprechen. Ein breitgefächertes Nahrungsangebot ist daher in der Regel optimal, zumal der unterschiedliche Gehalt an Wirk- und Nährstoffen sowie an essentiellen Aminosäuren in den einzelnen Nahrungskomponenten durch verschiedene Futterstoffe (Mangel in einem, Überschuß in einem anderen) am ehesten auf ein notwendiges Minimum ausgeglichen wird.
6. Das breite Vorkommen der Vitamine in frischen, dem Vogel entsprechenden Nahrungsobjekten garantiert im allgemeinen eine ausreichende Vitaminversorgung. Allerdings wird dieser in freier Natur übliche Zustand unter den besonderen Bedingungen der Käfighaltung kaum erreicht. In der Vogelhaltung kann deshalb der gelegentliche Einsatz von synthetischen Vitaminen zur Komplettierung eines nicht bedarfsgerechten Gehaltes im Futter und als Sicherheitszusatz unter den Bedingungen von Streßeinwirkung, Krankheit und besonderen Leistungen grundsätzlich empfohlen werden.
7. Die Nahrungsmenge, welche der Vogel verzehrt, wird wesentlich von deren Energiegehalt bestimmt. Aus diesem Grund steigt die Nahrungsaufnahme bei einer Energieverringerung und sinkt mit zunehmendem Energiegehalt. Allerdings ist bekannt, daß vielfach der Futterverzehr nicht in gleichem Umfang abnimmt, mit dem der Energiegehalt ansteigt. Vögel erkranken deshalb unter einem Energieüberschuß sehr schnell. Dies gilt besonders in Gefangenschaft, da die kräftezehrende Lebensweise des Freilebens fehlt.
8. Alle Vogelarten widmen einen großen Teil der täglichen Aktivität der Nahrungssuche. Anders verhält es sich unter den Gegebenheiten der Käfig- und Volierenhaltung, da Futter und Wasser hier stets ausreichend vorhanden sind. Hieraus folgert ein Aufgabendefizit, das mitverantwortlich für die Entwicklung abweichender Verhaltensweisen sein kann, wie beispielsweise der Fremdkörperaufnahme bei Pinguinen, Puten und Strauß oder Motilitätsstereotypien (sich ständig wiederholende „sinnlose“ Bewegungsabläufe) bei großen Papageien. Es ist deshalb angeraten, teils notwendig, den Gefiederten mehrmals täglich kleinere Futterrationen, ein „Beschäftigungsfutter“, möglichst an mehreren und wechselnden Stellen zu reichen, damit der Vogel eine ausreichende, das heißt „artgemäße“ Zeit mit der Nahrungsaufnahme beschäftigt ist.
   Weiterhin muß die ursprüngliche Lebensweise des Vogels insoweit Berücksichtigung finden, daß die Futtergefäße dort plaziert werden, wo der Gefiederte natürlicherweise seine Nahrung sucht. Denn dadurch werden die im Dienste des Nahrungserwerbs stehenden Körperteile (z. B. die Füße durch Klettern im Gezweig, Scharren am Boden etc.) nach ihrer Bestimmung eingesetzt und „Technopathien“ vermieden.
   Letztlich sind auch zeitliche Momente zu beachten. Nachtfressern (z. B. Eulen) gibt man deshalb das Futter zweckmäßigerweise erst am späten Nachmittag oder abends, damit dieses nicht den nachteiligen Einflüssen von Wärme oder Frost ausgesetzt ist.

Die Ernährung der am häufigsten gehaltenen Vögel

In Gefangenschaft wird nur ein kleiner Prozentsatz der gekäfigten Vögel nach ihren gegebenen physiologischen Erfordernissen ernährt, teils werden die Vögel gar an ihnen fremde Nahrungsobjekte „gewöhnt", wie z. B. Loris an Körnerfutter. Vor allem gilt diese Feststellung im Hinblick auf die Vögel in Händen der Einzelvogelhalter.

Der häufigste Ernährungsfehler ist die Überfütterung, die durch zu energiereiches Futter, bei gleichzeitigem Bewegungsmangel, bedingt ist. In deren Folge stehen adipöse (fette) Vögel, die unter den Wellensittichen besonders häufig zu finden sind.

Ein weiterer Futterungsfehler ist jede einseitige Ernährung. Hierbei kommt es rasch zu Mangelsituationen, welche vor allem bei ausschließlicher Körnerfütterung auftreten.

Letztlich ergeben sich vor allem für den einzeln gehaltenen, zahmen Sittich oder Papagei fütterungsbedingte Nachteile – vor allem Leberschäden – aus der Fütterung vom gedeckten Tisch (75); denn geräucherte, stark gewürzte und gesalzene Nahrung ist dem Vogel fremd und deshalb unzuträglich.

Um Fütterungsfehler zu vermeiden, werden im folgenden Ratschläge erteilt, wie man die am häufigsten gehaltenen Vögel ernähren kann. Jedoch dürfen diese Hinweise nur als Richtschnur aufgefaßt werden, da unser Wissen um die Nahrungsbedürfnisse der meisten Vogelarten noch Lücken aufweist und damit auch die folgenden Ratschläge verbesserungsfähig sind.

Es wird deshalb jedem Vogelhalter angeraten, sich mit den vielerlei inneren (Wachstum, Mauser, Brut etc.) und ursprünglich gegebenen äußeren Faktoren (Klima im Jahreslauf) ändernden Nahrungsansprüchen, auf die auch der Vogel unter Menschenobhut mehr oder weniger fixiert ist, zusätzlich auseinanderzusetzen!

Papageien

Über die Ernährung der Papageien liegen relativ wenige Freilanduntersuchungen vor. Damit fehlt eine wesentliche Voraussetzung, diese Vögel naturnah oder gar nach saisonal bedingten Schwankungen zu ernähren.

Die vorliegenden Ergebnisse weisen die meisten Angehörigen der Familie der Papageien als Samen- und Fruchtfresser aus. Einzelne Vertreter, wie z. B. der Kea, suchen mit ihrem „Grabschnabel" in der Erde auch nach Wurzeln, Knollen und Insekten. Daneben gibt es weitere Spezialisationsrichtungen, deren Vertreter überwiegend Früchte verzehren oder deren Nahrung hauptsächlich aus Nektar, Pollen oder gar Insekten besteht. Bekannt ist weiterhin, daß viele größere Arten (z. B. Kakadus, Aras) und Platycercus-Vertreter natürlicherweise Insekten, Wasserschnecken (183) und Würmer aufnehmen sowie in Gefangenschaft Fisch- und Pferdefleisch nicht verachten (121). Darüber hinaus muß bedacht werden, daß es speziell bei Papageien eine individuell variierende Bevorzugung bestimmter Nahrungsobjekte gibt.

Die Nahrungsaufnahme der Papageien geschieht in charakteristischer Weise. Auffallend ist, daß die Vertreter dieser Gruppe die Samen schälen und ebenso von Früchten die Schale entfernen. Dies hat zur Folge, daß der Verdauungstrakt weniger mit unverdaulichen Stoffen (Rohfaser) belastet wird. Außerdem können dadurch Samen genutzt werden (z. B. Sonnenblumenkerne), die für nicht entspelzende Arten (z. B. die Taube) ausscheiden. – Übrigens sind wegen dieser Nahrungsbearbeitung Futterautomaten für Papageien ungeeignet, da sie durch Futterreste, die beim Enthülsen der Samen entstehen, recht störanfällig sind.

Bei der Nahrungsaufnahme fällt auf, daß Papageien beim Fressen oft einen Fuß (Halten des Nahrungsobjektes) zu Hilfe nehmen.

Die meisten als Stubenvögel gehaltenen Papageien sind genügsame Körnerfresser. Deshalb läßt sich die überwiegende Zahl dieser Vögel mit einer nur aus trockenen Sämereien bestehenden Ersatznahrung halten. Allerdings ist dies keine optimale Ernährung, da die Papageien in der freien Natur ein wesentlich vielfältigeres Angebot an Futterstoffen vorfinden und auch annehmen. Es ist deshalb wichtig, auch den in Gefangenschaft gehaltenen Papageien ein breit gefächertes Grundfutter anzubieten. Dieses besteht bei kleinschnäbeligen Formen überwiegend aus Grassamen (Hirse, Hafer, Weizen etc.), bei größeren Papageien zudem aus ölhaltigen Sämereien (Sonnenblumenkernen, Nüssen usw.).

Die Samen sollten wie in freier Natur sowohl in grünem (z. B. in Form unreifer Ähren), reifem als auch in gekeimtem Zustand angeboten werden.

Daneben fressen die meisten Papageien Grünfutter, Früchte (eine große Vorliebe für diesen Nahrungsbestandteil haben insbesondere die neotropischen Sittiche und Amazonen) und nagen an frischem Holz bzw. dessen Rinde. Weiterhin füttern viele Züchter an ihre Papageien frische, gequollene oder gekochte Früchte der Leguminosen, weil diese z. B. im Amazonas ganzjährig in großer Vielfalt von den dort lebenden Vertretern als Nahrung aufgenommen werden (183).

Für alle Papageien – vor allem Zucht- und heranwachsende Tiere – sind Gaben von hochwertigem (tierischem) Eiweiß unerläßlich. Bewährt haben sich u. a. Alleinfutter für Legehennen, Quark und Ei.

In Gefangenschaft bedarf es in den meisten Fällen großer Mühe und viel Zeit, die in Quarantäne an ein einseitiges Futter gewöhnten Tiere (vor allem Graupapageien) an eine natürliche Ernährung – ein breites Nahrungsspektrum – umzugewöhnen. Mitunter ist es gar notwendig, die Tiere knapp zu füttern und bekannte Nahrungsobjekte unter unbekannte zu mischen.

In diesem Zusammenhang sei die „Utrechter Mischung“ erwähnt. Nach ihr erhalten sich einseitig ernährende Papageien zum Eingewöhnen: ½ Papageien-Körnerfutter (ohne Erdnüsse) + ½ Grundmischung = ⅓ Exotenkörnermischung, ⅓ Kanarien-Eifutter, ⅓ Baby-Vollkornbrei; mit H-Milch zu krümeliger Konsistenz mischen; danach: ⅓ Papageien-Körnerfutter + ⅔ Grundmischung.

Besonders zu beachten ist, daß Papageien überdurchschnittlich unter Vitamin-A-Mangelerscheinungen leiden. Gelegentliche Gaben synthetischer Präparate können deshalb grundsätzlich empfohlen werden (66). Überwiegend Früchte fressende Krummschnäbel, z. B. der Feigenpapagei, sind zudem auf Vitamin-K-Gaben angewiesen.

Vorschläge einer Rationsgestaltung:
a) für größere Papageien
schnabelgerechte ölhaltige Samen, also Sonnenblumenkerne, Nüsse etc.,
Leguminosen (frisch, gequollen und gekeimt), daneben Getreide (Weizen, Hafer, Mais – in halbreifer, reifer und gekeimter Form), Grünfutter, Obst, Wurzeln, frisches Holz mit Knospen oder jungen Trieben etc.,
mitunter gekochtes Ei, schieres Fleisch, Kotelettknochen zum Abnagen (87), wenig (!) Käse, gekochtes Hühnerfleisch etc.
b) für mittelgroße Papageien
schnabelgerechte ölhaltige Samen, also Sonnenblumenkerne, wenig Hanf etc.,
Leguminosen (Linsen, Erbsen etc.),
daneben Mais (geweicht oder zerkleinert), Hafer, Weizen, diverse Hirsen (als Saat oder in Kolben), Glanz, Grün- und Keimfutter, Obst und frische Zweige, mitunter gekochtes Ei, Quark, Weichfutter etc.
c) für kleinere Papageien
überwiegend (80 %) verschiedene schnabelgerechte Hirsen,

daneben geschälten Hafer, Glanz und wenige (nicht über 5%) Ölfrüchte (Negersaat, Mohnsamen, Hanf), mitunter gekochtes Ei und andere animalische Futterstoffe.

Die Vorschläge einer Rationsgestaltung sind lediglich als Richtschnur aufzufassen, da die Ernährung des Vogels nach seinen im Jahreslauf wechselnden Bedürfnissen zu erfolgen hat! Insoweit wird man dem Vogel in der Ruhezeit nur ein mageres Erhaltungsfutter geben, dagegen zu Zeiten besonderer Leistungen – vor allem während der Brut – vermehrt animalische Kost, Keimfutter, Mineralstoffe und Vitamine.

Ebenso muß das Nahrungsangebot auf den Nährzustand Rücksicht nehmen, denn viele Papageien (besonders Wellensittich und Rosakakadu) verfetten sehr rasch.

Eine abweichende Futterwahl innerhalb der Ordnung der Papageien haben die Arten der Loris und Fledermauspapageien sowie der Schwalbensittich. Diese ernähren sich im Freiland von Blütennektar und Blütenpollen sowie von Früchten und Knospen. In Anpassung an diese spezielle Ernährung weisen vor allem die Loris als morphologische Besonderheit eine bürstenartig gestaltete Zungenspitze auf, die als hochspezialisiertes Instrument zur Gewinnung von Pollen zu gelten hat.

In Gefangenschaft werden diese Tiere mit halbflüssigen gekochten Sämerein (vor allem Reis oder Mais) gefüttert, denen z. B. Joghurt, Früchte (Bananen, Birnen, Weintrauben, gequollene Rosinen, Himbeeren, Äpfel, Johannisbeeren, Karotten, Salatstückchen etc.), Mehlwürmer, ein krümeliges Karotten-Hartei-Biskuit-Gemisch, Traubenzucker, Honig, Vitamine und Mineralsalze zugesetzt werden. Darüber hinaus erhalten heikle Loris eine spezielle Nährlösung, die aus Säuglingsnahrung, Honig und Kondensmilch (Vorsicht!) oder aus Fertigprodukten (z. B. Lori-Nektar etc.) hergestellt wird.

Alle Loris sind in besonderer Weise von einer ausreichenden Proteinzufuhr abhängig, da Blütenpollen in seiner Zusammensetzung reich (ca. 20% und mehr Rohprotein) an diesem Nährstoff ist. Dem Futterbrei gibt man deshalb Fleischextrakt, Boviserin, Ei, Insekten oder Alleinfutter z. B. für Legehennen bei. Für ausgesprochene Pollenspezialisten (z. B. *Vini*- und *Charmosyna*-Arten) ist die ursprüngliche Nahrung am bekömmlichsten. Für diese Tiere werden deshalb Pollengaben (fein gemahlen) ausdrücklich empfohlen (202).

Das Kapitel über „Die Ernährung der Papageien" fordert Anmerkungen zu der künstlichen Aufzucht von Nestlingen; denn mitunter lassen die Alttiere aus den verschiedensten Gründen ihre Jungen im Stich!

Nach den vorliegenden Literaturangaben finden als Aufzuchtfutter überwiegend Mischungen von Schmelz-, Mehrkornflocken, geschälten Sonnenblumenkernen, Sittichgold, etwas Banane, Quark, Ei sowie Spuren von Mineralien und Vitaminen Verwendung. Die Getreideanteile werden mit Wasser gekocht, die übrigen Bestandteile später hinzugegeben. Verfüttert wird der dünn- (an sehr junge Vögel) bzw. dickflüssige (an ältere Vögel) Brei mittels Kropfspritze oder Löffel.

Bei diesen Futterzusammenstellungen fällt der relativ geringe Gehalt an hochwertigem (tierischem) Eiweiß auf. Hierin liegt eventuell auch der Grund für das vielfach beobachtete verzögerte Wachstum (76) handaufgezogener Papageien! Auch führt der hohe Kohlenhydratanteil zu Leberverfettung und Todesfällen meist im Alter von 6–8 Wochen. Es wird deshalb angeraten den biologischen Bedürfnissen – bedingt durch Wachstum und Knochenbildung – Rechnung zu tragen und den Anteil an hochwertigem Eiweiß, Mineralien und Vitaminen durch Gaben von Alleinfutter für Legehennen oder Küken, Quark, Ei, Boviserin, – Protamin Super-Hydramin-Pulver (144), bzw. Mineralstoffen und Vitaminen zu erhöhen! Unter diesem Aspekt sei ein Rezept aus dem Zoo von San Diego erwähnt (144).

Die dort eingesetzte Mischung besteht aus Weizenkeimflocken, Gevral Protein, Pellets für Forellen (ca. 45% Rohproteingehalt hoher Wertigkeit!), geschälten Sonnenblumenkernen, feingehacktem Salat, Maissirup, frischem Eidotter und geringen Mengen von Vionate-Vitaminpulver, jodiertem Salz, L-Cystin (essentielle Aminosäure) sowie Calcium-Lactat.

Kanarienvogel

Der Kanarienvogel ernährt sich wie seine noch freilebenden Vorfahren sowohl von ölhaltigen als auch mehlhaltigen Futterobjekten. Die verkaufsfertigen Futtermischungen enthalten deshalb Sommerrübsen (der herb-bittere Winterrübsen wird verschmäht), Leinsaat, Mohn und Hanf sowie Anteile der viel Kohlenhydrate enthaltenden Samen Glanz, Hirse, Hafer (geschält) und Weizen.

Da die fetthaltigen Samen besonders rasch verderben (ranzig werden), sollte es nicht versäumt werden, ab und an den Geschmack des Futters zu prüfen. Auch geben Keimproben über die Qualität des Futters Auskunft.

Gut ernährte Kanarienvögel erhalten neben dem Grundfutter regelmäßig Obst, Grünpflanzen und deren Samenstände sowie Mohrrübenstückchen angeboten. Ebenso sollte eine breite Auswahl an gequollenen und gekeimten Sämereien nicht fehlen.

Zur Zucht- und Mauserzeit sind zusätzliche Gaben von tierischem Eiweiß (Ei, Boviserin etc.) notwendig; denn auch in Freiheit werden zu dieser Zeit vom Kanariengirlitz Nahrungsobjekte tierischer Herkunft (Insekten) verzehrt.

Im Hinblick auf die Vitamin-Versorgung sei angemerkt, daß rezessiv weiße Kanarien eine erbliche Disposition für einen Vitamin-A-Mangel aufweisen, da diesen Vögeln das Resorptionsvermögen für Karotin fehlt. Diesen Tieren muß deshalb immer ein reichliches (ca. 20 000 i. E. pro Liter Trinkwasser) Vitamin-A-Angebot zur Verfügung stehen (47).

Interessant sind Untersuchungen an freifliegenden Kanarienvögeln, die ihr Futter selber suchen können. So gehaltene Tiere fressen gern an Salatköpfen, Grasrispen, Unkräutern und einigen Blüten. Außerdem suchen sie an Birken- und Buschbohnenblättern nach Blattläusen und stochern in der Erde (39).

Der Kanarienvogel neigt dazu, aus Mischfutter-Mischungen die ihm wohlschmeckenden Samen herauszupicken. Dabei wird viel Futter verstreut und vergeudet. Erfahrene Züchter empfehlen deshalb, die Samen jeweils gesondert in einem extra Napf darzureichen. Auf diese Weise wird eine bessere Futterausnutzung und eine wesentliche Einsparung erzielt. Außerdem kann man durch die Beobachtung des Futterverbrauchs und Regulierung des Futterangebots verhindern, daß sich ein Vogel zu einseitig ernährt.

Prachtfinken

Die meisten freilebenden Prachtfinken sind Bewohner offener und halboffener Landschaften, vor allem der Gras-, Baum- und Buschsteppen. Dort werden neben Samen in den verschiedensten Reifezuständen auch Termiten, fliegende Ameisen und kleinere Insekten aufgenommen.

Als Ersatzfutter in Gefangenschaft ist ein Gemisch aus Hirse und Glanz sowie Teilen von Negersaat geeignet. Daneben werden stets auch Samen aus einer guten Waldvogelfuttermischung beachtet.

Größere Prachtfinken fressen darüber hinaus auch Getreide (z. B. Gerste, Hafer und Reis), vor allem wenn sich dieses in halbreifer Form noch in den Ähren befindet.

Durch die vielen Samen tragenden Pflanzen (Wegerich, Löwenzahn, Hirtentäschelkraut, Rispen-, Weidelgras, Sauerampfer, Vogelmiere, Nachtkerze usw.), die in freier Natur reichlich vorkommen, kann der Futterplan sehr abwechslungsreich und damit die Ernährung verbessert werden.

Alle Samen sollten den Vögeln in halbreifer (besonders wichtig während der Brutzeit), trokkener und angekeimter Form angeboten werden.

Neben den Samen darf Grünfutter (z. B. die Vogelmiere, Salat) nicht fehlen. Allerdings muß beachtet werden, daß Prachtfinken bei zu reichlicher Grünpflanzenfütterung leicht Durchfall mit deutlicher Beeinträchtigung des Gesundheitszustandes bekommen. In diesen Fällen ist das Grünfutter den Vögeln sofort zu entziehen! Zum Stopfen des Durchfalls kannman unter das Körnerfutter etwas Mohn mischen.

Als Körnerfresser sind Prachtfinken auf kleine Steinchen, die als „Zahnersatz“ wirken, angewiesen; Sand (Quarzkörner) und Erde (Steinchen) müssen daher stets zur Verfügung stehen.

Futterstoffe tierischer Herkunft spielen in der Ernährung der Prachtfinken, vor allem für die dickschnäbeligen Vertreter, eine untergeordnete Rolle (180). Jedoch haben auch diese Tiere ständig, vor allem zu Zeiten besonderer Leistungen – namentlich zur Brutzeit – einen Bedarf an solchen Nahrungsobjekten. Angenommen werden u. a. der ,,Mehlwurm", Ameisenpuppen, Wachsmottenlarven, Drosophila, Eifutter, Boviserin und Legehennenalleinfutter.

Das Grundfutter wird am besten nach Samenarten getrennt in verschiedenen Futternäpfen gereicht. Auf diese Weise werden unnötige Futterverluste vermieden; gleichzeitig kann überprüft werden, ob sich die Vögel nicht zu einseitig ernähren (180).

Tauben

Die meisten im Handel erhältlichen Ziertauben sind Samenfresser, deren Ernährung unproblematisch ist. Kleinere Tauben erhalten Hirse, Glanz oder Kanariensaat, Raps, Rübsen und verschiedene Wildsämereien. Größere Vertreter werden mit Weizen, geschältem Hafer, Wicken und Reis ernährt. Dementsprechend können vom Handel angebotene Wellensittich- und Kanarienvogelfuttermittel bzw. fertige Taubenkörnerfutter für kurz- und langschnäblige Arten eingesetzt werden.

Daneben wird frisches Grün angeboten. Zudem sollten Tauben in Zeiten besonderer Leistungen zusätzliche Vitamin-, Mineralstoffgaben und animalisches Protein (z. B. Quark, Insektenschrot, Legehennenalleinfutter, Ameisenpuppen usw.) erhalten.

Im Gegensatz zu den körnerfressenden Tauben ernähren sich die Erdtauben in freier Natur überwiegend von Kleinlebewesen, weshalb Vertreter dieser Gruppe auch in Gefangenschaft ständig tierisches Eiweiß (z. B. Insektenschrot oder Weichfutter, Mahlfleisch, ,,Mehl-" und Regenwürmer, Schnecken, Ameisenpuppen, Quark, Pellets für Legehühner etc.) benötigen. Zudem gehören zu einer ausgewogenen Futterration verschiedene Wildsämereien, Reis, Hirse, Hanf, zermahlener Mais, Mohn, Wicken und vieles andere mehr.

Fruchttauben ernähren sich von Früchten, wie schon der Name andeutet. In freier Natur ernten sie diese in den Baumkronen des tropischen Regenwaldes. Wegen der ursprünglichen Nahrungssuche in höheren Regionen nehmen Fruchttauben am Boden dargereichtes Futter nicht gern; es sollte deshalb dort nicht angeboten werden!

Als Futter eignen sich diverse schnabelgerechte Früchte (z. B. Trauben, Rosinen, gehackte Feigen, geschnittenes Obst, Beeren) sowie zerstampfte, gekochte Wurzelfrüchte und Knollen (Karotten, Rote Bete, Kartoffeln usw.).

Mitunter ist zu beobachten, daß Tauben (z. B. die Schwarznacken-Fruchttaube) nicht bereit sind, Beeren und Früchte aus Futternäpfen (so angeboten entsprechen sie nicht dem ursprünglichen Erscheinungsbild!) aufzunehmen. Diesen Tieren muß deshalb Gelegenheit gegeben werden, diese Futterstoffe direkt vom Ast zu rupfen.

Zusätzlich sind auch die Fruchttauben auf Sämereien angewiesen, da sich sonst der gut bemuskelte Kaumagen zurückbildet (136).

Mitentscheidend für eine erfolgreiche Haltung der Fruchttauben ist ein genügend hoher Proteinanteil in der Nahrung. Als weitere Futterkomponenten sollten deshalb z. B. Quark, Boviserin, Legehennenalleinfutter, Mahlfleisch und ,,Mehlwürmer" untermischt in gekochten Reis o. ä. verfüttert werden.

Die vorerwähnte Art der Fruchttaubennahrung bedingt, daß sich am Schnabel leicht Futterkrusten bilden, unter denen sich mitunter Mykosen ausbreiten. Im Interesse der Gesunderhaltung der Tauben müssen deshalb verschmutzte Schnäbel unbedingt gesäubert werden! Vorbeugend haben sich Sprenkleranlagen bewährt, unter denen die Tauben die Möglichkeit des Regenbadens haben. Weiterhin ist der Volierenboden so zu gestalten, daß er gut gereinigt werden kann, da der meist zucker- und stark wasserhaltige Kot ein guter Nährboden für verschiedene die Gesundheit der Tauben bedrohende Pilze ist (136).

Bei allgemeinen Wachstumsstörungen und bei Unregelmäßigkeiten in der Mauser hat es sich bewährt, das Futter für kranke Tauben mit Multivitaminen – mit hohem Anteil der B-Gruppe – anzureichern, da dadurch häufig das Allgemeinbefinden deutlich verbessert wird (66).

Insektenfresser

Insekten sind für sehr viele Vögel eine bedeutsame – teils ausschließliche – Nahrungsquelle. Gefressen werden u. a. Eintags- und Uferfliegen, Zweiflügler (Mücken und Fliegen), Geradflügler (Heuschrecken), Schmetterlinge, Libellen, Wasser- und Holzinsekten (z. B. vom Specht), Spinnen, Tausendfüßer, Würmer, Schnecken und während insektenarmer Zeiten vielfach auch Obst.

Bei der Nahrungsaufnahme fällt auf, daß viele Insektenfresser vor dem Verzehr von Würmern, Insekten und deren Larven diese durch ein- oder mehrmaliges Aufschlagen auf eine Unterlage töten. Teils wird die Beute nur aufgehackt (z. B. von Meisen) und lediglich das Innere verzehrt.

Die Nahrungsgrundlage Insekten ist bei Gefiederten zu erwarten, die einen relativ langen und spitzen oder stumpfen, weit aufreißbaren Schnabel (Schwalbe, Mauersegler, Ziegenmelker) besitzen.

Das Spektrum der als Nahrung aufgenommenen Insekten ist breit sowie variabel und wesentlich vom Angebot der Arthropodenfauna im besiedelten Gebiet abhängig. So ergeben sich Unterschiede in der Ernährung von Biotop zu Biotop. Weiterhin ist an jahreszeitliche Umstellungen zu denken, indem die meisten Insektenfresser im Herbst zusätzlich die breite Palette von Obst und Beeren als Zusatznahrung nutzen. Diese in freier Natur wechselnde Nahrungsaufnahme wird übrigens auch in Gefangenschaft eingehalten, wenn dazu die Möglichkeit besteht.

Gekäfigte Insektenfresser werden in Ermangelung der Vielzahl der in freier Natur vorhandenen Futtertiere überwiegend an einen Ersatz – das sogenannte Weichfutter – gewöhnt. Dieses wird im Zoofachhandel als „Universalfutter“ und in Verbindung mit der Nennung einer bestimmten Vogelart oder -gruppe angeboten.

Bei der Wahl eines Weichfutters ist primär auf einen hohen Proteinanteil von guter Qualität zu achten, denn ein Großteil der angebotenen Ersatznahrung enthält nur wenig Eiweiß und zuviel Anteile ernährungsphysiologisch ungeeigneter Stoffe, wie z. B. Waffelbruch.

Vor seiner Verfütterung wird Weichfutter mit Früchten, feingewiegtem Grün, Magerquark oder hartgekochtem Ei angefeuchtet, bis eine krümelige (feuchtere Nahrung wir vom Vogel allgemein gemieden!) Masse entsteht. Derart zubereitetes Weichfutter verdirbt rasch; es ist deshalb, besonders an heißen Tagen, eine zweimalige Fütterung notwendig!

Nebenbei benötigen Insektenfresser verschiedene Früchte, wie sie die Natur im ursprünglichen Lebensraum des Vogels reifen läßt.

Durch die Art der Nahrung haben Insektenfresser einen relativ flüssigen, mitunter auch unangenehm riechenden Kot, der zusätzliche Pflegemaßnahmen erfordert. Vor der Anschaffung eines Weichfressers sollte daher die Frage stehen, ob der dafür notwendige Zeitanspruch erfüllt werden kann.

Obgleich insektenfressende Vögel über Jahre mit Weichfutter am Leben erhalten werden können, sollten lebende Nahrungsobjekte – wegen ihrer zahlreichen Vorzüge – nicht fehlen. Für viele Zuchttiere sind sie gar unentbehrlich. Jedoch muß das Angebot vielseitig sein, da eine Fütterung z. B. nur mit Mehlkäferlarven („Mehlwürmern“) Probleme bereitet.

Während der Brutzeit verlangen anspruchsvolle Kostgänger ein besonders vielfältiges Angebot, da eine große Zahl von Vogelarten sich bei der Auswahl des Aufzuchtfutters nicht verleiten läßt, nur die in nächster Nähe reichlich vorhandenen und bequem erreichbaren Nahrungsobjekte aufzusammeln, sondern instinktiv immer wieder nach Abwechslung sucht. Es ist deshalb mitunter erforderlich, den Futterplan mehrmals täglich zu wechseln, da sonst beobachtet werden kann, daß die Altvögel ihren eigenen Bedarf decken, der Fütterungstrieb jedoch zum Erliegen kommt.

Neueren Untersuchungen ist darüber hinaus zu entnehmen, daß einige vorwiegend insektivor lebende Vogelarten (wie z. B. die Spottdrossel – *Nimus polyglottos*) ihre Nestlinge mit zunehmendem Alter ergänzend auch mit kohlenhydratreicher Fruchtnahrung ernähren. Als Grund hierfür wird angenommen, daß dieses Fütterungsverhalten die selbständige Wärmeregulation der Jungvögel fördert. Diese neue Erkenntnis ist von großer Bedeutung, da ein naturgemäßes Aufzuchtfutter hilft, den Bruterfolg zu erhöhen.

Hühnervögel

Die zur Zierde gehaltenen Hühnervögel profitieren von dem für das Wirtschaftsgeflügel entwickelten Futterangebot, da beide vergleichbare Bedürfnisse haben. Allerdings muß man bei der Auswahl der im Handel befindlichen Sorten auf dernen Zweckbestimmung (z. B. Aufzucht, Legehennen, Mast), achten. So erhalten heranwachsende Tiere ein Allein- oder Ergänzungsfutter für Küken und Alttiere zur Brutzeit ein Allein- oder Ergänzungsfutter für Legehennen. Dagegen kommt die Nutzungsrichtung „Mast" in der Ziervogelhaltung nicht vor, so daß hierfür entwickeltes Futter entfällt.

Beim Einsatz der Alleinfuttermittel ist zu beachten, daß diese nicht selten Arzneimittelanteile, z. B. Amöbo- und Kokzidiostatika, enthalten, die von empfindlichen Arten schlecht vertragen werden. Außerdem sind diese Futtermittel für viele Vertreter (z. B. die Rauhfußhühner) zu rohfaserarm, so daß deren ausschließliche Verfütterung nicht empfohlen werden kann!

Die relativ unspezialisierten Hühnervögel kann man neben den industriell hergestellten Futtermitteln mit einer ganzen Reihe anderer Nahrungsobjekte ernähren. Zu nennen sind die verschiedenen Getreidearten, Erdnüsse, Sonnenblumenkerne, gekochte und gestampfte Kartoffeln, Milch, Quark, Fleisch-, Blut-, Luzernegrünmehl und Sojaschrot.

Anspruchsvolle Hühnervögel – vor allem wenn sich diese auch in der Freiheit überwiegend von tierischen Organismen ernähren (z. B. Pfau- oder Argusfasanen) – verlangen darüber hinaus Insekten, Ameisenpuppen, Regen- und „Mehlwürmer", gehacktes Ei und Fleisch oder ähnliches.

Bei der Verfütterung von „Mehlkäferlarven" ist zu bedenken, daß deren Gabe – zumindest bei Rauhfußhühnern – bei kleinen Küken das Zehenpicken provozieren kann (6). Daneben schätzen Hühnervögel auch Weichfutter, das aus gekochten, zerstampften Kartoffeln, gebrühter Weizenkleie, geriebener Mohrrübe und Zutaten von Garnelenschrot, Fleischmehl, Knochenschrot oder auch Fisch- oder Knochenmehl besteht.

An Grünfutter nehmen die Hühnervögel Löwenzahn, Grasspitzen, gewiegte Brennesseln, Vogelmiere, Salat, Sauerampfer, Früchte, Rüben und vieles andere, an dem sie herumpicken.

Der Einsatz der vorerwähnten Nahrungsobjekte erfolgt nicht gleichbleibend, sondern prozentual wechselnd im Jahreslauf (Abb. 16). Dabei ist auf Eiweißreichtum und -qualität zu Zeiten besonderer Leistungen (Mauser, Brut, Wachstum) streng zu achten (Abb. 17)! Hiervon abhängig sind insbesondere Jungtiere, da Federpicken und Kannibalismus mit sinkendem Roheiweißanteil (unter 22 %) in der Gesamtration deutlich zunehmen (41).

Andererseits sind Vögel (z. B. das Auerhuhn), die sich natürlicherweise im Winter mit energiearmen Nahrungsobjekten (Knospen und grünen Pflanzenteilen der Heidelbeere, des Heidekrautes, der Kiefer, Lärche, Fichte, Tanne, Aspe, Rotbuche, Birke, Erle usw.) begnügen müssen, auch in Gefangenschaft mit solchen zu ernähren.

Wird, wie am Schottischen Moorschneehuhn nachgewiesen wurde, ein Vogel wider diesen natürlicherweise gegebenen Bedingungen mit rohfaserarmen Pellets gefüttert, so ergeben sich bereits über wenige Generationen anatomische

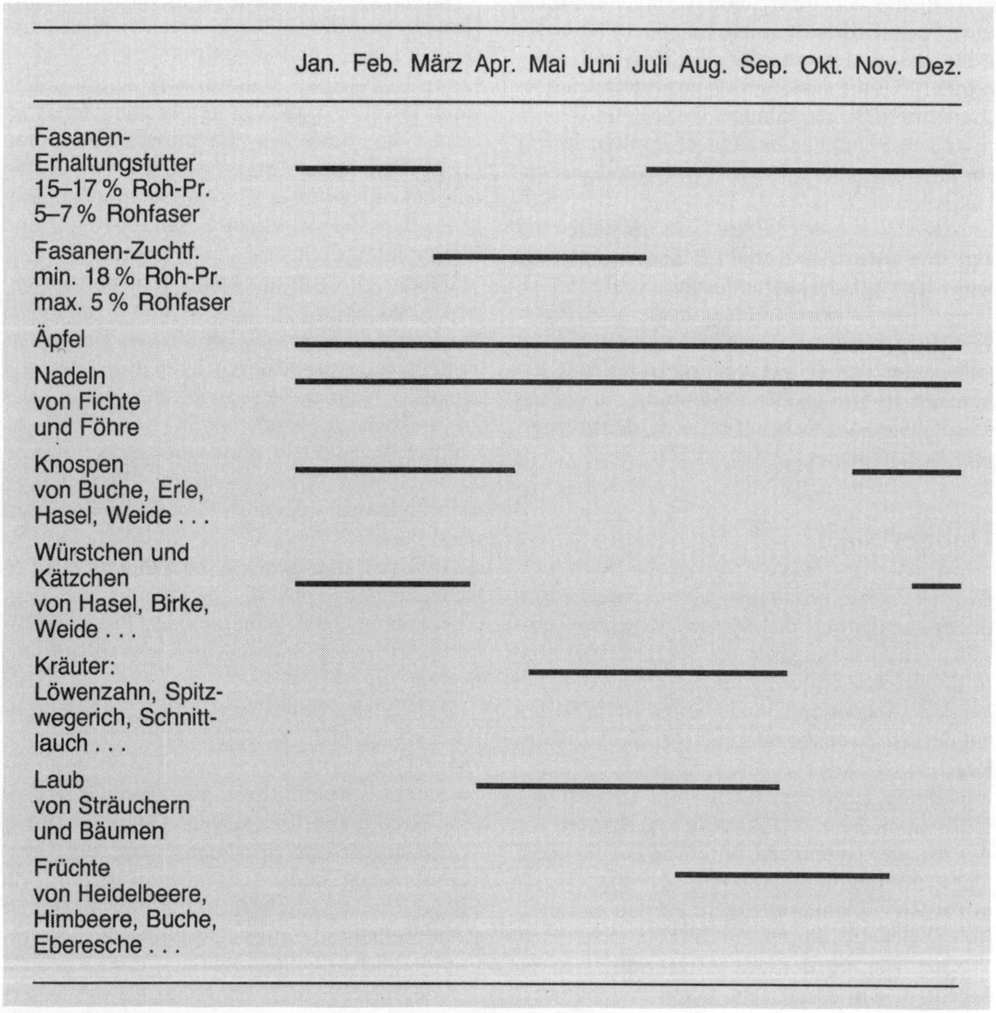

Abb. 16. Fütterung der erwachsenen Haselhühner im Jahresverlauf. Nach Robin, Fünf Jahre Haselhuhnzucht im Tierpark Bern.

Veränderungen, in dem sich die Blinddärme und der Dünndarm dieses Vogels auf 52 % bzw. 72 % der ursprünglichen Länge reduzieren (158). Werden solche „domestizierten" Rauhfußhühner in die freie Wildbahn entlassen, sind sie organisch nicht mehr ohne weiteres in der Lage, in der rauhen Wildnis zu überleben (6).

Andere Küken (z. B. die der Rauhfußhühner) picken anfangs gern nach oben. Dieses Verhalten kann man ausnutzen und Futter über angefeuchtete Pflanzenteile streuen.

Weit verbreitet bei der Aufzucht der Küken von Hühnervögeln sind das Federfressen und der Kannibalismus. Für das Auftreten dieser „Untugenden" sind sowohl Umwelt (zu enge Unterkünfte) als auch ungeklärte Ernährungsfaktoren verantwortlich. In der Wirtschaftsgeflügelhaltung gelang es durch kurzfristig (2 Tage) erhöhte Kochsalzgaben (2 %) im Futter bzw. Wasser, diese Erscheinungen zu beheben (109). Jedoch darf diese Kochsalzbehandlung in keinem Fall die erwähnte Zeit und Dosierung überschreiten! Vergleichbare Ergebnisse für das Ziergeflügel liegen nicht vor, vorerwähnte Therapie kann deshalb nicht vorbehaltlos empfohlen werden!

Neben den eigentlichen Nahrungsobjekten sind Hühner auf Steinchen („Zahnersatz“) und gesonderte Mineralsalzgaben (vor allem, wenn überwiegend Getreide gefüttert wird) angewiesen. Interessant ist die Tatsache, daß einige Hühnervögel (z. B. das Auerhuhn) vor Wintereinbruch vermehrt Magensteinchen aufnehmen, da sie nach hoher Schneelage nicht mehr zur Verfügung stehen.

Hühnervögel suchen natürlicherweise ihr Futter grabend und scharrend am Boden; es ist deshalb dort auch anzubieten. Allerdings muß der Boden gut wasserdurchlässig sein, da sich sonst rasch Parasitosen entwickeln können! Auch kann es bei nassen Böden vorkommen, daß sich mit dem Kopf grabende Vögel (z. B. der Glanzfasan) das Kopfgefieder verschmieren, was zu hartnäckigen Augenerkrankungen führt (194).

Bei der künstlichen Aufzucht von Hühnervögeln ist zu beachten, daß einige Küken, z. B. die des Haselhuhnes, in den ersten Tagen nur an bewegter Beute interessiert sind, dagegen unbewegte Nahrung erst später beachten (38).

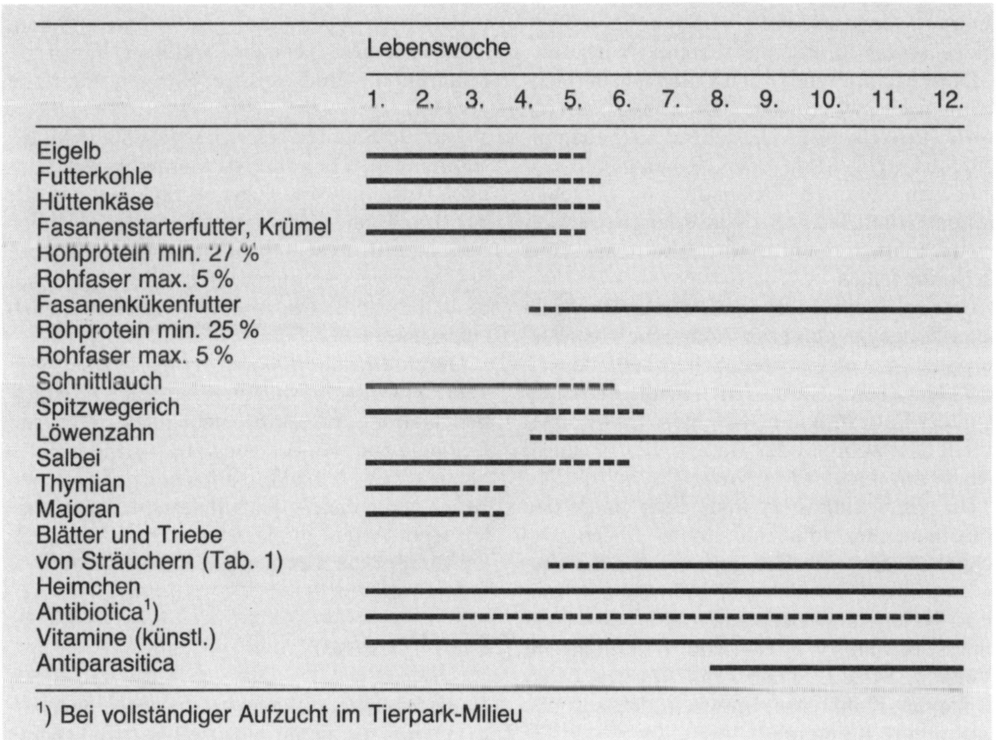

Abb. 17. Fütterung der Haselhuhnküken im Lauf der Aufzucht. Nach Robin, Fünf Jahre Haselzucht im Tierpark Bern.

Entenvögel

Zur Familie der Entenvögel (Anatidae) zählen Enten, Gänse, Schwäne und die Säger. Ihnen allen gemeinsam sind relativ kurze Beine und durch Schwimmhäute verbundene Vorderzehen, ein langer Hals und der typische platte Schnabel, wobei die kleine Gruppe der Säger allerdings eine Ausnahme macht. Im übrigen sind die Entenvögel nicht übermäßig spezialisiert, dadurch recht anpassungsfähig und unter Menschenobhut allgemein gut zu halten.

Nach der Art ihres Nahrungserwerbs lassen sich die Entenvögel in mehrere Gruppen einteilen. Schwäne, Halbgänse und Schwimmenten „gründeln" im seichten Gewässer, Tauchenten erwerben den Großteil (Säger ausschließlich) ihrer Nahrung im tiefen Wasser, wo die Beute auch direkt verschluckt wird.

Unter den Entenvögeln finden wir reine Vegetarier, Gemischtköstler und ausschließlich animalische Nahrung aufnehmende Vertreter.

Die Vegetarier unter den Entenvögeln (Gänse und Schwäne) erhalten als Nahrung Getreide sowie ein Weichfutter, bestehend aus gedämpften Kartoffeln, Mohrrüben, Roten Beten und ähnlichen weiteren Bestandteilen. Daneben dürfen Grünteile, z. B. Wasserlinsen, zerkleinerter Salat, Grasspitzen, geschnittenes Obst etc. nicht fehlen.

Da alle „Vegetarier" unter den Entenvögeln beim Weidegang und der Aufnahme von Wasserpflanzen auch Insekten, Schnecken und weiteres Getier fressen, dürfen animalische Anteile in der Futterration nicht fehlen! Insbesondere gilt dies während der Butzeit, der Aufzucht der Küken und der Mauser.

Die Gemischtköstler finden wir unter den Schwimmenten, die mit ihrem „Schnatterschnabel" das Oberflächenwasser und die obere Schicht des Grundes nach Nahrung durchsieben. Natürlicherweise gehören in das Nahrungsspektrum Wasser- und Uferpflanzen, Wurzeln, Samen, Schnecken, Würmer, Mückenlarven, Flohkrebse, Muscheln, Wasserflöhe und weitere Kleintiere.

Ersatzweise erhalten die Allesfresser ein Weichfutter bestehend aus gedämpften Kartoffeln, Getreide, diversen Rüben, Grünfutter und Anteilen von tierischem Protein, wie z. B. Tierkörper- und Blutmehl, verschiedenen Futtertieren, geschnittenem Fleisch und Fisch, pelletiertem Ergänzungsfutter sowie Anteilen von Mineralien.

Die sich in der Natur überwiegend animalisch ernährenden Tauchenten, (Kragen-, Eis-, Samt-, Trauer-, Eider-, Prachteider-, Spatel-, Schell-, Berg-, Reiherente usw.) erhalten ein eiweißreiches Mischfutter bestehend aus rohem Fleisch, Fischstückchen, Garnelen, Hundenahrung, Anteile von Alleinfuttermittel für Enten, Forellen-Pellets, Insektenschrot und Getreide. Daneben werden „Mehlwürmer" und diverse andere kleine Futtertiere nicht verschmäht.

Für die kleine Gruppe der Säger, welche sich ursprünglich von Fisch ernähren, ist eine fast ausschließlich animalische Kost notwendig. Sie kann aus Fisch, Fleisch, Krebsen, Würmern, pelletiertem Alleinfutter und vielem anderem mehr bestehen. Nebenbei sind Säger für grüne Pflanzenteile und geringe Mengen Getreide dankbar.

Für alle Enten haben sich regelmäßige Multi-Vitamingaben bewährt, da hierdurch dem häufigen Auftreten von Augenerkrankungen (z. B. bei Brand- und Eiderenten) begegnet wird.

Einige Meeresenten sind auch auf die Salze des Meerwassers angewiesen, die man ihnen deshalb behelfsweise über das Futter zusätzlich zukommen läßt.

Durch die enge Bindung an das Wasser muß den Entenvögeln, im Interesse einer artgemäßen Haltung, dieses Element auch unter den Bedingungen der Käfigung zur Verfügung stehen. Relativ kleine Wasserflächen genügen den Braut-, Mandarin-, Rotschulterenten und vielen *Anas*-Arten, größere und tiefe Wasserstellen fordern die Tauchenten.

Fruchtfresser

Reine Fruchtfresser sind in tropischen und subtropischen Gebieten anzutreffen, wo Früchte über das ganze Jahr geerntet werden können. Typische Vertreter, die in der Regel durch eine leuchtende Gefiederfarbe auffallen, sind Fruchttauben, Pipras, Tukane, Bülbüls, Turakos, Tangaren und Brillenvögel.

In Anpassung an die allgemein recht großen Früchte findet man bei den Fruchtfressern am Verdauungssystem charakteristische anatomische Merkmale. Typisch sind die breiten, weit zu öffnenden Schnäbel, der dehnbare Schlund, der schwach ausgebildete Muskelmagen und der relativ kurze sowie weitlumige Dünndarm. Daneben dienen allgemein recht kräftige Klammerfüße dem Nahrungserwerb im früchtetragenden Gezweig.

Von den Früchten wird nur das Fruchtfleisch als Nahrung genutzt. Dagegen werden die Samen (Kerne) unverdaut wieder ausgeschieden. Dadurch tragen die Fruchtfresser zur Verbreitung ihrer Nahrungsgrundlage bei.

Da die Frücht überwiegend närstoffarm sind, müssen große Mengen von diesen aufgenommen werden!

Zur Deckung des Eiweißbedarfes sind Fruchtfresser auf gesonderte Eiweißquellen angewiesen! In freier Natur sind dies Pollen (z. B. bei Bülbüls und Tangaren) oder Insekten.

In Gefangenschaft lassen sich Fruchtfresser mit schnabelgerecht geschnittenen Apfelsinen, Bananen, Äpfeln, Birnen, Weintrauben, Ananas etc. ernähren. Wertvoll sind auch die wild wachsenden Feuerdorn- und Vogelbeeren, zumal wenn sie am Gezweig hängend gereicht werden. Als Eiweißquelle dienen u. a. Legemehl, Mehlkäferlarven, hartgekochtes Ei, Insektenfuttermischungen und speziell für die Vogelernährung entwickelte Eiweißpräparate.

Einige Fruchtfresser, wie z. B. die Schnurrvögel, nehmen in freier Natur eher bitter schmeckende, wenig Kohlenhydrate enthaltende Früchte auf. Diese Tiere werden deshalb in Gefangenschaft neben den süßen Früchten (1 Teil) auch mit Holunder-, Vogelbeeren, Tomaten und Gurken (3 Teile) ernährt (1).

Die Art des Futters bedingt, daß sich speziell bei Fruchtfressern am Schnabel Futterkrusten bilden, unter denen sich mitunter Mykosen (Pilzerkrankungen) ausbreiten. Es ist deshalb dafür Sorge zu tragen, daß die Vögel durch Bereitstellung einer sauberen Badegelegenheit, evtl. auch Sprenkleranlage, eine entsprechende Körperpflege betreiben können! – Teils wird angeraten, weiche Früchte, wie beispielsweise Bananenwürfel, vor ihrer Verfütterung in Zwiebackkrümel zu wälzen, damit sie weniger klebrig sind (177).

Die in freier Natur geübte Nahrungssuche in höheren Regionen erklärt, daß Fruchtfresser den Boden meiden. Die Futternäpfe, ebenso wie die Badegelegenheit, werden deshalb erhöht am Volierengitter befestigt oder auf Futtertische gestellt.

Nektarfressende Vögel

Die wohl bekanntesten Gruppen nektarfressender Vögel sind die Kolibris (Trochilidae) und die Nektarvögel (Nectariniidae). Die Vertreter beider Gruppen (auch „Blumenvögel" genannt) treten nur in solchen Gebieten auf, wo sie das ganze Jahr über ausreichend Nahrung (Blüten) vorfinden. In Anpassung an die überwiegend flüssige Nahrung haben die Arten beider Vogelgruppen unabhängig voneinander morphologische Besonderheiten ihrer Zungen entwickelt. Diese stellen keine Saugorgane oder Saugröhren dar, wie früher vielfach vermutet, sondern sie sind ein hochentwickelter Leckapparat, der von zahlreichen Kapillaren (haarfeinen Kanälen) durchsetzt ist. Durch Eintauchen der Zunge in den Blütennektar füllen sich die Kapillaren, die Zunge wird zurückgezogen und erneut „ausgefahren". Bei diesem neuerlichen Hervorstrecken wird die Zunge gegen das Schnabeldach gepreßt und die Kapillaren auf diese Weise ausgedrückt.

Blütennektar setzt sich in unterschiedlichen Anteilen aus Saccharose (Rübenzucker), Glukose (Traubenzucker) und Fruktose (Fruchtzucker) zusammen. Die gemessenen Zuckerkonzentrationen schwanken zwischen 14 % und höchstens 20 %. Daneben finden sich im Nektar Eiweißverbindungen sowie Vitamine, deren Konzentrationen aber zur Bedarfsdeckung nicht ausreichen.

Kolibris decken ihren Eiweißbedarf in freier Natur durch die Aufnahme von Blütenpollen und Insekten, die etwa 5 % bis 10 % der Nahrungsmenge ausmachen.

Bei Nektarvögeln variiert der Eiweißbedarf ganz erheblich. So kann die Nahrung bei Spinnenjägern zu 60 % aus Insekten und Spinnen und nur zu 40 % aus Nektar bestehen. Andere Arten wiederum benötigen nur ca. 30 % tierische Nahrung und zu 70 % Nektar. Hier ist dem Nektarvogelpfleger dringend angeraten, sich über die Bedürfnisse jeder einzelnen Art genauestens zu informieren!

Die flüssige Ersatznahrung wird den Vögeln in braunen Glastrinkröhrchen gereicht, um ein schnelles Zersetzten der enthaltenen Vitamine und anderer essentieller Nahrungsbestandteile durch Lichteinwirkung zu verhindern. Plastikröhrchen sind ungeeignet, da sie teilweise durch die Futterinhaltsstoffe angegriffen werden und sich zudem nur unzureichend reinigen lassen.

Die Form der Trinkröhrchen ist unbedingt der Schnabelform der Vögel anzupassen, da es sonst den Tieren Schwierigkeiten bereiten kann, die Nahrung aufzunehmen. Bei ungeeigneten Trinkgefäßen kann es beim Vogel durch Anschlagen der Zunge an die Gefäßwand zu Hämatomen (Blutergüssen) in der Zunge kommen, die unter Umständen zum Tode des Tieres führen.

Bei der Aufhängung der Trinkröhrchen ist darauf zu achten, daß alle Tiere ihre Nahrung im Sitzen aufnehmen können. Dies spart zum einen Energie und dient zum anderen der Verringerung aggressiver Verhaltensweisen in einer Gemeinschaftsanlage. Beispielsweise betrachten Kolobris im Sitzen Nahrung aufnehmende Artgenossen nicht so sehr als Nahrungskonkurrenten wie fliegende.

Da es heute auf dem Vogelfuttermarkt gute Nährmittel für Kolobris und Nektarvögel gibt, sollte der Vogelhalter auf ein eigenständiges Anrühren verzichten. Sollte trotzdem jemand sein Futter selbst zubereiten wollen, so muß unbedingt auf lactosehaltige, also milchzuckerhaltige Präparate verzichtet werden, da Lactose in der natürlichen Nahrung von Kolobris und Nektarvögeln nicht vorkommt. Diese Vögel verfügen deshalb auch nicht über die notwendigen Fermente um diesen Nährstoff aufzuschließen, so daß bereits geringste Lactosekonzentrationen zu Entzündungen des Magen- und Darmtraktes führen (199).

Neben den drei oben genannten Kohlenhydraten muß die Ersatznahrung alle lebenswichtigen Aminosäuren und Vitamine enthalten. Zur Deckung des Eiweißbedarfs füttert man zusätzlich zu Nährlösung Insekten. Bei Kolibris und kleineren Nektarvögeln genügen in der Regel Essigfliegen (Drosophila), die allerdings immer reichlich vorhanden sein müssen. Größeren Vertretern müssen außerdem ausreichend größere Insekten (z. B. kleine Grillen) und Spinnen angeboten werden.

Hauptfunktionen der Insektenfütterung sind neben der Eiweißlieferung vor allem der Bewegungsreiz und die Bereitstellung von Rohfaser (unverdaulicher Substanz), die als Füllstoff die Darmtätigkeit anregt.

Sektionen verendeter Kolibris und Nektarvögel zeigen überwiegend Leberveränderungen und Nierenschäden, die in der Regel auf falsche Ernährung zurückzuführen sind. Neben den oben genannten Punkten ist deshalb besonders darauf zu achten, daß die Nährlösung nicht zu hoch konzentriert angeboten wird! Oberhalb 20 % Zuckergehalt besteht zum einen die Gefahr des Verklebens der Kapillaren in der Zunge durch eine zu hohe Viskosität des Necktars, zum anderen treten Probleme im Bereich des Magen- und Darmtraktes auf, da zu hohe Zukkerkonzentrationen durch ihren hohen osmotischen Druck eine Entwässerung des umgebenden Gewebes bewirken, was zu einer Abmagerung des Vogels trotz hoher Energiezufuhr führt. Weitere Folgen können Darmentzündungen, Darmriß, Nieren- und Leberschäden sein. Eine spätere, verstärkte Wasserzufuhr, z. B. durch Verdünnen des Nektars bringt in der Regel keine Verbesserung des Zustandes. Äußeres Zeichen für eine ,,Überzuckerung“ eines Vogels kann eine leicht über die Schnabelspitze hervorragende Zungenspitze sein, die aufgrund fehlender Körperflüssigkeit nicht mehr geschmeidig genug ist, um vollständig eingezogen zu werden.

In Zeiten besonderer Belastung (Brut, Mauser) steigt bei Kolibris und Nektarvögeln, wie bei allen anderen Gefiederten, der Bedarf an tierischem Eiweiß und Mineralstoffen erheblich an. Zur Deckung des Eiweißbedarfs steigt der Anteil an Insekten in der Nahrung; Mineralstoffe werden zum Teil direkt vom Boden aufgenommen. Bei Kolibris wurde sogar die Aufnahme von Meerwasser beobachtet. Diesen periodisch wechselnden Bedürfnissen ist auch unter den Gegebenheiten der Käfighaltung Rechnung zu tragen!

Abschließend sei noch auf eine physiologische Besonderheit der Kolibris hingewiesen. Gleichwarme (homöotherme) Organismen benötigen zur Aufrechterhaltung ihrer Körpertemperatur ständig Energie, deren Menge relativ mit abnehmender Körpergröße ansteigt. Deshalb muß ein Kolibri pro Gramm Körpergewicht wesentlich mehr Nahrung aufnehmen, als z. B. ein Fasan.

Kolibris sind so klein, daß sie normalerweise über Nacht verhungern müßten, wenn sie ihre Körpertemperatur auf dem normalen Wert von ca. 40 °C halten würden. In Anpassung an diese Situation haben sie die Fähigkeit entwickelt, ihren Stoffwechsel und damit ihre Körpertemperatur über Nacht herabzusetzen, um so Energie einzusparen. Dieses Vermögen zur aktiven Regulation des Stoffwechsels in Zeiten von Nahrungsmangel (Nacht, Schlechtwetterperioden) bezeichnet man als Torpor.

Beobachtet man Torpor am frühen Morgen an gekäfigten Vögeln, so ist diesen besondere Aufmerksamkeit zu widmen. Sie werden zunächst in der Hand, nie mit dem Fön oder einer Wärmelampe, langsam angewärmt und danach gefüttert, wobei sie sehr rasch ihre Aktivität zurückgewinnen.

Da die Kolibris morgens in der Regel nicht mehr in Starre sind, ist die Ursache für diesen Zustand zu ergründen. Es kann dies Krankheit, Futtermangel (z. B. durch leere Röhrchen) oder die Unterdrückung sozial schwacher Tiere durch andere Kolibris bei der Haltung in Gemeinschaftsvolieren sein.

Besondere Ernährungsprobleme

„Findelkinder“

Im Frühjahr und Frühsommer werden immer wieder Jungvögel aufgegriffen, die als „elternlos“ gelten. In der Regel ist dies jedoch nicht der Fall, da die Jungen vieler Vogelarten das Nest bereits verlassen, bevor sie die Kunst des Fliegens und des selbständigen Nahrungserwerbs beherrschen. In dieser Situation wenden sich die Jungvögel durch Kontaktrufe an die Altvögel, nicht an den Menschen! Jungvögel sollten deshalb in der Regel dort belassen werden, wo sie sich befinden!

Eine gewisse Berechtigung sich eines Jungvogels anzunehmen ist gegeben, wenn dessen Nest zerstört wurde, er unterkühlt oder abgemagert ist, oder wenn nach 1–2 Stunden Beobachtung durch die Eltern keine Hilfe kommt.

Bevor man einen Gefiederten der Natur entnimmt, sollte jedoch stets bedacht werden, daß die Wiedereinordnung eines handaufgezogenen Jungvogels in das natürliche Leben nur unter bestimmten Voraussetzungen gelingt und man deshalb die Verantwortung für das weitere Schicksal des Pfleglings zu übernehmen hat! Ebenso ist zu bedenken, daß die Natur „verschwenderisch“ ist und eine Verlustquote einberechnet hat! Deshalb bleibt unser Tun für die Erhaltung einer Vogelart meist ohne Bedeutung! Einzig die Rettung seltender Vögel (Eulen, Greife, Reiher, Störche etc.) kann in dieser Hinsicht eine Rolle spielen (244).

Letztlich sei erwähnt, daß geschützte Arten (Auskunft erteilen die Untere Naturschutzbehörde oder die DBV-Stadt- und Kreisverbände) nicht der Natur entnommen werden dürfen, es sei denn, daß es zur Pflege erforderlich ist.

Aus diesen Gründen sollte am Anfang die Überlegung stehen, ob man nicht besser kurzfristig unberechtigt der Natur entnommene Vögel an ihren Fundort zurückbringt. Die Gefahr, daß die Altvögel den Menschen „riechen“, wie dies viele Säugetiere vermögen, besteht nicht. Der Jungvogel wird deshalb von den Eltern wieder angenommen.

Bevor die künstliche Nahrung für den Findling bereitet wird, müssen wir uns daran erinnern, daß der Verdauungstrakt eines jeden Vogels auf eine bestimmte Vorzugsnahrung eingestellt und spezialisiert ist. Die erste Aufgabe besteht deshalb darin, den gefundenen Vogel zu bestimmen. Hierbei helfen uns die äußeren Merkmale! Einen krummen Schnabel und kräftige Krallen haben die Greifvögel und Eulen; unbeholfen bewegen sich die Jungtiere (Nesthocker) der Singvögel, während die Nestflüchter (z. B. der Hühnervögel) behend und selbständig sind.

Eulen und Greifvögel benötigen als Nahrungsgrundlage Fleisch. Hierzu am besten geeignet sind Eintagsküken oder Mäuse, die in Stücke geschnitten angeboten werden. Neben dem Gehalt an allen Nähr- und Wirkstoffen besitzen diese Futterobjekte den Vorteil, daß sie gewöllbildende Substanzen (Federn, Haare etc.) enthalten.

Stehen Eintagsküken oder Mäuse nicht zur Verfügung, kann man sich vorübergehend mit magerem Rindfleisch, Rinder- oder Hammelherz, Hühner- oder Taubenfleisch behelfen. – Gefüttert wird 4- bis 5mal pro Tag.

Auf die Aufzucht von Greifvögeln haben sich Auffangstationen spezialisiert. Findlinge sind deshalb dort am besten untergebracht. Hier sind auch Volieren und ähnliche Einrichtungen vorhanden, in denen der Vogel lernt, Beute zu schlagen; denn dies ist eine wesentliche Voraussetzung der erfolgreichen Ausgewöhnung.

Die Futteransprüche der Nesthocker werden durch deren Wachstumsintensität und die Federbildung bestimmt, die den Verzehr von tierischem Eiweiß erfordern.

Ein gutes Ersatzfutter ist frischer, magerer Quark, dem Fliegen, Spinnen, wenige (!) Ameisenpuppen, kleingehacktes, mageres Fleisch etc. zugefügt werden. Leicht zu beschaffen sind auch ,,Mehlwürmer", welche allerdings nur frischgehäutet verfüttert werden dürfen. Ansonsten kann es bei ,,Zärtlingen" vorkommen, daß ,,Mehlwürmer" unverdaut wieder ausgeschieden werden oder diese gar den Magen-Darm-Trakt verletzen.

Ein gutes Behelfsfutter ist auch das gekochte Eigelb, welches mit Wasser und evtl. Weichfresserfutter vermischt in krümeliger Konsistenz oder halbflüssig verfüttert wird.

Lebenswichtig sind für die heranwachsenden Jungvögel zusätzliche Kalkgaben, am besten in Form von Schneckenschalen.

Das Ersatzfutter wird dem Vogel, wenn er den Schnabel aufsperrt, möglichst weit nach hinten in den Rachen gesteckt. Ältere Findlinge kennen ihre Eltern und sperren in fremder Umgebung nicht. In diesen Fällen werden der Ober- und Unterschnabel an der Schnabelwurzel leicht zusammengedrückt, der Schnabel geöffnet und das Futter eingeführt.

Nesthocker, ebenso wie alle anderen Findlinge, sollte man so abwechslungsreich und häufig wie möglich, aber pro ,,Mahlzeit" nur wenig füttern, da die Vögel nie so satt sein dürfen, daß sie nicht sofort bei Auftreten auslösender Reize sperren.

Die Fütterungsabstände sind um so geringer zu halten, je kleiner der Vogel ist; Goldhähnchen müssen alle 7 Minuten Nahrung erhalten. Dies gilt vor allem für die ersten 10 Tage (stärkstes Wachstum), danach können die Fütterungsabstände gedehnt werden.

Nestflüchter (Hühner, Gänse, Enten usw.) sind früh selbständig. Für deren Aufzucht haben sich speziell für die Küken- und Entenaufzucht entwickelte Alleinfutter, welche sie selbständig aufnehmen, bewährt. Zusätzlich sind sie auf frisches Grün und ,,Magensteinchen" angewiesen.

Neben der Auswahl der dem Vogel entsprechenden Nahrungsobjekte ist die richtige Unterbringung des Vogels eine wesentliche Voraussetzung für dessen Aufzucht.

Nesthocker benötigen einen Nestersatz. Hierzu geeignet ist ein Pappkarton oder Blumentopf, der mit Heu oder Stroh in Form einer Mulde gefüllt wird. Holzwolle und Wollfäden sind weniger geeignet, da sich der Vogel damit strangulieren kann.

Größere Nesthocker (Rabenvögel, Greifvögel etc.) erhalten ein Nest aus gröberem Material, z. B. feinem Gezweig, denn darauf finden die Füße besseren Halt.

Nestflüchter können bereits wenige Stunden nach dem Schlupf laufen. Sie brauchen deshalb mehr Platz als Nesthocker. Ein kleiner Auslauf kann mit Brettern abgegrenzt werden; als Bodengrund eignet sich trockener Sand oder feinkörnige Erde. Entenvögel benötigen eine weichere Unterlage, die z. B. aus angefeuchtetem Torf bestehen kann.

Alle Jungtiere haben ein noch unvollständig entwickeltes Temperatur Regulationsvermögen und sind deshalb auf Wärmequellen angewiesen. Dies können Heizkissen oder im Zoohandel erhältliche Wärmelampen sein. Zuviel Wärmezufuhr beantworten die Vögel bei geöffnetem Schnabel und gestrecktem Hals mit Hecheln. Auf Untertemperaturen wird mit Muskelzittern reagiert. Sind mehrere Tiere vorhanden, so drängen sich diese zudem hautnah aneinander.

Der Findling ist selbständig, sobald er fliegen kann. Es wird dann Zeit, daß er ausgewöhnt wird. Hierfür ist eine Freivoliere nötig, in welcher der Findling regelmäßig gefüttert und getränkt wird. Dabei lernt er die Umgebung kennen. Ist der Vogel flugsicher und verfügt über genügend Energiereserven (Brustbein abtasten!), wird die Voliere geöffnet und der Vogel erhält nach Belieben Freiflug. Findet der Vogel ausreichend Nahrung, wird er immer seltener in die Voliere zurückkehren, bis er eines Tages ganz ausbleibt. Die Erfolgsaussichten der Auswöhnung sind gut, wenn der Vogel zu einer Jahreszeit (Juli, August) mit einem optimalen Nahrungsangebot und an einem, seiner Art entsprechenden Ort aus der Gefangenschaft entlassen wird.

Winterfütterung

Spätestens dann, wenn der Winter mit Schnee und Eis seinen Einzug gehalten hat, werden die Vögel der freien Natur von vielen Menschen gefüttert. Diese Maßnahme ist nicht unumstritten und wird vor allem von Ornithologen abgelehnt. Auch der echte Tierliebhaber muß sich mit dem Pro und Kontra auseinandersetzen und daraus seine Maßnahmen ableiten.

Pro: Die Vogelfütterung bedeutet – vor allem für ältere Leute – Ablenkung und Kontaktersatz. Jüngere lassen sich dadurch für die Natur interessieren; gleichzeitig lernen sie auf diese Weise einen Teil der überwinternden Vögel kennen.

Die Befürwortung der Winterfütterung liegt damit im sozialen und pädagogischen Bereich begründet.

Kontra: Die Vögel, welche bei uns überwintern, sind den ökologischen Umweltbedingungen des Winters gut angepaßt und deshalb von Zusatznahrung unabhängig. Erinnert sei an das zu dieser Jahreszeit angelagerte zusätzliche Fett, das warme Federkleid und die Fähigkeit, auch verborgene Nahrungsquellen zu erschließen.

Durch die Winterfütterung werden lediglich schwache Individuen am Leben erhalten. Dies führt zu einem unnatürlichen Populationswachstum der Kulturfolger (diese gehören nicht zu den bedrohten Vogelarten), die den selteneren (bedrohten Vogelarten) oft genug die Nahrung und Brutnischen streitig machen (85).

Häufig sind es auch Fütterungsfehler, welche die gute Absicht in das Gegenteil verkehren. In diesem Zusammenhang sind die immer wieder auftretenden Salmonellenerkrankungen (Ursache: ungepflegte – verschmutzte Futterstellen) zu nennen, die sich Winter für Winter oft seuchenartig ausbreiten.

Durch die Winterfütterung werden von der Futtermittelindustrie jährliche Umsätze von Millionen erreicht. Dieser Betrag könnte sinnvoller für Maßnahmen der Biotoppflege und des Biotopschutzes angelegt werden!

Pro und Kontra: Aus dem Pro und Kontra lassen sich folgende Empfehlungen für die Winterfütterung ableiten:

1. Gefüttert werden sollte nur bei starkem Dauerfrost und gleichzeitiger dicker Schneedecke.
2. Das Futterangebot hat die Samen- und Weichfresser zu berücksichtigen. Für erstere sind verschiedene Körner, für letztere ein Fett- und Kleiegemisch, evt. auch getrocknete Wildbeeren die Nahrungsgrundlage.
3. Um einer Krankheitsanreicherung zu begegnen, sollte Futter niemals auf den Boden gestreut werden. Besser sind gut zu reinigende Futterhäuser oder kleine Futtersilos, wie z. B. umgestülpte Blumentöpfe mit Kletterstab für Meisen. Damit wird gewährleistet, daß nur sauberes Futter aufgenommen wird, was die Gefahr der Krankheitsentstehung erheblich reduziert.

Sollten dennoch kranke Vögel zu beobachten sein oder gar tote Vögel gefunden werden, dann muß die Fütterung sofort eingestellt werden, um weitere Verluste zu vermeiden.

Zwangsernährung

Vögel können aus den verschiedensten Gründen (z. B. Krankheit, Streß, einem Angebot an fremden Nahrungsobjekten – besonders bei Frischfängen) die Nahrung verweigern. Dies kann sehr rasch (Vögel besitzen ein sehr hohes Stoffwechselniveau!) schwerwiegende Schäden hervorrufen oder gar den Tod herbeiführen. Eine gelegentliche Zwangsernährung ist deshalb notwendig.

Dadurch, daß der Vogel keine Zähne besitzt, ist dieser darauf eingestellt, relativ große Nahrungsobjekte aufzunehmen und zu verschlingen. Bis auf wenige Ausnahmen (Papageien) lassen sich Gefiederte daher ohne Hilfsmittel leicht zwangsfüttern. Es ist jedoch darauf zu achten, daß das Futter nicht in die Luftröhre gelangt, sondern über den Kehldeckel hinweg in den Kropf geschoben wird. Von dem „richtigen Weg“ des Nahrungsobjektes kann man sich tastend durch die äußere Haut und Kropfwand überzeugen.

Papageien werden mittels gelochtem Sperrholz und Schlundsonde zwangsernährt. Allerdings erfordert diese Maßnahme eine entsprechende Erfahrung und auch Kenntnisse der Anatomie!

Ernährung beim Transport

Größere Vögel können während des Transportes, vorausgesetzt daß dieser nicht länger als einen Tag dauert und keine extrem hohen oder tiefen Temperaturen vorherrschen, auf Futter und Wasser verzichten. Kleineren Gefiederten ist dagegen in jedem Fall beides zu reichen. Einige Vögel, wie z. B. die Todis, können wegen ihres hohen Stoffwechsels ohne ständige optimale Versorgung überhaupt nicht transportiert werden (208).

Die Futter- und Wassergefäße sind, damit sie nicht umfallen können, zu befestigen. Ein im Trinkgefäß eingepaßter Schwamm verhindert zudem das Ausschwappen des Trinkwassers; so leidet auch nicht der hygienische Zustand des Transportkäfigs.

Ein notwendiger längerer Transport geschieht am besten über Nacht, da die Tiere zu dieser Zeit einen verminderten Grundumsatz aufweisen und damit unabhängiger von der Nahrungszufuhr sind.

Ernährungsbedingte Störungen

Aus der fehlerhaften Ziervogelfütterung lassen sich viele gesundheitliche Störungen ableiten! Einerseits können diese mit typischen Krankheitsbildern verknüpft sein, andererseits sind sie – oberflächlich betrachtet – kaum einer Fehlernährung zuzuordnen (113a).

Die Hauptursachen ernährungsbedingter Probleme sind Energieüberschuß, Aminosäure-, Mineralstoff- und Vitaminmangel, wobei Defizitmomente zu Zeiten besonderer Leistung (Wachstum, Mauser und Brutzeit/Eibildung) besonders häufig sind.

Beispiele für die unterschiedliche Beteiligung der Ernährung an der Entstehung einiger Gesundheitsstörungen bei Ziervögeln

Art der Störung	kausaler Bezug der Ernährung
Spezifisches Krankheitsbild	vergleichsweise sicher
– Adipositas	– Energieüberversorgung
– Skelettdemineralisierung	– chronischer Ca-Mangel, P-Überschuß
– Speicheldrüsen-Hyperkeratose	– Vitamin A-Mangel oder -Abusus
Weniger spezifisches Krankheitsbild	relativ häufig bzw. wahrscheinlich
– Exkremente-Verflüssigung	– Natrium, Pektine? Parasiten?
– Atmungsgeräusche	– verpilztes Futter? Infektionen?
– Intoxikationen	– Futter- oder Umweltkontaminanten?
Störungen sehr unspezifischer Art	eventuell möglich, weniger wahrscheinlich
Federbeißen, -rupfen	– Mangel an Beschäftigung, Nährstoffmangel bzw. -imbalanzen?
– Befiederungsstörungen	– Vitamin-Aminosäuren-/Spurenelementmangel, genet. Einflüsse?
– fehlende Brutbereitschaft	– Umweltgestaltung, Pflanzeninhaltsstoffe?
– erhöhte Nestlingssterblichkeit	– Infektionen, Fehlernährung?

Nach Kamphues, J.: Ernährungsbedingte Störungen in der Ziervogelhaltung.

Ernährungsbedingte Probleme in der Ziervogelhaltung[1])

Ursachen im Überblick	Auftreten	Bedeutung
Überversorgung		
– Energie	Psittaciden	+++
– Futtermenge	(ohne Flugaktivität)	
– Energiegehalt im Futter	s. Fettgehalte im Futter)	
– Protein	Kanarien (Rübsenanteil ↑)	+
– Vitamine	(„Vitamin-Stoß")	+
Unterversorgung		
– Aminosäuren	Selektive Futteraufnahme bzw. Mängel	
– S-haltige Aminosäuren	in der Mischung	
– Lysin, Arginin, Tryptophan	Wachstum, Mauser	++
– Mineralien	Legephase, Wachstum	+
– Ca, P?, (Na), Spuren?	generell in	
– Vitamine	Legephase/Wachstum	+++
– Vit. A, D_3,	diverse Species	
– Vit. B-Komplex	(reine Sämereienfütterung)	+++
	(entschälte Saat)	(+)
Futtermittel-Kontaminationen		
– Pilze bzw. Pilztoxine	Psittaciden u. a.	+
Aflatoxine, Mutterkorn etc.	(Nüsse in Schalen)	
– Chemische Rückstände	diverse Species	(+)
(Pestizide u. ä.)	(Importfuttermittel!)	
Fütterungstechnik		
– Verderb von Futtermitteln	Überangebot, Keimfutter?	(+)
– mangelhafte Tränkehygiene	Sorgfalt in der Betreuung	(+)

[1]) trotz Verwendung industriell gefertigter Mischfutter
Nach Kamphues, J.: Ernährungsbedingte Störungen in der Ziervogelhaltung.

Es muß auch erwähnt werden, daß sich bei vielen Vogelarten durch die Ersatz- oder von der Ursprungsnahrung abweichenden Nahrungspartikeln die bakterielle Darmflora des Vogels ändern kann. Dadurch kommt es zu Krankheits- oder gar Todesfällen; klassisches Beispiel sind die relativ häufigen Gesundheitsstörungen bei Rauhfußhühnern infolge Coli-Infektion oder gar Coli-Septikämie.

Vergleichbar den Coli-Funden bei Rauhfußhühnern ist das Enterobacteriaceen-Vorkommen bei gekäfigten Papageien, da diese Keime bei den Wildpopulationen nicht zu finden sind. Hierfür verantwortlich sind ebenfalls ungeeignete Nahrungsobjekte, aber auch unkontrollierte Antibiotikagaben.

Da „Fremdkeime" in jedem Fall als eine potentielle Gesundheitsgefährdung zu gelten haben, muß darauf geachtet werden, daß die Darmflora der gehaltenen Gefiederten intakt ist. In diesem Bemühen haben sich – speziell bei Psittaciden – Gaben von Lactobazillen bewährt.

Anhang

Tab. 1: Übersicht über die vom Vogel verwertbaren Bestandteile der wichtigsten Futterpflanzen

Pflanze	Vom Vogel verwertbare Pflanzenteile			
	Knospen Schosse Blätter	Samen Früchte	Blüten	Rinde Wurzeln
Ackerhornkraut, *Cerastium arvense*	×	×		
Ackersenf, *Sinapis arvensis*	×		×	
Ahorn, *Acer* spec.	×	×		
Ampfer, Krauser, *Rumex crispus*		×		
Apfelbaum, *Malus* spec.	×	×	×	
Arve, *Pinus cembra*	×	×		
Aspe, *Populus tremula*	×			
Barbarakraut, *Barbaraea vulgaris*		×		
Bärenklau, *Heracleum* spec.		×		
Beifuß, *Artemisia vulgaris*		×		
Berberitze, *Berberis* spec.		×		
Besenheide, *Calluna vulgaris*	×			
Bingelkraut, Einjähriges, *Mercurialis annua*		×		
Birke, *Betula* spec.	×	×	×	
Birnenbaum, *Pirus* spec.	×	×		×
Blumenkohl, *Brassica* spec.	×			
Bocksbart, *Tragopogon* spec.		×		
Bohne, *Phaseolus* spec.		×		
Brennessel, Große *Urtica dioica*	×	×		
Brombeere, *Rubus* spec.		×		
Buche, *Fagus* spec.	×	×		
Buchweizen, *Fagopyrum sagittatum*		×		
Bürstenmoos, *Polytrichum* spec.		×		
Distel, Ackerkratz-, *Cirsium arvense*		×		
Distel, Lanzenblättrige Kratz-, *Cirsium vulgare*		×		
Distel, Kugel-, *Echinops sphaerocephalus*		×		
Distel, Sumpfkratz-, *Cirsium palustre*		×		
Eberesche, *Sorbus aucuparia*		×		
Eiche, *Quercus* spec.	×	×		
Efeu, *Hedera helix*		×		
Ehrenpreis, *Veronica hederifolia*	×	×		
Erbse, *Pisum sativa*	×	×		
Erdbeere, *Fragaria* spec.	×			
Erle, *Alnus* spec.	×	×		
Esche, *Fraxinus excelsior*		×		
Faulbaum, *Frangula alnus*	×	×		
Ferkelkraut, *Hypochoeris radicata*		×		
Feuerdorn, *Pyracantha coccinea*		×	×	

Tab. 1: Übersicht über die vom Vogel verwertbaren Bestandteile der wichtigsten Futterpflanzen (Fortsetzung)

Pflanze	Vom Vogel verwertbare Pflanzenteile			
	Knospen Schosse Blätter	Samen Früchte	Blüten	Rinde Wurzeln
Fichte, *Picea* spec.	×	×		
Flieder, *Syringa* spec.	×	×		
Flockenblume, Gemeine, *Centaurea jacca*		×		
Forsythie, *Forsythia suspensa*	×	×		
Frauenmantel, *Alchemilla vulgaris*	×	×		
Gagel, *Myrica gale*			×	
Gänseblümchen, *Bellis perennis*		×		
Gänsefuß, Dorf-, *Chenopodium bonus*	×	×	×	
Gänsefuß, Weißer, *Chenopodium album*		×		
Gerste, *Hordeum sativum*	×	×		
Ginster, Behaarter, *Genista pilosa*	×	×		
Glockenheide, *Erica tetralix*	×			
Gräser, div., *Gramineae*	×	×		
Habichtskraut, *Hieracium* spec.	×	×		
Hafer, *Avena sativa*	×	×		
Hainwachtelweizen, *Melampyrum nemorosum*		×		
Hanf, *Cannabis* spec.		×		
Hartriegel, Roter, *Cornus sanguinea*		×		
Hartriegel, Weißer, *Cornus alba*		×		
Haselnuß, *Corylus avellana*	×	×		×
Heckenrose, *Rosa canina*		×		
Heidelbeere, *Vaccinium myrtillus*	×	×		
Heidekraut *Calluna vulgaris*	×	×		
Himbeere, *Rubus* spec.	×	×		
Hirse, Blutfinger-, *Digitaria sanguinalis*		×		
Hirse, Echte, *Panicum miliaceum*		×		
Hirse, Grüne Borsten-, *Setaria viridis*		×		
Hirse, Hühner-, *Echinochloa crus-galli*		×		
Hirtentäschelkraut, *Capsella bursa pastoris*	×	×		
Holunder, *Sambucus* spec.	×	×		
Honiggras, *Holcus* spec.		×		
Hopfen, *Humulus lupulus*		×		
Hornkraut, *Cerastium* spec.		×		
Huflattich, *Tussilago farfara*		×		
Hundsveilchen, *Viola canina*		×		
Johannisbeere, *Ribes* spec.	×	×		
Johanniskraut, *Hypericum perforatum*		×		
Kamille, *Matricaria* spec.		×		
Karde, Wilde *Dipsacus silvestris*		×		
Kiefer, *Pinus* spec.	×	×		

Tab. 1: Übersicht über die vom Vogel verwertbaren Bestandteile der wichtigsten Futterpflanzen (Fortsetzung)

Pflanze	Vom Vogel verwertbare Pflanzenteile			
	Knospen Schosse Blätter	Samen Früchte	Blüten	Rinde Wurzeln
Kirsche, *Prunus* spec.	×	×	×	
Klee, *Trifolium* spec.	×	×	×	
Klette, Große, *Arctium lappa*		×		
Knäuelgras, *Dactylis glomerata*			×	
Knöterich, *Polygonum* spec.	×	×		
Königskerze, Großblütige, *Verbascum densiflorum*		×		
Königskerze, Kleinblütige, *Verbascum thapsus*		×		
Kohl, *Brassica* spec.	×	×		
Kornblume, *Centaurea cyanus*		×		
Krähenbeere, *Empetrum hermaphroditum*		×		
Kreuzkraut, Gemeines, *Senecio vulgaris*		×		
Kreuzkraut, Raublättriges, *Senecio erucifolius*		×		
Labkraut, *Galium* spec.	×			
Lärche, *Larix decidua*	×	×		
Lebensbaum, *Thuja* spec.		×		
Linde, *Tilia* spec.		×		
Löwenzahn, Gemeiner, *Taraxacum officinale*	×	×	×	
Löwenzahn, Herbst-, *Leontodon autumnalis*	×	×	×	
Luzerne, *Medicago sativa*	×	×		
Mädesüß, Echtes, *Filipendula ulmaria*		×		
Mispel, *Cotoneaster frigida*		×		
Mohn, *Papaver* spec.		×		
Moorbeere, *Vaccinium uliginosum*		×	×	
Moosbeere, Kleinfrüchtige, *Vaccinium oxycoccus*		×		
Nachtkerze, *Oenothera biennis*		×		
Pappel, *Populus* spec.		×		
Pfirsich, *Prunus persica*	×			
Pippau, *Crepis* spec.		×	×	
Platane, *Platanus* spec.		×		
Preiselbeere, *Vaccinium vitis-idaea*	×	×		
Rauschbeere, *Vaccinium uliginosum*		×		
Raps, *Brassica* spec.		×		
Raygras, Englisches, *Lolium perenne*		×		
Rettich, *Raphanus* spec.		×		
Rispengras, Einjähriges, *Poa annua*	×	×		
Rispengras, Wald-, *Poa chaixii*	×	×		
Rispengras, Wiesen-, Poa pratensis	×	×		
Roggen, *Secale cereale*	×	×		
Rosen, *Rosa* spec.		×		
Rosenkohl, *Brassica oleracea*	×			
Rosmarinheide, *Andromeda polyfolia*	×		×	
Rotbuche, *Fagus purpurea*	×	×		
Rote Bete, *Beta vulgaris*	×			×
Runkelrübe, *Beta vulgaris*		×		×
Sanddorn, *Hippophae rhamnodis*	×	×		
Salat, *Lactuca* spec.	×	×		

Tab. 1: Übersicht über die vom Vogel verwertbaren Bestandteile der wichtigsten Futterpflanzen (Fortsetzung)

Pflanze	Vom Vogel verwertbare Pflanzenteile			
	Knospen Schosse Blätter	Samen Früchte	Blüten	Rinde Wurzeln
Sauerampfer, *Rumex acetosa et acetosella*	×	×	×	
Schachtelhalm, *Equisetum* spec.	×			
Schafgarbe, *Achillea millefolium*	×			
Scharbockskraut, *Ranunculus ficaria*				×
Schneeball, *Viburnum* spec.		×		
Schwarzdorn, *Prunus spinosa*	×	×		
Seegras, *Zostera* spec.	×			
Segge, *Carex* spec.		×	×	
Simse, *Scirpus* spec.		×		
Sitkafichte, *Picea sitchensis*	×			
Sonnenblume, *Helianthus annuus*		×		
Spinat, *Spinacia deracea*	×	×		
Spitzwegerich, *Plantago lanceolata*	×	×		
Stachelbeere, *Ribes grossularia*		×		
Steinbeere, *Rubus saxatilis*		×		
Stiefmütterchen, *Viola tricolor*		×		
Tanne, *Abies* spec.	×	×		
Ulme, *Ulmus* spec.	×	×	×	
Vogelmiere, *Stellaria media*	×	×		
Vogelknöterich, *Polygonum aviculare*		×		
Vogelwicke, *Vicia cracca*	×	×		
Wacholder, *Juniperus* spec.		×		
Wachtelweizen, *Melampyrum* spec.	×	×		
Walnuß, *Juglans* spec.	×	×		×
Wasserlinsen, *Lemnaceae* spec.	×			
Wegerich, *Plantago* spec.	×	×		
Wegwarte, *Cichorium intybus*		×		
Weide, *Salix* spec.	×	×	×	×
Weinrebe, *Vitis vinifera*		×		
Weißdorn, Eingriffeliger, *Crataegus monogyna*	×	×		
Wiesenknopf, Kleiner, *Sanguisorba minor*		×		
Wiesenschaumkraut, *Cardamine pratensis*		×	×	
Wirsing, *Brassica oleracea*	×			
Wollgras, Scheidiges, *Eriophorum vaginatum*			×	
Zaunwicke, *Vicia sepium*	×		×	
Zypresse, *Chamaecyparis* spec.		×		

Tab. 2: Nährstoff-, Mineralstoff- und Aminosäurentabelle zur Geflügelfütterung
(Erarbeitet von der Dokumentationsstelle der Universität Hohenheim). Aus Jahrbuch für die Geflügelwirtschaft 1981. Verlag Eugen Ulmer

1000 g Futtermittel enthalten	**Rohnährstoffe**							verdauliches Rohprotein	Umsetzb. Energie (N-korr.)	**Mineralstoffe**			**Aminosäuren**		
	Trockensubstanz	Asche	Rohprotein	Rohfett	Rohfaser	Stärke	Zucker			Calcium	Phosphor	Natrium	Methionin	Cystin	Lysin
	g	g	g	g	g	g	g	g	MJ	g	g	g	g	g	g
Ackerbohne (Samen)	866	36	269	12	75	439	17	220	10,2	1,4	4,0	0,03	2,1	2,9	18
Backabfälle	819	15	87	4	11	534	23	70	12,4	0,1	0,3				
Baumwollsaatextraktions-schrot aus geschälter Saat	885	75	432	7	92		53	320	9,4	4,0	3,1		6,1	6,3	18
Baumwollsaatkuchen aus geschälter Saat	913	65	438	69	91	32	46	334	11,1	3,4	7,7	0,12	6,7	9,5	16
Baumwollsaatöl	999	1		998				0	34,8						
Bierhefe getrocknet	893	77	446	12	16	55	13	340	11,4	2,3	15,2	2,18	6,7	5,0	32
Biertreber getrocknet	919	45	232	78	160	36	8	193	10,8	3,8	6,6	0,43	5,8		10
Blutmehl	893	41	824	6	3			748	14,1	1,6	1,4	7,30	8,8	9,0	71
Buchweizen (Körner)	862	24	109	24	112			71	10,7				2,1	2,7	6
Buchweizen geschält, geschrotet	872	19	109	24	9			89	12,5	0,5	4,2	0,16	0,6	1,1	6
Buttermilchpulver	923	91	309	36				235	11,9	23,4	9,9		7,4		21
Dari (Körner)	893	17	101	29	27	645		81	13,4	0,3	4,2	0,18			2
Dicalciumphosphat	999	999						0	0,0	232,5	172,6				
Dicalciumphosphat wasserfrei	999	999						0	0,0		215,0				
Dorschlebermehl	918	92	426	326	2			383	19,7	16,3	9,4	1,90	13,7	5,0	30
Dorschlebertran z. Herst. v. Emulsionen	999	1		998				0	24,6						

Dorschmehl															
TYP 55 unter 3 % Fett	912	229	590	27	12	–	–	521	10,5	57,3	42,2	10,27	17,6	4,9	47
TYP 60 unter 3 % Fett	891	220	640	22	–	–	–	565	11,1	70,1	38,6	13,36	20,0	9,0	48
TYP 60 3–7,9 % Fett	894	223	622	41	–	–	–	549	11,5	70,4	38,7	13,41	19,9	8,7	48
TYP 64 unter 3 % Fett	898	211	561	24	1	–	–	584	11,5	67,9	38,8	15,01	22,6	9,8	61
Erbse (Körner)	862	33	222	13	58	422	41	177	11,0	0,8	4,2	0,23	2,7	2,5	17
Erdnuß, ganze Frucht	941	29	249	362	175	–	–	200	16,5						
Erdnuß, enthülst	945	25	280	466	55	–	19	221	21,2	0,5	4,0	–	–	–	–
Erdnußextraktionsschrot															
aus enthülster Saat	872	55	501	10	46	108	93	441	9,6	1,1	5,6	0,75	4,6	6,9	17
aus teilenthülster Saat	907	57	462	11	94	102	81	364	9,4	2,3	5,3	0,34	10,0		15
Erdnußkuchen															
aus enthülster Saat	910	57	495	64	47	62	85	436	11,4	1,3	5,6	0,14	6,7	9,5	16
aus teilenthülster Saat	905	60	443	60	109	64	87	350	10,4	0,8	6,6	0,10	1,9	3,7	16
Erdnußöl	999	1	–	998	–	–	–	0	36,0						
Federmehl, hydrolisiert	920	35	861	17	6	–	–	661	12,6	2,8	1,4	1,22	7,6	49,5	21
Fischmehl															
TYP 55 unter 3 % Fett	884	242	583	22	–	–	–	515	10,2	–	–	–	16,7	5,5	46
TYP 55 3–7,9 % Fett	897	217	583	61	7	–	–	515	11,7	57,7	25,8	9,15	16,9	5,3	46
TYP 60 unter 3 % Fett	877	214	627	24	2	–	–	554	11,0	–	–	–	19,0	5,4	54
TYP 60 3–7,9 % Fett	901	198	619	54	4	–	–	547	11,9	42,8	25,8	8,20	18,6	5,6	53
TYP 64 unter 3 % Fett	908	186	669	24	1			591	11,7	43,3	26,8	8,28	18,5	7,4	55
TYP 64 3–7,9 % Fett	913	177	670	49	2			592	12,5	35,2	23,1	8,28	18,8	7,4	56
Fischmehl															
nordeuropäische Gewässer															
TYP 60 über 8 % Fett	881	140	620	118				547	14,0	54,3	31,1	11,10	22,9	7,1	53
tropische und subtropische Gewässer															
TYP 60 unter 3 % Fett	887	184	622	25	1			549	11,0	52,8	29,7		23,3	6,5	49
TYP 60 3–7,9 % Fett	901	178	627	42	2			554	11,6				23,2	6,3	49
südamerikanische Atlantikküste															
TYP 60 3–7,9 % Fett	932	244	615	73				543	12,4	43,6	26,9	8,21	17,4	7,0	50
TYP 64 3–7,9 % Fett	918	180	686	52				606	12,9	43,0	26,5	8,09	18,5	7,6	55
Fischpreßsaft, getrocknet	867	153	625	79	4			469	11,6	5,5	14,4	6,54	7,5		22
Fischpreßsaft, eingedickt	538	114	378	40				284	6,8	2,0	10,9	20,12	4,8	3,3	15
Fleischfuttermehl	906	26	770	98	1			658	15,7	1,4	2,9	1,21	10,1	3,9	

Tab. 2: 'Nährstoff-, Mineralstoff- und Aminosäurentabelle zur Geflügelfütterung (Fortsetzung)

1000 g Futtermittel enthalten	Rohnährstoffe									Mineralstoffe			Aminosäuren		
	Trockensubstanz g	Asche g	Rohprotein g	Rohfett g	Rohfaser g	Stärke g	Zucker g	verdauliches Rohprotein g	Umsetzb. Energie (N-korr.) MJ	Calcium g	Phosphor g	Natrium g	Methionin g	Cystin g	Lysin g
Fleischknochenmehl															
55–60 % Protein	930	189	580	99	2			495	12,8	40,6	23,1	8,66	9,5	5,8	32
60–65 % Protein	913	152	624	106	3			533	13,7	31,6	20,6	10,56	7,7	6,3	45
65–72 % Protein	910	130	670	95	1			572	14,0	36,7	20,7	10,93	8,8	7,0	33
Futterknochenschrot	930	460	386	30	5			258	6,6	184,4	85,6	6,91	3,6	1,9	13
Futterreis	883	6	73	9	4	804		62	14,7	0,2	2,6	0,11	1,8	1,9	3
Futterzucker	962	35	23	1	4		942	0	15,3	0,4	0,1	0,08			
Garnelen, getrocknet	863	241	509	38	17			334	8,0	65,2	12,2		8,7	3,8	24
Gerste (Körner)	870	25	102	19	47	527	20	79	11,2	0,8	3,4	0,47	1,6	2,0	4
Gerste, Nacktgerste (Körner)	876	22	125	17	27	628		94	12,0				2,2	2,5	4
Gerste, geschält u. gegrützt	902	17	117	17	18	630		92	12,7	0,8	3,3				
Gerstenfuttermehl	875	35	111	30	67	323	90	77	10,1	1,7	4,1	1,71	2,2	2,7	5
Gerstenkleie	885	48	121	33	123	299	65	81	8,9	1,0	4,2	1,06	2,1	2,5	5
Gerstenschlempe, getrocknet	950	58	245	33	114	44	15	191	8,6	1,7	9,6	0,28			
Gerstenschlempelösung getrocknet	980	60	233	21	26	49	16	186	10,8	1,8	9,3	0,27			
Griebenkuchen	948	20	540	368				513	22,5				19,9	9,1	48
Grünmehl (Gras)															
19–21 % Rohprotein	907	99	198	40	202	45	52	98	5,2	6,6	3,9	0,91	3,3	2,2	8
17–19 % Rohprotein	913	123	180	36	199			89	5,0	5,6	3,9		2,9	2,0	7
15–17 % Rohprotein	886	95	164	32	194	41	93	81	4,9	7,7	3,1	0,44	2,5	2,1	8
14–15 % Rohprotein	892	132	145	34	191	35	51	72	4,7	6,8	3,0		2,1	1,8	6

Hafer (Körner)	884	29	110	47	102	386	15	82	10,2	1,1	3,0	0,57	1,8	2,3	4
Hafer,															
Nackthafer (Körner)	879	20	113	57	26	549	14	93	13,5	0,7	4,5		1,9	4,2	5
Haferfutterflocken	909	19	121	76	30	574	12	96	14,7	0,7	4,1	0,09	1,1	1,8	4
Haferfuttermehl	892	25	127	65	50	477	16	108	13,6	1,0	5,1		2,2		5
Haferschälkleie	912	65	115	53	150	40	17	82	8,5	1,9	3,4	0,36	1,0	1,3	5
Haferspelzen	929	51	23	10	322	36	4	5	1,7	1,3	1,7	0,27	0,3		1
Hefe, getrocknet	904	77	450	34	25	62	5	373	10,6	3,9	13,4	1,50	5,3	3,4	31
Heringsmehl															
TYP 64 3–7,9 % Fett	909	129	701	58	8			619	13,3	25,4	19,6	9,73	20,7	7,5	57
TYP 64 über 8 % Fett	906	128	678	98				599	14,3	25,9	19,7	7,16	19,7	6,8	54
Hirse (Panicum) (Körner)	883	18	116	32	50			95	13,2	0,2	3,3	0,08	2,6	1,5	3
Hirse (Panicum) (Körner) entschält	895	10	111	30	5			99	14,7	0,2	1,5	0,06	3,0	1,8	2
Kartoffelflocken	881	41	74	3	29	638	35	57	12,2	0,4	2,3	0,96	1,5	0,3	5
Kartoffelpreßschrot	908	28	42	2	28	654	17	22	11,6	0,6	2,6				
Kartoffelquellstärke	928								15,0						
Kartoffelschnitzel	895	51	77	3	30	658	20	40	10,9	0,5	2,3	0,27	1,3	1,1	3
Kartoffelstärke	840	3	1	4	1	859		0	9,0	0,1	0,5	0,22			
Kartoffelwalzmehl	899	39	85	2	19			44	11,3	0,4	2,3	0,94			
Kaseinpulver	880	61	748	7				677	13,4	19,1	11,9		24,7	2,6	64
Kleegrünmehl															
19–21 % Rohprotein	936	98	195	41	181			146	6,2	12,9	3,1				
17–19 % Rohprotein	900	102	175	41	178			131	5,8	9,4	2,8				
Knochenfett	988	3		985				0	35,1						
Knochenfuttermehl	922	852	58	2				44	1,0	291,6	151,0	4,61	3,4	1,8	8
Kohlensaurer Futterkalk	999	999						0	0,0	381,4	0,4				
Kokosextraktionsschrot	890	65	211	18	136		113	141	6,2	1,4	5,6	0,82	4,0	4,0	5
Kokoskuchen	900	64	216	64	132	53	98	144	7,4	1,7	5,8	0,89	3,0	3,2	5
Kokosöl	991	1		990				0	36,3						
Krebsmehl	925	302	435	70				286	8,7	111,6	16,7		8,7	3,8	24
Küstenfischmehl															
45–50 % Protein	886	284	482	47	22			426	9,4	107,2	16,8		13,2	4,7	34
50–55 % Protein	884	246	523	51	12			462	10,2	83,1	22,1		12,6	4,7	33
Lein (Samen)	901	46	224	324	77	37	28	202	17,8	2,5	4,9	0,84	4,7	3,5	9
Leinextraktionsschrot	889	63	348	16	95	62	32	258	8,2	4,1	9,0	0,97	7,3	5,4	13
Leinkuchen	902	60	336	63	100	74	27	249	9,1	3,8	7,4	0,95	6,0	5,7	12
Leinöl	999	1		998				0	37,6						
Linse (Samen)	875	23	229	6	39			207	11,3	0,6	3,0	0,32	2,3	4,4	18

Tab. 2: Nährstoff-, Mineralstoff- und Aminosäurentabelle zur Geflügelfütterung (Fortsetzung)

1000 g Futtermittel enthalten	**Rohnährstoffe**							verdauliches Rohprotein	Umsetzb. Energie (N-korr.)	**Mineralstoffe**			**Aminosäuren**		
	Trockensubstanz	Asche	Rohprotein	Rohfett	Rohfaser	Stärke	Zucker			Calcium	Phosphor	Natrium	Methionin	Cystin	Lysin
	g	g	g	g	g	g	g	g	MJ	g	g	g	g	g	g
Lupine süß (Samen)	894	43	405	44	145			368	8,6	2,4	4,6		2,5	9,2	20
Luzernegrünmehl															
21–23 % Rohprotein	893	109	217	33	196	65	33	155	6,1	15,2	2,8	0,80	3,5	1,5	11
19–21 % Rohprotein	906	125	200	28	235	40	32	133	5,2	25,6	2,9	4,73	3,2	1,4	10
17–19 % Rohprotein	910	108	177	25	239	29	50	117	5,2	17,9	3,0	0,58	2,6	1,9	9
16–17 % Rohprotein	906	122	163	24	254	36	32	108	4,9	14,5	1,7	0,91	2,3	1,8	8
13–16 % Rohprotein	894	91	142	23	281	27	41	89	4,0	11,3	3,5		2,0	1,6	7
Magermilchpulver	939	78	332	6	1		480	284	11,2	12,3	9,6	3,65	8,6	3,0	25
Mais (Körner)	874	15	94	41	24	604	17	76	13,5	0,4	2,9	0,44	1,8	1,9	3
Maisflocken	879	8	104	19	6	666	16	94	14,5		2,5	0,20	1,9	1,8	
Maisfuttermehl	886	19	102	45	40	376	49	69	10,5	0,2	2,1	0,45			
Maiskeime	911	53	145	186	113	114	49	110	11,3	0,5	5,3		3,0	3,7	8
Maiskeimextraktionsschrot	895	37	133	16	69	249	45	110	9,5	0,6	6,6	1,08	2,4	2,4	6
Maiskeimkuchen I	915	28	197	72	108	378	65	163	10,6	0,6	2,8	0,36	3,5	3,6	9
Maiskleber	921	23	656	50	15	122	5	522	15,3	0,7	4,8	0,06	15,0	10,7	15
Maiskleberfutter, eiweißreich	891	36	359	32	49	206	21	286	10,5				9,7		8
Maiskleberfutter	889	53	246	32	81	186	19	183	8,1	2,2	9,1	0,86	4,7	4,2	6
Maiskleie	888	41	177	31	102	452	22	95	5,9	0,7	3,6	0,20	2,1	2,2	4
Maisöl	999	1		998				0	36,1						
Maisquellstärke	927	1	4	3	4	861	32	0	15,5	0,5	1,8				
Maisschlempe, getrocknet	904	28	229	64	130	86	6	179	8,7	1,2	6,5	0,68	4,6	3,7	6
Maisschlempefeststoffe, getrocknet	913	36	229	68	103			179	9,0	0,4	1,9	0,55	4,3		7
Maisschlempelösung, getr.	929	119	289	34	17	99	31	231	10,3	4,2	8,1	3,70	4,2		9
Maisstärke	877	1	5	1	3	853		0	14,6	3,6	7,9	0,60			

Malzkeime	915	65	274	9	145	36	124	234	10,1	2,1	7,8	0,23	3,9	3,9	12
Maniokschnitzel, TYP 65	900	32	21	4	35	725	34	8	13,2	1,0	4,5	0,80			
Maniokmehl, TYP 65	877	26	21	5	29	693	53	8	12,9	1,2	1,0	0,39			
Maniokmehl, TYP 60	881	38	22	5	58	627	27	8	12,4	1,4	0,7	0,07			
Menhadenmehl	905	210	608	87				537	12,8	50,4	28,8	4,13	17,9	5,4	48
Milchzucker	990	2	1				991	0	7,8						
Milo (Körner)	876	17	102	32	23	632	10	85	13,8	1,0	2,7	0,70	1,8	1,8	2
Mohrrüben, getrocknet	838	70	68	12	128			49	8,0						
Molkenpulver	958	83	127	6			726	96	6,9	7,2	6,7	6,63	2,2	2,3	7
Palmkernextraktionsschrot	891	40	180	12	150	7	27	116	4,8	2,7	6,5	0,16	3,5	3,0	6
Palmkernkuchen	892	42	178	59	165	21	27	115	6,3	2,1	5,9	0,76	3,2	2,2	6
Palmöl	999			999				0	36,6						
Rapsextraktionsschrot	888	76	352	17	129	54	77	253	6,2	6,1	10,7	0,11	6,5	7,5	18
Rapskuchen															
4–7,9 % Fett	893	78	329	54	137	15	8	236	6,7	5,7	8,9	0,71	6,3	5,4	18
8–11,9 % Fett	906	76	333	98	109			239	7,8	6,0	10,4		6,3	5,4	18
Reis (Körner)	883	53	86	22	87	765	7	64	11,0	0,4	1,2	0,10	1,9	1,0	3
Reisfuttermehl (gelb)	898	99	128	144	79	177	72	81	10,2	0,8	6,1	0,54	3,1	2,7	5
Reisfuttermehl (weiß)	895	75	127	124	38	305	56	92	13,9	1,3	13,1	0,20	2,9	2,6	5
Reiskleie	906	129	115	124	144	230	50	66	8,6	1,0	5,0	0,72	2,2	1,1	6
Reisstärke	877	10	5	1		865	2	0	14,6	0,4	0,1	0,96			
Rindertalg	999	1	998					0	30,9						
Roggen (Körner)	870	20	94	15	25	524	49	56	11,4	0,8	2,9	0,24	1,2	2,0	4
Roggenfuttermehl	878	31	147	30	32	208	111	106	11,8	1,1	8,1	0,17			
Roggengrießkleie	877	40	147	32	45	195	80	104	11,4	2,2	8,3	0,55	1,9	1,8	6
Roggenkleie	881	51	145	32	72	136	89	91	7,2	1,5	8,4	0,18	2,0	1,4	7
Roggenschlempe, getr.	892	11	149	53	162			116	7,8				2,4	3,9	8
Rotbarschmehl	918	230	578	93	1			510	12,5	86,6	44,7		19,2	6,9	51
Sardinenmehl	909	185	582	62	1			514	11,6	75,5	41,2	5,86	17,1	6,3	50
Schweinefett	999	1	998					0	35,0						
Seealgenmehl	936	102	460	48	96			80	3,9	19,8	1,1	9,10	6,8	1,2	28
Seetieröl, gehärtet	999			999				0	28,3	291,6	151,0	4,61			
Sesamextraktionsschrot	905	128	447	11	69			346	8,2	22,5	13,5	0,23	12,5	6,3	12
Sesamkuchen	889	121	413	51	80		32	319	8,6	19,9	10,7		11,1	10,6	11
Sojabohne (Körner)	913	51	373	18C	61	54	78	287	13,9	2,5	6,9		4,6	5,0	21
Sojabohnenextraktions-schrot aus geschälter Saat, dampferhitzt	894	56	512	8	29	65	104	437	11,2	3,3	7,6	0,30	5,9	4,6	29

Tab. 2: Nährstoff-, Mineralstoff- und Aminosäurentabelle zur Geflügelfütterung
(Fortsetzung)

1000 g Futtermittel enthalten	**Rohnährstoffe**									**Mineralstoffe**			**Aminosäuren**		
	Trockensubstanz g	Asche g	Rohprotein g	Rohfett g	Rohfaser g	Stärke g	Zucker g	verdauliches Rohprotein g	Umsetzb. Energie (N-korr.) MJ	Calcium g	Phosphor g	Natrium g	Methionin g	Cystin g	Lysin g
Sojabohnenextraktions-schrot dampferhitzt	879	59	451	9	59	66	93	368	9,8	2,8	6,4	0,40	6,6	6,9	29
Sojaöl	999	1		998				0	36,9						
Sonnenblume (Samen)	904	30	184	318	213			138	14,6	2,7	3,0		2,6	4,3	6
Sonnenblumenextraktions-schrot aus geschälter Saat	901	71	403	9	163	21	77	338	8,5	4,4	8,7	0,13	7,3	5,3	12
Sonnenblumenkuchen aus geschälter Saat	913	59	425	60	136			357	10,2	4,1	9,9		7,9	6,4	15
Sonnenblumenöl	999			999				0	36,4						
Sorghum (Körner)	881	27	107	34	52			72	12,6	0,3	3,3	0,04	1,6	2,0	2
Sorghumsaatkleberfutter (Milo)	905	62	236	49	65			175	9,0	4,5	6,3		3,4		6
Sorghumsaatkleie (Milo)	881	25	109	61	44			59	6,9	1,5	5,6				
Tierlebermehl	937	45	671	171	11			433	14,3	4,9	6,9				
Tiermehl															
TYP 50	922	215	533	117	17			390	11,4	53,3	30,0	5,35	7,1	5,6	26
TYP 55	901	224	579	57	4			435	10,2	54,4	29,6	18,29	8,5	5,1	26
TYP 60	919	190	630	55	10			474	10,8	47,3	26,6	3,37	9,1	4,6	34
Trockenschnitzel	906	50	89	5	181	23	132	28	5,5	9,1	0,9	2,30	1,4	1,2	5
Viehsalz	999	999						0	0,0	2,5		364,72			
Walfleischmehl	906	39	802	52				727	14,0	12,1	10,2		19,4	6,6	58
Weizen (Körner)	870	18	115	17	25	580	27	92	12,5	0,8	3,2	0,39	1,7	2,6	3
Weizen, Hartweizen (Körner)	872	16	122	21	21	572		102	12,5	0,3	3,7	0,07	1,9	2,7	3
Weizenfuttermehl	882	40	179	49	44	326	64	143	11,7	1,1	8,9	0,18	2,4	2,9	7

Weizengrießkleie	859	49	153	44	82	318	69	99	7,8	1,2	8,8	0,28	2,6	3,9	7
Weizenkeime	868	43	249	71	33	228	129	197	11,7	1,2	9,1	0,03	4,1	4,7	13
Weizenkleber	905	8	780	7				610	12,3	0,8	2,3		13,7	13,5	17
Weizenkleberfutter	883	23	119	68	126			88	8,4				1,9		3
Weizenkleie	873	57	137	37	111	161	53	94	7,0	1,5	11,4	0,49	2,2	2,8	6
Weizenmehl	859	6	100	11	3	684		86	14,0	1,1	4,4	0,10	2,2	3,2	3
Weizennachmehl	877	34	172	45	28	414	50	116	12,5	0,9	7,4	0,15	2,7	3,8	6
Weizenstärke	875	3	5	1	2			0	14,8	0,3	0,6	0,21			
Wicke (Körner)	869	33	269	16	55	284		260	11,1	1,0	4,0	0,17	5,0	2,0	20
Zucker, rein	999	1					998	0	17,3						
Zuckerrübenblatt (Trobklako)	827	259	109	14	110			75	5,5	8,3	1,8	8,30			
Zuckerrübenmelasse	773	85	101				517	40	10,9	2,7	0,2	9,48			
Zuckerrübenschnitzel, teilextrahiert, getrocknet, Steffenschnitzel	900	49	84	7	140		157	25	6,0	4,9	0,8	1,69			
Zuckerrübenschnitzel, vollwertig	925	43	50	5	59		639	16	11,0	6,3	0,9	2,42			

Verzeichnis der Futter untersuchenden Institute in der Bundesrepublik Deutschland

Landwirtschaftliche Untersuchungs- und Forschungsanstalt
53113 Bonn, Weberstr. 59–61

Landwirtschaftliche Untersuchungs- und Forschungsanstalt
64259 Darmstadt, Rheinstr. 91

Institut für Angewandte Botanik der Universität
20355 Hamburg, Marseillerstr. 7

Landwirtschaftliche Untersuchungs- und Forschungsanstalt
31787 Hameln, Finkenborner Weg 295

Hessische Landwirtschaftliche Versuchsanstalt – Landw. Untersuchungsamt
34128 Kassel (Harleshausen), Am Versuchsfeld 13

Staatliche Landwirtschaftliche Untersuchungs- und Forschungsanstalt Augustenberg
76227 Karlsruhe-Durlach, Neßlerstr. 23

Landwirtschaftliche Untersuchungs- und Forschungsanstalt
24116 Kiel, Gutenbergstr. 77

Landwirtschaftliche Untersuchungs- und Forschungsanstalt
48147 Münster, Nevinghoff 40

Bayerische Landesanstalt für Bodenkultur und Pflanzenbau
80638 München, Menzingerstr. 54

Landwirtschaftliche Untersuchungs- und Forschungsanstalt
26121 Oldenburg, Mars-la-Tour-Str. 4

Landwirtschaftliche Untersuchungs- und Forschungsanstalt
67346 Speyer, Obere Langgasse 40

Landesanstalt für landwirtschaftliche Chemie der Universität Hohenheim
70599 Stuttgart-Hohenheim, Emil-Wolff-Str. 10

Landwirtschaftliches Untersuchungsamt
97074 Würzburg, Luxburgstr. 4

Literatur

1 ALKER, D., PRESTEL, D., und SCHUCHMANN, K.-J. (1982): Biologie und Haltung der Schnurrvögel (Pipridae). Trochilus 3: 113–121.
2 ANDREEV, A. V. (1974): Über Mechanismen, die den Tetraoniden das Überleben unter winterlichen Bedingungen ermöglichen. Zit. nach H.-H. BERGMANN et al. (1978): Das Haselhuhn. Die Neue Brehm-Bücherei, A. Ziemsen Verlag, Wittenberg-Lutherstadt.
3 ANDRES, G. (1978): Molukkenkakadus als Hausgenossen und ihre Zucht. Gef. Welt 102: 108–111.
4 ANGST, R. (1975): Kaptäubchen, *Oena capensis* (Linné). Gef. Welt 99: 21–24.
5 ASCHENBRENNER, H. (1981): Probleme und Methoden der Auerhuhnhaltung. Voliere 4: 7–13.
6 ASCHENBRENNER, H. (1985): Rauhfußhühner. Verlag M. & H. Schaper, Hannover.
7 ASCHOFF, J., und POHL, H. (1970): Der Ruheumsatz von Vögeln als Funktion der Tageszeit und der Körpergröße. J. Orn. 111: 38–47.
8 Autoren-Kollektiv (1978): Energie- und Nährstoffbedarf landwirtschaftlicher Nutztiere. Empfehlungen zur Mineralstoffversorgung. DLG-Verlag, Frankfurt/M.
9 Autoren-Kollektiv (1979): Wildtiere in Menschenhand. VEB Deutscher Landwirtschaftsverlag, Berlin.
10 BÄHR, R. (1982): Weitere Einzelheiten über die Goldstirnblattvogel-Zucht. Gef. Welt 106: 148–149.
11 BAIRLEIN, E. (1981): Ökosystemanalyse der Rastplätze von Zugvögeln: Beschreibung und Deutung der Verteilungsmuster von ziehenden Kleinvögeln in verschiedenen Biotopen der Stationen des „Nettnau-Reit-Illmitz-Programms". Ökologie der Vögel 3: 7–137.
12 BARTMANN, W. (1974): Eine Volierenbrut des Dreifarbenglanzstars *(Lamprospreo superbus)*. Gef. Welt 98: 21–23.
13 BAUER, K. (1969): Die drei bekanntesten Laubsänger unserer Heimat gezüchtet. Gef. Welt 93: 50–52.
14 BAUMGARTNER, E. (1982): Über die Schamazucht. Gef. Welt 106:48–49.
15 BEDNAREK, W. (1978): Moderne Methoden der Greifvogelvermehrung in Gefangenschaft am Beispiel der Rotkopffalken-Zucht 1977. Gef. Welt 102: 170–174.
16 BEHLERT, R. (1969): Dompfaffenzucht animalisch oder vegetarisch? Gef. Welt 93: 190–191.
17 BEILFUSS, H. (1980): Zuchterfolg beim Mittelbeo *(Gracula religiosa intermedia)*. Voliere 3: 166–167.
18 BERGER, J. D. (1963): Die Orpheusgrasmücke *(Sylvia hortensis)*. Gef. Welt 1: 13–16.
19 BERGMANN, H. H., et al. (1978): Das Haselhuhn. Die Neue Brehm-Bücherei. A. Ziemsen Verlag, Wittenberg-Lutherstadt.
20 BERLICH, H. D. (1979): Topographie und Anatomie des Verdauungstraktes der Waldschnepfe (*Scolpax rusticola* L. 1758). Schriften des Arbeitskreises für Wildbiologie und Jagdwissenschaften an der Justus-Liebig-Universität, Gießen.
21 BERNDT, R., und MEISE, W. (1959): Naturgeschichte der Vögel. Franckh'sche Verlagshandlung, Stuttgart.
22 BERTHOLD, P. (1976): Animalische und vegetarische Ernährung omnivorer Singvogelarten: Nahrungsbevorzugung, Jahresperiodik der Nahrungswahl, physiologische und ökologische Bedeutung. J. Orn. 117: 145–209.
23 BERTHOLD, P. (1981): Bienenbrut statt Ameisenpuppen als Futtermittel zur Handaufzucht nestjunger Singvögel. J. Orn. 122: 97–98.
24 BETTMANN, H. (1973): Wildtauben. BLV Verlagsgesellschaft mbH, München.
25 BEZZEL, E., OBST, J., und WICKL, K.-H. (1976): Zur Ernährung und Nahrungsauswahl des Uhus *(Bubo bubo)*. J. Orn. 117: 210–238.
26 BEZZEL, E. (1977): Ornithologie. Verlag Eugen Ulmer, Stuttgart.
27 BLACKTOPP, D. (1971): Die Zucht des Grauschnäppers *(Muscicapa striata)*. Gef. Welt 95: 208–209.
28 BLASZKIEWITZ, B. (1981): Anmerkungen zur Aufzucht von Jungstraußen *(Struthio camelus)*. Gef. Welt 105: 87–88.

29 Blümel, H. (1982): Die Rohrammer. Die Neue Brehm-Bücherei. A.-Ziemsen-Verlag, Wittenberg-Lutherstadt.

30 Bock, M. (1977): Rauchschwalbenhaltung und -zucht im Wuppertaler Zoo. Gef. Welt 101: 111–114.

31 Boecker, M. (1970): Invasion des Tannenhähers in Nordrhein-Westfalen. Bonn. zool. Beitr., Heft 3/4–21.

32 Boness, M. (1970): Blattläuse als Vogelfutter. Gef. Welt 94: 127–128.

33 Bösl, K. (1981): Kolibrihaltung – ein Diskussionsbeitrag. Trochilus 2: 60–62.

34 Bozhko, S. J. (1980): Der Karmingimpel. Die Neue Brehm-Bücherei. A. Ziemsen Verlag, Wittenberg-Lutherstadt.

35 Brandsch, H., und Strempel, W. (1971): Kleines abc-Geflügel. VEB Deutscher Landwirtschaftsverlag, Berlin.

36 Bräunlich, K.: Beinschäden beim Geflügel. Wissenschaftl. Mitteilungen der Vitamin-Abteilung der Firma Hoffmann-La Roche, Grenzach.

37 Bronsart, v. J.-Chr. (1979): Haltung und Zucht von Moorschneehühnern. Voliere 2: 65–66.

38 Brüll, H. et al. (1977): Die Waldhühner. Verlag Paul Parey, Hamburg und Berlin.

39 Bruns, E. (1978): Freifliegende Kanarienvögel – ein Versuch. Gef. Welt 102: 31–32.

40 Bühler, P. (1981): Das Fütterungsverhalten der Schleiereule *(Tyto alba)*. Ökol. Vögel 3: 183–202.

41 Cain, J.-R. et al. (1984): Der Einfluß von Energiewerten und Eiweißgehalt des Futters und von der Besatzdichte auf Wachstum und Federpicken bei chinesischen Ringfasanen *(Phasanicus colchians)*. Soultry Science 63: 450 ff. ref. in WPA Rundbrief 2/(1985): 4–6.

42 Creutz-Neschwitz, G. (1968): Wert und Ziel der Ernährungsuntersuchungen bei Vögeln. Falke 15: 226–229, 260–263.

43 Dathe, H. (1974): Handbuch des Vogelliebhabers. VEB Deutscher Landwirtschaftsverlag, Berlin.

44 Donath, R., und Schüler, K.-P. (1972): Ernährung der Sportler. Sportverlag Berlin.

45 Dornbusch, L. (1982): Unsere Weihen: Vom Aussterben bedroht. Deutsche Jagdzeitung 11.

46 Dorrestein, G. M., und Zwart, P. (1981): Practical aspects of vitamin A – deficiency in parrots and cocatoos. II. Tagung: Krankheiten der Vögel, München.

47 Dorrestein, G. M., en Schrijver (1982): Ee genetisch defect in de vitamine A huishouding van recessif witte Kanaries. Tijdschr. v. Diergen. 107: 795–799.

48 Dozsa, J. (1961): Untersuchungen über die Pathologie der Vögel des zoologischen Gartens von Budapest. III. Internat. Symposium über die Erkrankungen der Zootiere in Köln.

49 Dröscher, V. B. (1980): Silbermöven erobern unsere Städte. Das Tier 11: 23–25.

50 Elzen, van den R., und Baars, W. (1981): Ernährung von sechs südafrikanischen Girlitzarten. Gef. Welt 105: 82–84.

51 Elzen, van, R. (1982): Zweites Jahrestreffen der Alario-Arbeitsgemeinschaft Girlitzzucht (AAG) in Havixbeck am 31. X. 81. Gef. Welt 106: 50–51.

52 Elzen, van, R. (1983): Girlitze – Biologie, Haltung und Pflege. Biotropic Verlag, Baden-Baden.

53 Engelmann, C. (1984): Leben und Verhalten unseres Hausgeflügels. Verlag J. Neumann-Neudamm, Melsungen.

54 Epple, W. (1983): Gedehnte Legeabstände bei der Schleiereule *(Tyto alba)*. Ökol. Vögel 5: 271–276.

55 Essmann, U. (1975): Nochmals: Kleinigkeiten, die entscheidend sind. Gef. Welt 99: 195.

56 Etterlin, H. J. (1980): Der Goldsittich. Voliere 3: 99–102.

57 Fangauf, R., Mackrott, H., und Vogt, H. (1960): Geflügelfütterung. Verlag Eugen Ulmer, Stuttgart.

58 Fellenberg: zit. nach Nehring (162).

59 Fergenbauer, A. (1979): Haltung und Zucht von Edelpapageien *(Lorius roratus aruensis)*. Gef. Welt 103: 177–179.

60 Fergenbauer-Kimmel, A. (1985): Beobachtungen zum Balzverhalten von Frühlingspapageien *(Loriculus vernalis)*. Trochilus 6: 62–65.

61 Folger, H. (1976): Erfahrungen über die Haltung von Kolibris. Gef. Welt 100: 103–106.

62 Freytag, U. (1979): Allgemeine Richtlinien zur Bepflanzung von Außenvolieren. Voliere 2: 68–75.

63 Friederich, U., und Volland, W. (1981): Futtertierzucht – Lebendfutter für Vivarientiere. Verlag Eugen Ulmer, Stuttgart.

64 Frisch, O. v. (1969): Aufzucht von Zwergtrappen *(Tetrax tetrax)*. Gef. Welt 93: 204–206.

65 Fuchs, K. (1980): Insektenzuchten und deren Verwendung im Alpenzoo Innsbruck. Gef. Welt 104: 132–134.

66 Gabrisch, K., und Zwart, P. (1984): Krankheiten der Heimtiere. Schlütersche Verlagsanstalt, Hannover.

67 Gareiss, G., und Kutschke, J. (1977): Untersuchungen zur Pathophysiologie der Mauser unter besonderer Berücksichtigung der „französischen Mauser". Vet.-med. Diss., Leipzig.

68 GARLING, B. (1976): Raupen als Vogelnahrung. Gef. Welt 100: 158–159.

69 GAVRILOV, E. J. (1968): Zur Nutzung von Salzstellen für den Vogelfang. Ornitologija 9: 343–344. Zit. nach BOZHKO (32).

70 GEISSLER, H., und KÖSTER, J. (1972): Die hygienische Bedeutung des Getreideschimmelkäfers (*Alphitobius diaperinus* Panz) in der Geflügelmast. Dtsch. Tierärztl. Wschr. 79: 178–181.

71 GERRIETS, E. (1971): Die Kropfdilatation bei Junghühnern, eine B_6-Avitaminose? Der prakt. Tierarzt 52: 623–626.

72 GERSTBERGER, P. (1981): Streß durch Volierenbeleuchtung? Trochilus 2: 45–46.

73 GEUS, A. (1963): Über das Vorkommen von Gregarinen in Insekten und deren Larven. Gef. Welt 6: 117–118.

74 GEWALT, W. (o. J.): Haltung und Zucht von Park- und Ziergeflügel. Verlagshaus Oertel und Spörer, Reutlingen.

75 GEYER, S. (1973): Ziervögel in der täglichen Praxis (2). Tierärztl. Prax. 1: 223–232.

76 GINSBERG, CH. (1984): Über die Aufzucht großer Papageien. Gef. Welt 108: 265–267.

77 GLÜCK, E. (1980): Ernährung und Nahrungsstrategie des Stieglitzes – *Carduelis carduelis* L. Ökologie Vögel 2: 43–92.

78 GOGER, R. (1961): Meine ersten Erfahrungen mit der Zucht der Schmetterlingsfinken. Gef. Welt 2: 29–31.

79 GOGER, R. (1977): Zu: Lernverhalten von Prachtfinken beim Fang von Fruchtfliegen *(Drosophila)*. Gef. Welt 101: 120.

80 GRAHL, W. DE (1974): San Diego, ein Zoo der Superlative. Gef. Welt 98: 106–108.

81 GRUBBE, O. (1974): Über den Hartlaubgirlitz. Gef. Welt 98: 194–196.

82 GRÜN, G. (1972): Über das Variieren von Nestlingsnahrung bei der Tannenmeise. Falke 19: 125–129, 166–171.

83 HACHFELD, B. (1980): Pittas – kurzschwänzige Vögel mit langen Beinen. Voliere 3: 64–67.

84 HACHFELD, B. (1980): Bülbüls (Pychonotidae) ihre Biologie und Haltung in Gefangenschaft. Voliere 3: 158–161.

85 HACHFELD, B. (1982): Für und Wider der Winterfütterung. Voliere 5: 30–31.

86 HANTGE, E. (1980): Untersuchungen über den Jagderfolg mehrerer europäischer Greifvögel. J. Orn. 121: 200–207.

87 HAUSER, K.-W. (1976): Fütterung einzeln gehaltener Papageien. Der prakt. Tierarzt 57: 17–19.

88 HAY, A. W. M., und WATSON, G. (1977): Comp. biochem. physiol. 56: 375. Zit. nach E. KOLB: Neue biochemische Erkenntnisse zur Bedeutung und zum Stoffwechsel der Vitamine A, D und E beim Geflügel. Mh. Vet. Med. 34: 109 (1979).

89 HEIDENREICH, M. (1979): Zum Problem des Federfressens. Voliere 2: 63–64.

90 HEIDENREICH, M. (1981): Neue Erkenntnisse in der Ziervogelernährung. Voliere 4: 67–68.

91 HEINZE, O. (1981): Waldkauz erstickte an Groppe. Gef. Welt 105: 119–120.

92 HERLINGER, E. (1973): Die Wiedereinbürgerung des Uhus *(Bubo bubo)* in der Bundesrepublik Deutschland. Bonn. zool. Monogr. 4.

93 HILBRICH, P. (1978): Krankheiten des Geflügels. Verlag Hermann Kuhn, Villingen-Schwenningen.

94 HOFFMANN, G., und VÖLKER, H. (1966): Anatomie und Physiologie des Nutzgeflügels. S. Hirzel Verlag, Leipzig.

95 HOFFMANN, H. (1980): Die Wirkung toxischer Pflanzeninhaltsstoffe auf den Wellensittich *(Melopsittacus undulatus)* im Appetenzversuch und nach Zwangsverabreichung – Ein Beitrag zur Gefährdung von Stubenvögeln durch Zierpflanzen. Vet. med. Diss., Hannover.

96 HOMBERGER, D. G. (1980). Funktionell-morphologische Untersuchungen zur Radiation der Ernährungs- und Trinkmethoden der Papageien (Psittaci). Bonner Zool. Monographie Nr. 13.

97 HOPPE, D. (1984): Die Ernährung von Papageien. Voliere 7: 228–232.

98 HOPPE, D. (1985): Gedanken zur Papageien-Zucht. Voliere 8: 80–86.

99 HOPPE, R. (1964): Nochmals zur Frage der Mehlwurmfütterung. Gef. Welt 6: 113–115.

100 HOPPE, R. (1964): Zwergohreneulen *(Otus scops)*. Gef. Welt 7: 123–125.

101 HOPPE, R. (1969): Nochmals: Schmeißfliegen-Maden und Mehlwürmer. Gef. Welt 93: 175–176.

102 HOPPE, R. (1973): Zur Nahrung einheimischer Vögel: Knospen, Nadeln, Blätter und Triebe als Vogelnahrung. Gef. Welt 97: 169–171.

103 HOPPE, R. (1974): Die Nahrung unserer Waldvögel und anderer Finken. Gef. Welt 98: 132–135.

104 HOPPE-RAPP, M. (1969): Was fressen Zaun- und Dorngrasmücke? Gef. Welt 93: 131–132.

105 HUDSON, J. W., und KINZEY, S. L. (1966): Temperature and metabolic rhythm in populations of the house sparrow, *Passer domesticus*. Comp. Biochem. Physiol. 17: 203–217.

106 HUNGER, D. (1976): Über den Rotschnabelkitta. Gef. Welt 100: 154.

107 IMMELMANN, K. (1962): Prachtfinken als Aasfresser. Gef. Welt 10: 198.

108 ISENBÜGEL, E. (1970): Ziervogelerkrankungen. Gef. Welt 94: 110–113.

109 JEROCH, H. (1972): Geflügelernährung. VEB Gustav Fischer Verlag, Jena.

110 JOST, O. (1975): Zur Ökologie der Wasseramsel *(Cinculus cinculus)* mit besonderer Berücksichtigung ihrer Ernährung. Bonner Zool. Monographien Nr. 6.

111 KALCHREUTHER, H. (1982): Vom Rebhuhn und seiner Umwelt. Verlag Dieter Hoffmann, Mainz.

112 KALDEMORGEN, H.-D. (1963): Über die Haltung schwieriger Weichfresser. Gef. Welt 6: 110–111.

113 KALDEMORGEN, H.-D. (1968): Ein neuer Weg in der Fütterung von Weichfressern. Gef. Welt 92: 177.

113a KAMPHUES, J. (1992): Ernährungsbedingte Störungen in der Ziervogelhaltung. DVG – VIII. Tagung über Vogelkrankheiten – Tauben, Chlamydiosen; München, 5. u. 6. März 1992: 173–181.

114 KAUMANNS, W. (1975): Haltung und Zucht von Boubous oder Flötenwürgern *(Laniarius ferrugineus)*. Gef. Welt 99: 209—212.

115 KEIL, H. (1983): Zuchterfahrungen mit der Feld- und Haubenlerche. Voliere 6: 186–189.

116 KIRCHHOFER, E. (1981): Die Zucht des Tacazze-Nektarvogels *(Nectarinia tacazze)*. Gef. Welt 105: 3–6.

117 KIRSCHKE, S. (1973): Probleme mit der Rotköpfigen Papageiamadine. Gef. Welt 97: 228–229.

118 KNOBLAUCH, D. (1973): Mein Grünhäher. Gef. Welt 97: 87–88.

119 KNOLLE, F. (1971): Haussperlinge *(Passer domesticus)* öffnen und verzehren Walnüsse. Ornithol. Mitteilungen 23: 54–55.

120 KNORRE, D. V. (1973): Jagdgebiet und täglicher Nahrungsbedarf der Schleiereule (*Tyto alba* Scopoli). Zool. Jb. Syst. 100: 301–320.

121 KOLAR, K. (1968): Die Ernährungsweise einiger Papageien. Der Zool. Garten (NF), Band 35, Heft 4/5: 218–223.

122 KOLB, E. (1967): Lehrbuch der Physiologie der Haustiere. VEB Gustav Fischer Verlag, Jena.

123 KÖNIG, O. (1977): Kolibrihaltung. Gef. Welt 101: 181–184.

124 KONSTANTINOV, A. (1979): Verhandlungsbericht; XXI. Internat. Symp. Erkrank. Zootiere, Mulhouse 41–46.

125 KORN, H. (1978): Bergfinkenzucht in der Voliere. Gef. Welt 102: 67–68.

126 KÖSTER, F., und KÖSTER-STOEWESAND, H. (1978): Königsgeier. Zeitschrift des Kölner Zoo 21.

127 KÖSTERS, J. (1973): Haltungsbedingte Krankheiten bei Greifvögeln. Prakt. Tierarzt – Collegium veterinarium.

128 KÖSTERS, J., und MEISTER, B. (1982): Hämatokrit- und Hämoglobinwerte bei einigen einheimischen Greifvögeln und Eulen. Der prakt. Tierarzt 63: 444–447.

129 KRACHT, W. (1961): Betrachtungen über das Lebendfutter. Gef. Welt 6: 76–78.

130 KRAUS, K. (1970): Die Prachtfinken. Sonderheft Gef. Welt.

131 KRAUS, K. (1979): Ergebnisse zur Haltung von Blattvögeln. Gef. Welt 103: 182–185.

132 KRIESTEN, K. (1979): Beziehung von Proteinen, Vitaminen und Elementen zur Infektion bei Tieren. Der prakt. Tierarzt 60: 992–994.

133 KRÖCKERT, H. (1980): Dompfaffenzucht im Käfig. AZ-Nachrichten 27: 292–294.

134 KUNKEL, P. (1962): Einige interessante Verhaltensweisen des Gangesbrillenvogels. Gef. Welt 10: 188–189.

135 LAHAYE, J., und CORDIEZ, E. (1978): Die belgische Reisetaube. La Paloma Buchverlag und Vertrieb, Hamburg.

136 LANDOLT, R., und ZISWILER, V. (1983): Zur Haltung von Fruchttauben (Treroninae). Gef. Welt 107: 297–302.

137 LENZ, R. (1979): Liebenswerte Mönchsgrasmücken. Gef. Welt 103: 188–190.

138 LENZ, R. (1985): Wertvolle Futtertiere für Insektenfresser ,,Tausendfüßler“. Gef. Welt 109: 42.

139 LÖHRL, H. (1977): Die Tannenmeise. Die Neue Brehm-Bücherei. A. Ziemsen Verlag, Wittenberg-Lutherstadt.

140 LÖHRL, H. (1980): Zur Aufzucht des Mauerläufers. Gef. Welt 104: 121–124.

141 LÖHRL, H. (1982): Die Goldhähnchen. Deutsche Jagd-Zeitung 2.

142 LÖHRL, H. (1984): Nochmals: Abnorme Schnäbel. Gef. Welt 108: 152.

143 LÖHRL, H. (1984): Grüne Raupen als Vogelnahrung: Der Brennesselzünsler. Gef. Welt 108: 48–49.

144 LOW, R. (1983): Das Papageienbuch. Verlag Eugen Ulmer, Stuttgart.

145 LÜTHGEN, W. (1982): Das ,,Lähmesyndrom“ der Täubin. Geflügelbörse 103: 11.

146 MARDSEN, PH. (1966): Das Wellensittich ABC. Rascher Verlag, Zürich und Stuttgart.

147 MASSOTH, K. (1985): Vermehrung von cardueliden Finken in Menschenobhut. Voliere 8: 92–99.

148 MAU, K.-G. (1979): Zur Haltung des Alariogirlitzes (*Serinus a. alario* L.). Gef. Welt 103: 185–188 und 208–210.

149 MAU, K.-G. (1979): Haltung und Zucht des Reichenowgirlitzes. Gef. Welt 103: 227–231.
150 MAUTES, A. (1982): Ein Besuch bei Dr. Rüschi in Brasilien. Trochilus 3: 45–47.
151 MAYER, H. (1979): Wasserflöhe als Futter für Prachtfinken. Gef. Welt 103: 93–94.
152 MEHRL, H. (1974): Umgewöhnung eines Mäusebussards. Gef. Welt 98: 63–65.
153 MELCHIOR, G. (1972): Weiteres zur Aufzucht und Haltung junger Saat- und Rabenkrähen *(Corvus f. frugilegus* und *Corvus c. corone)*. Gef. Welt 96: 123–124.
154 MELCHIOR, G. (1973): Beobachtungen bei der Aufzucht von Eisvögeln. Gef. Welt 97: 25–26.
155 MENKE, K.-H., und HUSS, W. (1980): Tierernährung und Futtermittelkunde. Verlag Eugen Ulmer, Stuttgart.
156 MICHAELIS, H.-J. (1967): Der Wellensittich. A. Ziemsen Verlag, Wittenberg-Lutherstadt.
156a MICHI, H. (1982): Schwalbenstare. Trochilus 3: 14–16.
157 MILAUTZKI, M. (1982): Die mutationsbedingte Stoffwechselstörung des rezessiv-weißen Kanarienvogels. AZ-Nachrichten 29: 246.
158 MOSS, R. (1972): Effects of Captivity on Gut Length in Red Grouse. Journal of Wildlife Management 36: 99–105.
159 MÜLLER, F. (1985): Der Jagdfasan. Deutsche Jagd-Zeitung 5:13.
160 NEFF, R. (1969): Ein Beitrag zur Haltung und Zucht des Gemalten Astrilds *(Emblema picta)* Gef. Welt 93: 64–68.
161 NEFF, R. (1978): Meine Erfahrungen bei der Haltung und Zucht von Salvadoris Bergastrild *(Cryptospiza salvadorii)*. Gef. Welt 102:54.
162 NEHRING, K. (1972): Lehrbuch der Tierernährung und Futtermittelkunde. Neumann Verlag, Radebeul.
163 NEWTON, J. (1966): The moult of the bulfinch *Pyrrhula phyrrhula*. Ibis 108: 41–87.
164 NICOLAI, J. (1953): Schriftl. Mitteilung an SABEL (182).
165 OBENAUER, D. (1976): Und nochmals Mauerségleraufzucht. Gef. Welt 100: 97–98.
166 PAULI, H.-R. (1980): Nahrungsökologische Untersuchungen am Birkhuhn in den Schweizer Alpen. Birkhuhn-Symposium 79. Institut für Ökologie und Naturschutz, Karlsruhe.
166a PECINA, P. (1980): Südamerikanische Schabenarten *(Nauphoeta cinerea)* als Vogelfutter. Voliere 3: 102–104.
167 PINTER, H. (1979): Handbuch der Papageienkunde. Franckh'sche Verlagshandlung, Stuttgart.
168 POLEY, D. (1973): Moderne Haltung von Tropenvögeln im Zoo Heidelberg. Gef. Welt 97: 203–206.
169 POLEY, D. (1980): Beitrag zur Brutbiologie des Veilchenohrkolibris *(Colibri coruscans)*. Gef. Welt 104: 162–166.
170 PRESTEL, D. (1982): Haltung und Zucht von Harlekinwachteln *(Coturnix delegorguei)*. Gef. Welt 106: 13–15.
171 PREUSS, F. et al. (1969): Funktionelle Studie über die Zunge der Hausvögel. BMTW 82: 45–48.
172 PÜSCHNER, A., und SIMON, O. (1977): Grundlagen der Tierernährung. Ferdinand Enke Verlag, Stuttgart.
173 RADEFF: zit. nach KOLB (116).
174 RADICKE, F. L. (1977): Beobachtungen am Rotflanken-Brillenvogel. Gef. Welt 101: 4–6.
175 RAETHEL, H. S. (1961): Krankheiten der wilden Entenvögel in Gefangenschaft. III. Internat. Symp. über die Erkrankungen der Zootiere, Köln.
176 RAETHEL, H. S. (1979): Die Pflege exotischer Fasanen. Voliere 2: 12–14.
177 RAETHEL, H. S. (1980): Wildtauben. Verlag Eugen Ulmer, Stuttgart.
178 REINHARD, R. (1980): Erfolgreiche Bartkauz-Zucht im Zoo Berlin. Gef. Welt 104: 184.
179 REPP, B. (1981): Haltung und Zucht von Halmahera-Edelpapageien. AZ-Nachrichten 28: 303–307.
180 ROBILLER, F. (1970/72): Prachtfinken – Dickschnäblige/Dünnschnäblige. VEB Deutscher Landwirtschaftsverlag, Berlin.
181 ROBIN, K. (1985): Fünf Jahre Haselhuhnzucht im Tierpark Bern. Gef. Welt 109: 88–92.
182 ROOTS (1968): Schmeißfliegen-Maden und Mehlwürmer. Avicult. Mag. Vol. 74, 5: 186–189. Übersetzung in Gef. Welt (1969). 93: 129–131.
183 ROTH, P. (1982): Habitat-Aufteilung bei sympatrischen Papageien des südlichen Amazonasgebietes. Inaugural-Diss., Universität Zürich.
184 ROTHE, H.-J. (1982): Physiologische Untersuchungen an fliegenden Tauben *(Columba livia)* im Windkanal. Diss., Saarbrücken.
185 RUTSCHKE, E. (1983): Zur Ernährung und zum Nahrungs- und Energiebedarf der Wildgänse. Der Falke 30: 126–131.
186 SABEL, K. (1967): Vogelfutterpflanzen. Verlag Jakob Helene.
187 SABEL, K. (1983): Naturgemäße Finkenzucht, Sämereien und Wildfutterpflanzen für europäische

und außereuropäische Körnerfresser. Joko-Verlag, Bassum.

187a SCHALES, K. (1992): Untersuchungen über die Kotflora bei wildlebenden Auerhühnern (*Tetrao urogallus,* L. 1758) und Auerhühnern in Gefangenschaft. DVG – VIII. Tagung über Vogelkrankheiten – Tauben, Chlamydiosen; München, 5. u. 6. März 1992: 192–212.

188 SCHEICH, A. (1967): Zucht der Gartengrasmükke in der Freivoliere 1965 und 1966. Gef. Welt 91: 116–117.

189 SCHEITHAUER, W. (1975): Erfolgreiche Aufzucht eines Kolibris. Gef. Welt 99: 127–129.

190 SCHILDMACHER, H. (1982): Einführung in die Ornithologie. Gustav Fischer Verlag, Stuttgart/New York.

191 SCHLING, H. (1970): Wie ich meine Blaukehlchen pflege. Gef. Welt 94: 17–18.

192 SCHMIDT, D. (1976): Nochmals Mauersegleraufzucht. Gef. Welt 100: 32–36.

193 SCHMIDT, K.-H., und HAMANN, H. J. (1983): Unterbrechung der Legefolge bei Höhlenbrütern. J. Orn. 124: 163–176.

194 SCHOLTYSSEK, S., und DOLL, P. (1978): Nutz- und Ziergeflügel (Tierzuchtbücherei). Verlag Eugen Ulmer, Stuttgart.

195 SCHÖNFELD, M. (1982): Der Fitislaubsänger. Die Neue Brehm-Bücherei, A. Ziemsen Verlag, Wittenberg-Lutherstadt.

196 SCHRÖDER, U. (1970): Wiedehopfe im Bochumer Tierpark gezüchtet. Gef. Welt 94: 12–13.

197 SCHUCHMANN, K.-L. (1975): Eine interessante Kolibriart der Anden – der Turmalin-Sonnenengel *(Heliangelus exortis)* in der Natur und in Gefangenschaft. Gef. Welt 99: 222–223.

198 SCHUCHMANN, K.-L. (1978): Zucht des Egregia-Zuckervogels. Gef. Welt 102: 201–202.

199 SCHUCHMANN, K.-L. (1979): Kolibris – Haltung und Pflege. Biotropic-Verlag GmbH, Frankfurt/M.

200 SCHUCHMANN, K.-L. et al. (1979): Energetische Untersuchungen bei einer tropischen Kolibriart *(Amazilia tzacatl)*. J. Orn. 120: 78–85.

201 SCHUCHMANN, K.-L. (1982): Fütterung heikler Weichfresser. Voliere 5: 62.

202 SCHUCHMANN, K.-L. (1984): Zum Nahrungsspektrum der Loris. Trochilus 5: 45–48.

203 SCHULZE, G. (1984): Erfahrungen mit einem guten Naturfutter. Gef. Welt 108: 228.

204 SCHÜPPEL, K.-F. (1979): Vitamin-E-Mangel bei der Aufzucht von Psittaciden. XXI. Inter. Symp. Erkrank. Zootiere, Mulhouse.

205 SCHÜRER, U. (1978): Kolibrizucht im Zoo Wuppertal. Gef. Welt 102: 99.

206 SCHÜRER, U. (1978): Die Zucht des Schwarzkopfwebers in einer Gemeinschaftsvoliere. 102: 101–102.

207 SCHÜRER, U. (1980): Persönl. Mitteilung vom 30. 10. 80.

208 SCHÜRER, U. (1982): Fang, Eingewöhnung und Haltung der Breitschnabeltodis *(Todus subulatus)*. Gef. Welt 106: 47–48.

209 SCHÜZ, E. (1971): Grundriß der Vogelzugskunde. Paul Parey, Berlin/Hamburg.

210 SCHWARZE, E., und SCHRÖDER, L. (1979): Kompendium der Geflügelanatomie. Gustav Fischer Verlag, Stuttgart/New York.

211 SIEBER, J. (1977): Versuche zur Erhaltung einer bedrohten Tierart – am Beispiel Bali-Star. Gef. Welt 101: 63–64.

212 SIEBER, J. (1978): Eingewöhnung und Haltung eines Ziegenmelkers. Gef. Welt 102: 107–108.

213 SOSSINKA, R. (1972): Langfristiges Durstvermögen wilder und domestizierter Prachtfinken. J. Orn. 113: 418–426.

214 STEINBACHER, J. (1952): Der weiße Schmätzertyrann *(Xolmis irupero)*, eine weitere Neueinführung. Gef. Welt 76: 33.

215 STEINBACHER, J. (1962): Glanz stark mit Mutterkorn verseucht. Gef. Welt 86: 78.

216 STEINBACHER, J. (1963): Altes und Neues vom Braunrückenstrauchschmätzer. Gef. Welt 87: 108–110.

217 STEINBACHER, J. (1980): Über den Zaunkönig (*Troglodytes troglodytes* L.). Gef. Welt 104: 161.

218 STEINIGEWEG, W. (1976): Die Stabheuschrecke als Lebendfutter. Gef. Welt 100: 12–14.

219 STEINIGEWEG, W. (1986): Der Einfluß von Käfig- bzw. Volierenhaltung auf die Gefiederfarben von Gangesbrillenvögeln (*Zosterops palpebrosa* Temm.) und Sonnenvögeln (*Leiothrix lutea* Scop.). Der prakt. Tierarzt 67: 14–19.

220 STIEFEL, A. (1976): Ruhe und Schlaf bei Vögeln. Die Neue Brehm-Bücherei. A. Ziemsen Verlag, Wittenberg-Lutherstadt.

221 STRANGFELD, E. (1981): Warum gibt es so viele Mißerfolge bei der Waldvogelaufzucht? Gef. Welt 105: 88–90.

222 STÜMKE, S. (1984): Doppelzucht von *Ara macao*. Voliere 7: 21–25.

223 SUTTORP, A. (1980): Vom Fichtenzeisig *(Spinus pinus)*. Gef. Welt 104: 147.

224 THALER-KOTTEK, E. (1973): Über Haltung und

Verhalten unserer Goldhähnchen. Gef. Welt 97: 81–84.
225 THALER, E. (1978): Probleme bei der Bebrütung und Aufzucht von Sperlingsvögeln (Passeres). Gef. Welt 102: 41–44.
226 THALER, E., und PECHLAUER, H. (1979): Volierenbrut und Handaufzucht beim Bartgeier *(Gypaetus barbartus aureus);* Beobachtungen aus dem Alpenzoo Innsbruck. Gef. Welt 103: 21–25.
227 THALER, E. (1982): Ornithologisches im Schnee. Gef. Welt 106: 90–92.
228 THORNHILL, B. (1985): Das Klippenhuhn *(Alectoris barbara)*. WPA-Rundbrief 3/85, 15–17.
229 UTTENDÖRFER, O. (1952): Neue Ergebnisse über die Ernährung der Greifvögel und Eulen. Eugen Ulmer Verlag, Stuttgart/Ludwigsburg.
230 VOGEL, K. (1966): Durch den Erbsenkäfer (*Bruchus pisorum* L.) verursachte Futterschädlichkeiten bei Sporttauben. Die Sporttaube 11: 13–14.
231 VOGEL, K. (1980): Die Taube – Biologie, Haltung, Fütterung. VEB Deutscher Landwirtschaftsverlag, Berlin.
232 VOGEL, K. (1983): Taubenkrankheiten. Schober Verlag, Hengersberg.
233 WACHENDÖRFER, G., LÜTHGEN, W., und TRAUB, C. (1982): Vergleich der parenteralen und oralen Behandlung der Psittakose. Tagung der Fachgruppe Tierseuchenrecht – Gießen, 18./19. 3. 82.
234 WACKERNAGEL, H. (1982): Pinguinkolonie im Schaufenster. Voliere 5: 217–220.
235 WEBER, H. (1961): Über die Ursache des Verlustes der roten Federfarbe bei gekäfigten Birkenzeisigen. J. Orn. 102: 158 ff.
236 WENNRICH, G. (1982): Haltung und Welterstzucht des Goldhalskasuars *(Casuarius unappendiculatus aurantiacus)*. Gef. Welt 106: 116–118.
237 WERNER, K. W. (1971): Ist die Lauchgrüne Papageiamadine problematisch? Gef. Welt 95: 75–77.
238 WICKLEIN, D. (1979): Haltung und Bruterfolg von chilenischen Flamingos *(Phoenicopterus chilensis)*. Gef. Welt 103: 162–166.
239 WIENANDS, J. (1966): Wasserziergeflügel. Gef. Welt 90: 239–240.
240 WILHELM, K., et al. (1980): Zur Abhängigkeit des Gesangs vom Nahrungsangebot beim Gelbbauchnektarvogel *(Nectarina venusta)*. Z. Tierpsychol. 54: 185–202.
241 WOLTER, J. (1977): Lernverhalten von Prachtfinken beim Fang von Fruchtfliegen *(Drosophila)*. Gef. Welt 101: 71–74.
242 ZETTEL, J. (1974): Nahrungsökologische Untersuchungen am Birkhuhn *Tetrao tetrix* in den Schweizer Alpen. Orn. Beob. 71: 186–246.
243 ZIESACK, H. (1972): Freiflug – problemlosere Dompfaffenaufzucht. Gef. Welt 96: 50–51.
244 ZIMMERLI, E. (1978): Hilflose Vögel. Vögel – Zeitschrift für Natur- und Umweltschutz 10: 17–21.
245 ZISWILER, V., et al. (1972): Monographie der Gattung *Erythrura* Swainson, 1837 (Aves, Passeres, Estrildidae). Bonner Zoologische Monographien, Nr. 2.
246 ZISWILER, V. (1981): Spezialisation im Ernährungs- und Verdauungssystem der Wirbeltiere: Möglichkeiten und Limiten der Adaption. Revue suisse Zool. 88. 829–834.
247 ZUCKER, H., und RANNBECK, W. A. (1980): Vitamin D in Tieren und Pflanzen. Der prakt. Tierarzt 61: 220–224.
248 ZWART, P. (1961): Über einige Vogelkrankheiten und ihre praktische Bedeutung. III. Internat. Symposium über die Erkrankungen der Zootiere, Köln.
249 ZWART, P. (1978): Vitamin-A-Mangel und Stomatitis bei Papageien. Der prakt. Tierarzt 59: 121–125.
250 ZWART, P., et al. (1979): XXI. Verhandlungsbericht – Internat. Symp. Erkrank. Zootiere, Mulhouse. S. 47–52.
251 Autor unbenannt (1964): Kleine Mitteilungen: Papageien ernten Tannenzapfen. Gef. Welt 10: 198–199.
252 Autor unbenannt (1980): Wie ein Brillenpinguin *(Spheniscus demersus)* das Fressen lernt. Gef. Welt 104: 179–180.

Register